蒲團子 編訂 龍靈 張莉瓊 參編

稀見丹經續編

心一堂

書名：稀見丹經續編
作者：陳攖寧等
編訂：蒲團子
參編：龍靈　張莉瓊

責任編輯：陳劍聰

出版：心一堂有限公司
地址／門市：香港九龍尖沙咀東麼地道六十三號好時中心LG 六十一室
電話號碼：+852-6715-0840
網址：www.sunyata.cc
電郵：sunyatabook@gmail.com
網上書店：http://book.sunyata.cc
網上論壇：http://bbs.sunyata.cc/

版次：二零一二年六月初版
平裝

定價：港幣　一百六十八元正
　　　人民幣　一百五十元正
　　　新台幣　六百五十元正

國際書號：ISBN 978-988-8058-95-2

版權所有　翻印必究

香港及海外發行：利源書報社
地址：香港新界大埔汀麗路三十六號中華商務印刷大廈地下
電話號碼：+852-2381-8251
傳真號碼：+852-2397-1519

台灣發行：秀威資訊科技股份有限公司
地址：台灣台北市內湖區瑞光路七十六巷六十五號一樓
電話號碼：+886-2-2796-3638
傳真號碼：+886-2-2796-1377
網路書店：www.govbooks.com.tw
　　　　　www.bodbooks.com.tw
經銷：易可數位行銷股份有限公司
地址：新北市新店區中正路五四二之三號四樓
電話號碼：+886-2-8219-1500
傳真號碼：+886-2-8219-3383
網址：http://ecorebooks.pixnet.net/blog

中國大陸發行・零售：心一堂書店
深圳地址：中國深圳羅湖立新路六號東門博雅負一層零零八號
電話號碼：+86-755-8222-4934
北京地址：中國北京東城區雍和宮大街四十號
心一店淘寶網：http://sunyatacc.taobao.com

善的十條眞義

學理重研究不重崇拜
功夫尚實踐不尚空談
思想要積極不要消極
精神圖自立不圖依賴
能力宜團結不宜分散
事業貴創造不貴模仿
幸福講生前不講死後
信仰憑實驗不憑經典
住世是長存不是速朽
出世在超脫不在皈依

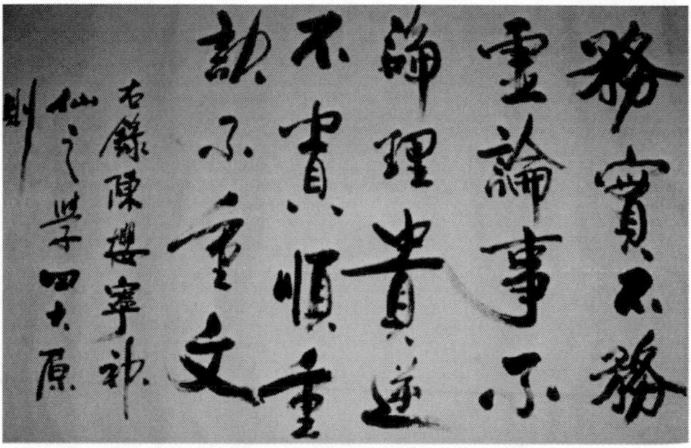

神仙學術四大原則

務實不務虛

論事不論理

貴逆不貴順

重訣不重文

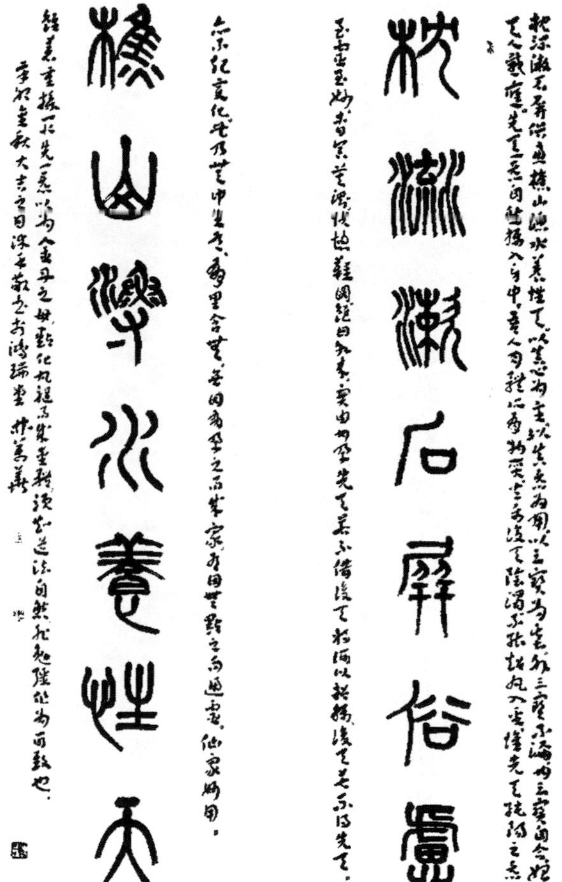

林萬華書法（一）

（二）法書華萬林

存眞書齋仙道經典文庫緣起

仙道學術，淵遠流長，自軒皇崆峒問道，至今已歷數千年。然歷代仙道大家之經典著述，由於時代之變遷，或埋於館藏，或收於藏海，或佚於民間，或存於方家，若欲覓之，誠爲不易。故對一些孤本要典進行重新編校整理，以免其失落，實屬必要。存眞書齋仙道經典文庫之編輯，即由此而起。

存眞書齋仙道經典文庫之整理計劃始於二零零四年，雖已歷五年，然由於諸多原因，公開出版頗費周折，文庫之第一種道言五種僅以自印本保存，流通之願難以得償。香港心一堂出版社社長陳劍聰先生，雅好道學，嘗以傳播中華固有之傳統文化爲己任。在得知存眞書齋仙道經典文庫出版之困難後，遂致電於愚，願將文庫公開出版，以廣流通。善莫大焉。

存眞書齋仙道經典文庫之整理出版，意在保留仙道文化之優秀資料，故而其所入选者，以歷代具有代表性的仙道典籍或瀕於失傳之佳作为主，内容皆須合乎正統仙道之原則，不涉邪僞。凡不合乎於此者，縱爲珍本，亦不在整理之列。

本文庫之整理出版，得到了胡海牙老師的大力支持，及存眞書齋諸同仁的通力協助，在此謹致以衷心的謝意。另外，還要特別感謝心一堂出版社陳劍聰先生對文庫出版所提供的方便，及張莉瓊女士、王磊（龍靈）老弟、劉坤明先生爲文庫的整理、出版所付出的努力與關心。

願文庫之出版，能爲仙道文化資料之保存小有裨益，則愚等之願遂矣。

己丑夏日蒲團子於存眞書齋

編輯大意

一　稀見丹經續編係存眞書齋仙道經典文庫第九種，收錄仙道典籍十五種。其中包括陳攖寧先生著述六種，即業餘講稿、楞嚴經耳根圓通法門淺釋、外丹法彙錄、五祖七眞像傳、復興道教計劃書、三一音符；其他丹經九種，即神氣性命坎離圖解・邵子月窟天根詩解、三才大易、金丹贅言、玄宗集錄、玄宗直指、最上一乘無極妙道天仙眞源直指秘錄、龍門祖師玉液還丹秘訣、天仙正理三乘秘口訣、純陽祖師入火鏡。

二　業餘講稿係陳攖寧先生住南京孟懷山先生亞園時，與孟冠美、孟懷山二位先生及從上海來南京探訪陳先生的張竹銘先生、謝利恒先生、方公溥先生談論仙道學問的記錄，作於陳攖寧先生仙學必成一書之前。

三　三一音符作者爲蘧蘧子張心籟，生平里籍不詳。由於此書文辭欠佳，陳攖寧先生於一九五五年用七日工夫詳細校訂，「修改其文辭，圈點其字句，劃分其段落，方臻完善」。三一音符中原有圖畫三幅，由於畫工很差，故請家父蒲建輝先生重新繪過。

此二書雖曾公開印行過，但由於其中還存在一些不足，故此次經胡海牙老師同意，對上次整理不足之處進行修正後再次出版。

外丹經彙錄一書係陳攖寧先生早年從道藏摘抄之外丹著述，以前未曾公開出版過。此次經胡海牙老師允可，亦附於此編。

三　陳攖寧先生手本楞嚴經耳根圓通法門淺釋封面曾題「此是未定之初稿，不能發表」，此稿也一直只作爲胡海牙老師諸學生的學習資料，並未有公開發表之意。然不知何故，此書部分內容被人公開於網絡，故愚與胡海牙老師商定，將此書公開，以存其眞。

四　五祖七眞像傳是陳攖寧先生未能完成的著作之一。所謂五祖，即南宗五祖，始祖張紫陽，二祖石杏林，三祖薛道光，四祖陳泥丸，五祖白玉蟾，五祖是南宗丹法五代之傳承；所謂七眞者，即馬丹陽、譚處端、劉處玄、邱處機、王玉陽、郝大通、孫不二七位，皆北派始祖王重陽弟子中有大成者，屬一代人，各有法派流傳。

五祖七眞之傳略，來源於史志及道書，由陳攖寧先生纂集；畫像則爲陳攖寧先生早年所藏今因原畫像有些已模糊不清，故請家父蒲建輝先生重新仿繪。陳攖寧先生對南五祖之像傳，用心頗多，皆有詳細的記述和自己的按語。因南宗張紫陽得訣於劉海蟾，故在五祖像傳之前，率先刊出的一幅劉海蟾眞人之畫像。劉海蟾之像傳登載於一九三五年一月一日揚善半月刊第二卷第十三期總第三十七期封面像和封二傳。隨後依次刊出了張紫陽、石杏林、薛道光、陳泥丸之像傳。而南宗五祖白玉蟾之傳略則刊登於一九三六年九月十六日揚善半月刊第四卷第六期總第七十八期，且無畫像，直到一九四零年十一月一日仙道月報第二十三期上，纔將畫像刊出，並將傳略附於像後。至此，南五祖像傳，方告完成。七眞之像傳刊登於仙道月報。最早刊出的一幅，是一九四零年八月一日仙道月報第二十期上的孫不二仙姑像傳。隨後於仙道月報第二十一期刊登了七眞之師王祖重陽之像傳、第二十二期刊登了馬丹陽眞人之像傳、第二十四期刊登了劉長生眞人之像傳，一九四一年二月一日第二十六期登刊了王玉陽眞人之像傳、六月一日第三十期刊登了丘長春眞人之像傳。尚有譚長眞、郝大通二眞人之像傳，因仙道月報之停刊而未登出，在以後陳攖寧先生的著作中也未見有增補。本次整理時，從原翼化堂信箋上覓得郝大通之像，亦附於後。

五祖七眞像傳最終未能完成，而前期所作之五祖傳略與後期所刊之七眞傳略，在文章風格上，亦有不同。五祖傳略文字相對要精美一些，並且每篇之下尚有陳攖寧先生按語以補充傳略未盡之意；七眞傳略則顯得倉促一些，且不署作者姓氏，而孫不二仙姑之傳略與陳攖寧先生孫不二女丹內功次第詩註中小傳同，可知七眞傳亦當爲陳攖寧先生所撰，所以簡略者，或跟當時的社會情狀與撰者之心情不無關係。

另，此書後附陳攖寧先生所撰沈永良眞人事略及其所抄註之閔小艮眞人傳兩篇，及仙道月報編者所著呂純陽祖師事略一篇。

五　復興道教計劃書，陳攖寧先生初稿作於一九四二年，於一九四七年修改後由上海市道教會出版，初印五千册。刊印發起者爲玉皇山分院李理山，桐柏宮艾朗軒，清虛觀嚴洪清，保安司徒廟張維新、王朗泉、曹梅生。陳攖寧先生云：「此稿僅言大綱，未免簡略，恐不足以應用。將來若要實行時，其中細則，須妥爲審訂，仍有賴於本會指上海道教會辦事諸君之深謀遠慮，斟酌盡善。拙稿止能作爲參考而已。」

六　神氣性命坎離圖解·邵子月窟天根詩解，作者曉山，生平不詳。此稿原爲鈔本，係某兄整理後轉贈於愚。謹向某兄致以謝意。

七　金丹贅言一書，陳攖寧先生早年在揚善半月刊中曾對其相關內容進行過評註。

此書原書之複本蒙華東山人相贈，特表謝意。

八　其他諸書，除三才大易外，玄宗集錄、玄宗直指、最上一乘無極妙道天仙眞源直指秘錄、龍門祖師玉液還丹秘訣、天仙正理三乘秘密口訣、純陽祖師入火鏡，均係龍靈老弟搜購所得，係清末民初刊印量較小的仙道典籍。

九　本書之出版，龍靈老弟、張莉瓊女士均參與了相關的整理、編校，謹致謝意，並感謝心一堂出版社及陳劍聰先生對此書出版所給予的幫助。

壬辰年穀雨節前一日即二零一二年四月十九日蒲團子於存眞書齋

目錄

業餘講稿

陳攖寧 著

楞嚴經耳根圓通法門淺釋

陳攖寧　註釋

外丹法彙録

陳攖寧　鈔録

五祖七眞像傳

陳攖寧　撰著

復興道教計劃書

皖江陳攖寧　著

三一音符

崆峒道人張心籟 作　陳攖寧 刪訂

神氣性命坎離圖解·邵子月窟天根詩解

曉山　著

三才大易

张玄光　著

金丹贅言

玄宗集録

玄宗直指

寂無禪師　著

最上一乘無極妙道天仙眞源直指秘錄

龍門祖師玉液還丹秘訣

致一子許信良受

天仙正理三乘秘密口訣

純陽祖師入火鏡

業餘講稿

陳攖寧 著
胡海牙 審定
蒲團子 校訂

序

業餘講稿係先師陳攖寧先生於一九四三年至一九四五年間，住南京孟懷山師兄亞園時，爲孟冠美、孟懷山兩兄弟及由滬來寧探訪問道的張竹銘師兄、謝利恒醫師和方公溥醫師等人所討論者，內容涉及內外丹法、仙道理論、科學與仙學的研究等，是先師陳攖寧先生有關仙學理論的著述之一。

講稿共分爲四十一章，封面有老師所題書名及「此稿已過時，書名亦未確定，須待刪改及補充」諸字。老師搬到愚家住後，對以前的手稿都進行了重新的整理，故此講稿的前兩章及其他相關內容，均被老師剪除，而講稿中凡涉及人名處，亦多被老師塗掉。

講稿內容出自仙學必成一書之前，仙學必成之所作，與此篇講述內容多有關係。老師在爲愚所鈔的仙學必成第二十二面頂批有「朱昌亞鈔本、謝鈔本、方鈔本皆少此二十一字」諸字，第五十六面有「孟、謝、方、朱鈔本無此一段」等字，其中所謂謝、方、孟三人，當指上海謝利恒醫師、方公溥醫師和南京孟懷山師兄。

此稿存愚家踰半箇世紀，近來搬家時整理舊書笥，重新檢出，翻閱一過，倍覺親切。雖先師在封面有「此稿已過時」「須待刪改與補充」之語，然由於當日託人整理陳攖寧全集一書過程中，不少老師留給我的存稿不知去向，今恐此稿他日亦有流失之虞，故校輯成册，公開刊佈。一則是對老師的懷念，一則讓更多「陳攖寧仙學」的愛好者能多了解先師的仙學思想。

胡海牙二零零六年九月二十日農曆丙戌年閏七月二十八於京

第三章 千歲上僊，說見莊子。

道書向以老莊並稱，老子第五十九章雖已發明長生久視之道，而未言仙，莊子第十二篇則有「僊」字僊者，遷也；仙者，山中人也，且主張積極，而反對消極，與全部作風大異，茲特錄其原文如下，使人知莊子亦非專貴無欲、偏尚無爲者。

莊子天地篇　堯觀乎華。華封人曰：「嘻！聖人。請祝聖人，使聖人壽。」堯曰：「辭。」「使聖人富。」堯曰：「辭。」「使聖人多男子。」堯曰：「辭。」封人曰：「壽、富、多男子，人之所欲也，汝獨不欲，何耶？」堯曰：「多男子則多懼，富則多事，壽則多辱，是三者，非所以養德也，故辭。」封人曰：「始也，我以汝爲聖人耶；今然，君子也。天生萬民，必授之職。多男子而授之職，則何懼之有？富而使人分之，則何事之有？夫聖人鶉居而鷇食，鳥行而無彰，天下有道則與物皆昌，天下無道則修德就閒，千歲厭世，去而上僊，乘彼白雲，至於帝鄉，三患莫至，身常無殃，則何辱之有？」

第四章　華封三祝，大機大用。

既壽且富，又多子孫，常人心理，原是如此，聖人當不復爾。華封人乃謂聖人應與常人同欲，否則不配稱爲聖人，止可稱爲君子。奇矣！

天生萬民，必授之職，則無失業游惰之民；富而使人分之，則無貧富不均之弊。我國先哲於四千年以前唐虞時代已見到此，更奇！

至於「鶉居鷇食」一段議論，乃奇之尤者。鶉居者，巢居野處，隨遇而安也；鷇食者，簞食瓢飲，自給自足也；鳥行者，老子所謂「善行無轍跡」也；無彰者，老子所謂「和光同塵」也；與物皆昌者，達則兼善天下也；修德就閒者，窮則獨善其身也；千歲者，卽莊子在宥篇中廣成子所謂「修身千二百歲，形未嘗衰」也；厭世者，非如普通厭世思想，蓋謂功成名遂，可以歸休，未來之事業，將付託與後人也；去而上僊者，沖舉飛昇，往上遷徙也；乘彼白雲者，肉體化爲炁體也；帝鄉者，上帝所居之境界也；三患莫至者，水、火、刀兵三種災患所不能及也；身常無殃者，聚則成形，散則成炁，永無生老病死之苦也。人生到此，亦可以無憾矣。

或疑莊子文章未免太近於理想，而爲事實上所不可能。試問：今日之飛行機、潛水艇、無線電等類，豈非皆是先有理想，而後有事實乎？西方人理想既可成爲事實，東方人理想偏不許其成爲事實，何耶？三患，在華封人本意，乃指多懼、多事、多辱而言。

第五章

聖凡之分，視其作用如何。

往年偕江西樟樹鎮老友黃邃之君遊常熟虞山，觸景生情，有感於古詩所云「出郭門直視，但見坵與墳；古墓犁爲田，松柏摧爲薪」以及「何不學僊塚纍纍」之句，遂聯想到「華封三祝」故事，謂如此結局，庶幾美滿。黃曰：「誠然。惟壽、富、多子三種欲望，聖人既與凡人相同，其間亦尚有不同者在乎？」余曰：「此須視其作用如何。聖人多子，必施教育以成其材；凡人多子，僅爲族姓增加人口而已。聖人富有，必使羣眾分沾其利；凡人富有，僅爲兒孫看守財產而已。聖人壽考，必有功德及民；凡人壽考，僅老而不死而已。至於鶉居鷇食，在凡人處境艱迍時，雖亦可照辦，但不免怨尤，聖人則甘之若素矣；若夫鳥行無彰，則非才智俱備、學養兼優者不能，凡人更難企及。況自有史以來，亂世恒多，而治世恒少，享大年者，往往遭逢亂世，徒作犧牲，設無鶉居鷇食之簡單生活，及鳥行無彰之圓通運用，身家性命，且不可長保，姑勿論與物皆昌，卽修德就閒，又談何容易？

姑勿論千歲上仙，恐未及百歲早已下世。是必有積極的手段，以應付環境，方能達到最高之目的，否則，白雲帝鄉，終成虛願耳。」黃君首肯者再，共坐松陰，相對歎息。今者事隔廿年，不幸而言中，江南名勝，屢經浩劫，城郭猶是，人民已非，然而黃君則羽化久矣。

第六章　仙學乃人類進化之學。

福州道友洪太庵君，曾爲余作靈源大道歌白話註解序文一篇，上海名醫謝利恒君，最賞識此文。洪序首云「仙學者，乃人類進化之學；而成仙，則爲人類進化之結果」，此語足以打破世人一切疑團。蓋依進化而論，古人所不可能者，未必今人定不可能；今人所不可能者，未必後人亦不可能。以進化本無止境也。普通人不足深責，若智慧之士，亦復自甘暴棄，視仙道爲畏途，則是今日人類，非但不進化，反而退化。退化亦無止境，子子孫孫，千百年後，又將如何？

第七章　靈魂肉體，相合爲用；心理生理，互有影響。

靈魂與肉體，混合組織而成人，靈魂卽是精神，肉體卽是物質。靈魂譬如電，肉體譬如電燈泡，電與電燈泡相合方能發光，靈魂與肉體相合方有作用。燈泡毀壞，雖有電而無光；　肉體死亡，雖有靈魂而無用。燈泡陳舊，光雖有而不明亮；　肉體衰老，人雖活而乏生機。燈泡毀壞之後，電流停止於線上，換裝新燈泡，則又能發光矣；　肉體死亡之後，靈魂分散於空間，附着新胎兒，則又成人矣。新燈泡雖同樣的發光，但廠家之牌號，光頭之大小，不必定與已壞之燈泡相同；　新胎兒雖同樣的成人，但產生之地點，性格之賢愚，亦不必定與前世之人相同。知此者，可以談靈魂。

電燈泡是物質，電未嘗不是物質；　肉體是物質，靈魂未嘗不是物質。因此種物質，微細到不可思議，故名曰精神，以示與粗劣之物質有所區別。其實粗劣物質卽微細物質所轉變，故精神與物質，可謂同出一源。物質若能還源，卽是精神，然精神既已成物矣，當無自動還源之理，必有外力加入，則物質又可轉變而爲精神。知此者，可以談煉丹。

物質與精神既有如此密切之關係，故在人身上，生理可以改變心理，心理亦可以改變生理。譬如傷寒熱病則發狂，飲酒大醉則妄語，腦充血則神智昏迷，受蒙藥則知覺全失，此卽生理影響及心理也；　又如悲哀則淚流，惶急則汗出，憂思則飯量減少，盛怒則筋脈僨張，此卽心理影響到生理也。

第八章

精神物質，是一非二；凡體修仙，大有可能。

凡有志於仙學者，必須認識精神與物質是一件事，許多困難問題自然易於解決。世俗對於神仙事蹟，常有兩種相反之論調。一種謂決定有。問其證據何在，則以歷代書籍記載爲憑。然各書記載未必概屬眞實，設如小說家杜撰之言，或是以耳爲目傳聞之語，又烏可盡信耶？一種謂決定無。問其憑何推斷，則以今世未嘗有人親眼見過，故謂其無。然世界如此之大，人壽如此之短，一人一生所親見之事物，能有幾何？若以已所未見者爲無，直等於坐井觀天。若以人所未見者爲無，又豈能執四萬萬人一一而詢其曾遇仙否？假使人云有者，我亦將云有耶？昔日故舊，知余好仙學，彼等偶見江湖怪異之流，輒舉以相告，余則不爲所動，久後偵之，彼等都爲狡黠者所紿，如墮五里霧中，而不自覺。天下事非眾目所覩者，固不敢謂其無，卽使爲眾目所覩，眞實不虛者，亦未可遽信其有。「有」「無」二字，誠不易言也。吾輩倘懂得仙學爲人類進化之學者，則古代神仙之有無，可不必論。若有仙，吾輩算是繼承者；若無仙，吾輩卽是創造者。近代許多事業，古人皆夢想不到，吾輩本該自豪，何獨於成仙一事，而自怯自餒如此？果能認識精神與物質是一非二，心理與生理可以互變，則知凡體煉成仙體並非不可能矣。

第九章　破生死關四種手段。

某君嘗聞前輩老師云，學道者須能破三關，方有入處。一，名利關；二，色慾關；三，生死關。某君自省，名利關尚不難打破；若要破色慾關，必須有巧妙的方法，非空言所能奏效；破生死關，則尤難。

余謂，第一道名利關，在常人就不易破，能破此關卽非常人矣。仙家破色慾關，確有妙法，不是常人所能知能行，且常人亦無須破此關，任其自然造化可矣。至於生死問題之處置，則不外乎四種手段：第一種，聽天由命；第二種，順天安命；第三種，樂天知命；第四種，逆天改命。

所謂「聽天由命」者，此等人於生死關尚未透過，總覺得生之可戀，而死之可悲，但自己肉體與靈魂又絲毫作不得主張，事到臨頭，束手無策，完全聽造化所支配。此乃普通凡夫之境界也。

所謂「順天安命」者，此等人已經打破生死關，對於生不感興趣，對於死亦不起恐慌。如莊子所云「大塊載我以形，勞我以生，佚我以老，息我以死，故善吾生者，乃所以善吾死也」，又「不知悅生，不知惡死，其出不訢，其入不距」，又「適來，夫子時也；適去，夫子順也。安時而處順，哀樂不能入也」，此類語意，莊子書中蓋數見之，乃哲人達觀之境界也。其表面雖與凡夫之無辦法相同，而內心之感覺則大異。高則高矣，惟嫌其太消極耳。

所謂「樂天知命」者，此等人非但生死關早已打破，並且不取消極，而取積極。生時光陰決不虛度，必行弘道濟人利物之功；死後靈性歸還本源，仍同宇宙眞宰合而爲一。故孔子贊易曰「知周乎萬物，而道濟天下，故不過；樂天知命，故不憂；安土敦乎仁，故能愛」，又「原始返終，故知死生之說」，此乃聖人應化之境界也。雖然結局仍不免一死，但積極的兼善天下而死，與消極的獨善其身而死，器量又不同矣。

吾輩主張，則於百尺竿頭，更進一步，直要奪造化生死之權，所謂「逆天改命」是也。如參同契所云「金砂入五內，霧散若風雨。薰蒸達四肢，顏色悅澤好。髮白皆變黑，齒落生舊所。老翁復丁壯，耆嫗成姹女。改形免世厄，號之曰眞人」，又「勤而行之，夙夜不休；伏食三載，輕舉遠遊。跨火不焦，入水不濡；能存能亡，長樂無憂。功滿上昇，膺籙受圖」，此乃神仙超人之境界也。吾輩同志，儘管放膽向前做去，不必畏難，亦不必過於推崇古人而藐視自己，孟子書曰「舜何人也，予何人也，有爲者，亦若是」。

第十章 服食丹藥，無絕對的利害可言。

某君由滬來寧，過訪敝寓，相見甚歡。談及上海方醫師有鑒於近代修煉家大半壽齡短促，皆由彼等不知服食之法，故堅決主張仙道初步非從丹藥服食入手不可，並欲親自試驗。

余謂方君識解固超，其勇氣亦不可及。因其國醫學術素有根柢，凡藥物之性質與利害，皆所深悉，故可從事於此。若普通人冒昧爲之，則不敢贊許。三十年前，余贈遼東某君長歌一首，内有句云「黃金萬兩不買命，英雄到死眞掃興。秦皇漢武求神仙，歷史相傳爲笑柄；唐明天子喜金丹，朝服紅丸暮入棺。都說長生不可學，廢書捲卷徒悲歎」，此言服食丹藥之弊也。辛巳歲冬季，又作小詩四首，贈上海謝醫師，茲錄其一如下：「屑玉丸芝話正長，仙經密奥費猜量，千秋復見孫思邈，好入龍宮乞禁方」。觀此可知，余亦是同情於服食者。前後所言，意若矛盾，其實天下事本無絕對的利害，惟視乎人爲而已。

第十一章 丹經每多矛盾，學者不可執一。

丹經每於自相矛盾之處見意，學者執著一邊，遂不免爲書所誤。參同契中有關爐火之說云「世間多學士，高妙負良材；　邂逅不遭遇，耗火忘資財。據按依文說，妄以意爲之；　端緒無因緣，度量失操持。擣治羌石膽，雲母及礬磁；　硫黃燒豫章，泥汞相煉飛；鼓鑄五石銅，以之爲輔樞。雜性不同類，安肯合體居；　千舉必萬敗，欲黠反成癡。稚年至白首，中道生狐疑」，悟眞篇亦云「休煉三黃及四神，若尋眾草更非眞；　時人要識眞鉛汞，不是凡砂及水銀」。參同、悟眞，乃仙學中最負盛名之著作，彼等對於爐火燒煉之論調如此，後來學者讀參同、悟眞，先入爲主，莫不痛恨外丹，偏讚內丹，文墨之士更從而附和之。於是乎，知識分子遂視外丹如毒藥。實際上，彼等所見到者，乃這一邊事，不是那一邊事。

大易、黃老、爐火三道由一，乃魏公作書之本旨，斷無鄙棄外丹之理。試觀參同契所云「刻漏未過半兮，魚鱗狎鬣起；　五色象炫耀兮，變化無常主；　潏潏鼎沸馳兮，暴湧不休止；　接連重疊累兮，犬牙相錯距；　形似仲冬冰兮，瓓玕吐鍾乳；　崔巍而雜厠兮，交積相支柱」，以上各句，若非說外丹，是說何物？人身中安有如此奇怪狀態？縱曰將外比內，可見外丹亦自實有其事，否則安能形容得出？悟眞篇本是專講內丹，然篇中所用各種名詞，如鼎爐、藥物、火候、鉛汞銀砂、黃芽白雪、地魄天魂、紫金霜、一粒靈丹之類，皆由外丹而來。可知仙學演進之程序，外丹在先，內丹在後。外丹名詞早已普及，人皆能曉，故內丹始好借用，此理顯而易見。張紫陽曾爲金藥秘訣作序文，通篇約千餘字，闡明外丹法象，辭意優美，與彼自作金丹四百字序專講內丹者，可稱雙絕。近代作道書者，拾前人餘唾，肆意排斥外丹，豈非數典忘祖乎？

參同契所言外丹景象，乃指全部丹法過程中之一段而言，余已經目覩，的確如此。

第十二章

黃白點化，非不可能，局外之人，難窺眞相。

某君爲研究古代仙學，搜集各種外丹書，至數十册之多。三年前，擬在江西省上饒縣購礦山一處，既可以開採礦砂，增加生產，又可以實地試驗爐火之術。邀余入山靜修，得暇則兼顧其事。已心許之矣，後以時局萬變，計劃終成泡影。惟外丹黃白術，亦是仙學一大支派，書既難懂，事又隱秘，全國中知此術者極少，普通人對於此事所發之議論皆等於隔靴搔癢。爐火之事，余將來雖不欲再做，但頗有記述之必要，蓋以見古人所作外丹書非盡欺騙者。

清咸豐年間，江西隱士老古怪，傳授外丹術於安徽白雲谷先生；光緒年間，白雲谷傳授外丹術於南京鄭君；民國初年，鄭又傳江西黃君。所謂「老古怪」者，隱其名不欲人知，弟子輩訝其師言動拂於常情，戲以「老古怪」三字擬之，彼不以爲忤，反樂以自稱，人因從而名之。老古怪能點銅爲銀；白雲谷止能乾汞成銀，而不能點化，術遠遜其師；鄭君僅做到死砂，不能轉接，亦不能乾汞，是又遜於白雲谷矣；及至黃君，雖死砂亦無把握，更不如鄭。黃君爲余家座上客，有十年之久，親密異常，言談無忌。余嘗笑謂黃君曰：「貴派所傳點金術造詣之程度，可謂愈傳愈壞，一代不如一代。」黃君歎曰：「此術將來只好讓外國人去發明，中國人環境惡劣，阻力太多，實無辦法。」余當時頗不以此言爲然。

民國十年以前，鄭黃二君合租屋於上海虹口三角小菜場相近，專門燒煉。二房東乃廣州盧君，出資者乃香山鄭君。經過兩載，止煉得死砂半斤，後鄭君因事返里，黃君遷住余家。暇日黃君啟篋出死砂十粒示余，並用吹火管就火酒燈上將一粒死砂吹化，黑皮退落，砂中死汞滾躍而出，俟其冷結，即成一粒白銀珠子。然此死砂，乃鄭老先生所留下者，黃君却不會做。余謂黃君曰：「此砂雖死，恐有盜母之病，所以不能通靈。」黃君大驚曰：「此是內行話，多年以來，未聽他人言過，鄭老先生當日亦注意到此，苦無補救方法。現今國內通此道者，不過數人，且又多年不見，此刻實無人可問。」余曰：「丹經云『毒在腹中須用瀉，瀉毒還須毒作媒』，請鄭老先生將那半斤死砂重行入爐，如法煉過，即可望轉接矣。」黃君遂馳書與鄭，鄭得信喜甚，急欲在南京重安爐鼎，以諸事皆不順利，復作罷。余嫌正法用戊己二土死砂，手續麻煩，難期速效，乃以旁門之法，代替造土。民國十五年，在滬寓同黃君小試其術。

池鼎大如酒杯，皆自己動手所做。開爐未久，幸其事半而功倍。藥成，將新電燈線紅銅絲剪下寸許，烊開，以藥點之，得綠豆大白銀珠子一粒。雖無用處，然因此可以證明丹經點銅爲銀之說，並非虛妄。惜環境障礙重重，萬難再向前進，耗五六人之精力，費十餘載之光陰，所得僅此而已。可知黃君前說「環境惡劣，阻力太多」，實不爲無見。我輩所證明者，乃點銅爲銀一事，而古人所謂點金術，則眞是點化黃金，較後世煉丹家僅能點銀者，更爲神妙。呂祖詩云「起來旋點黃金賣，不使人間作業錢」，可以爲證。

世人妄謂東方點金術不成，遂變爲西方之化學，乃門外漢之言。誰知其中有不成而謬說已成以騙人，如江湖方士者；亦有已成而仍說不成以自晦，如隱居高士者。此尋師訪友之難也。外丹書，有眞者，有假者，有半眞半假者，更有滿紙外丹名詞而實非外丹燒煉之事者，有上等訣，有中等訣，有下等訣，更有不成其爲訣而自命爲得眞訣者。此讀書之難也。故余不欲勸人從事於此，自己將來亦無意再做，所以不憚煩做長篇記述者，因此事乃中國絕學，世人每疑爲虛妄，今於初步既得證明其眞實非虛，私願已足，別無奢望，亦無絲毫藉此謀利致富之心。假使有人見吾書所言，遂往各處訪求丹客，出資共同燒煉，墮入圈套，必定失敗無疑。有言在先，余不任咎。

第十三章

仙學宜脫離宗教範圍以求進步。

某君嘗言，仙學中之外丹，卽超等之化學，仙學中之內丹，卽超等之生理學，對於宗教，絕無關係。余頗以此說爲然。試觀東漢魏伯陽眞人所著參同契，號稱「萬古丹經王」者，全部自首至尾，不染宗教色彩。宋元以降，仙學家之著作，皆與宗教糾纏不清，弄巧反成拙，其見識不及古人遠矣。吾輩今日講仙學，必須脫離宗教範圍，自由獨立，方有眞理可尋。否則，立足點殊欠穩固，彼等嗤宗教爲迷信者，遂併仙學一概推翻，認吾說亦屬迷信之流，豈不冤枉？此後地球上各種宗教將逐漸銷滅，難以存在，吾輩今日果能思患預防，和宗教劃分界限，脚踏實地，按步就班，循序漸進，到彼時，神仙學術自然發達異常，有改造世界之能力，本書可謂第一部創作，將來必有多數繼我而起者。

第十四章

參同悟眞，宗旨不同；金丹眞傳，更非上乘。

仙學家每以參同、悟眞並稱，余謂悟眞篇與參同契頗有分別。世間好道之士，雖知參同契爲仙道第一部經典，但因其字句古奧，不能了解，遂轉而求之悟眞篇。於是乎，學者僅知有「老翁復丁壯」之工夫，不聞有「耆嫗成姹女」之作用。而且悟眞前序依傍三教，後序高唱無生，已失却仙家獨立之資格；悟眞篇拾遺中更有禪宗歌頌詩曲雜言一段，引證楞嚴經「十種仙」及「彌勒」「金剛」經頌之說，尤爲自貶聲價，不足取法。茲特選定參同契爲專門仙學教科書，悟眞篇置之勿論可也。自明末清初至於近代，學者又以悟眞辭句雖暢達易明，口訣仍隱藏不露，又轉而求之坊本參同悟眞卷尾所附刻之金丹眞傳，已是愈趨愈下矣。金丹眞傳雖非上乘丹法，但其口訣亦復諱莫如深，致令學者茫茫無所適從，江湖邪說乘機而入，仙道名譽因此敗壞。提倡學術，挽回風氣，乃吾輩之責也。

第十五章

參同一派，仙道中堅；學術進化，後勝於前。

十年前，余所讀道書秘籍，其中參同、悟眞各家註解頗多，有主陰陽法者，有主清淨法者，有純粹正宗者，有夾雜旁門者，集世間參悟派學說之大觀，可見此一學派，於仙道中實佔重要地位。歷代以來，知識分子研究此學者，亦繼續不絕。無論古人是否成功，吾輩後起者總有成功的希望，時代愈後者，則希望愈大。今勝於古，後勝於前，未來者勝過現在，乃人類進化之公例，凡百學術，莫不皆然，仙學自不能例外。所以古人是否成功之問題，在今日已無討論之必要。吾輩惟有一方面遵從往哲遺規，向前邁進，一方面採取現代新法，加以補充，斯可矣。

或疑第十二章中，言外丹愈傳愈壞，一代不如一代，此處又言今勝於古，後勝於前，理論與事實不免衝突。余曰：無妨。前謂愈傳愈壞，乃指私人局部的秘密單傳而言；此謂後勝於前，乃指人類整箇的學術進化而言。彼亦一事實，此亦一事實。即如吾國仙學，黃帝以降，迄於近代，向來是秘密傳授，從未有聯合國學道之人公開研究者，自余曩歲投稿提倡，始引起讀者興味。東至奉、吉、朝鮮，西至陝、甘、滇、蜀，北至魯、豫、燕、晉，南至閩、廣、呂宋，問答紛紛，如雪片飛翔，郵函往來，每日必有，終年不斷，誠往古所未聞也，豈非整箇仙學進化之事實乎？諸君勿以現代不出神仙爲憾，須知，先有眞學，而後有眞仙。宋元明清四朝，仙學墮入宗教圈套中，已失其眞面目，前輩神仙都變成教主，後輩學者都變成教徒，依如此方式而求神仙，殆猶緣木求魚，永無達到目的之一日。

第十六章　參同契各家註解書目。

參同契爲仙道第一部經典，茲將各家註解書名、人名及朝代分別列於左，以備後世仙學家有所考證。

周易參同契通眞義，三卷，五代時孟蜀廣政十年眞一子彭曉撰，道書全集本；

周易參同契考異，三卷，宋朱熹撰，朱子全書本；

周易參同契解，三卷，南宋端平改元抱一子陳顯微註，道書全集本、道藏輯要本、單行本；
周易參同契，三卷，陰眞人註，道藏本；
周易參同契，三卷，儲華谷註，道藏本；
周易參同契，三卷，無名氏註，道藏本；
周易參同契，二卷，無名氏註，道藏本；
周易參同契發揮附釋疑，三卷，元至元甲申全陽子俞琰述，單行本；
周易參同契分章註，三卷，元至順年間上陽子陳觀吾註，道書全集本、道藏輯要本、通行本；
古文參同契集解，八卷，明復陽子蔣一彪輯，汲古閣本；
周易參同契測疏，三篇，明潛虛子陸西星著，方壺外史本、道統大成本；
周易參同契口義，三篇，作者同前；
參同契箋註，明一壑居士彭好古註，道言内外本；
參同契章句，一卷，清李光地撰；
參同契闡幽，七卷，清康熙己酉雲陽道人朱元育口授，潘靜觀筆述，道藏輯要本、道統大成本；

參同契集註，三卷，清康熙十四年知幾子仇兆鰲著，單行本；

參同契脈望，三卷，清康熙庚辰存存子陶素耜述，道言五種本；

古文周易參同契註，八卷，清乾隆丙寅袁仁林註，惜陰軒叢書本；

古文周易參同契秘解，清呂杏林註；

周易參同契集韻，清紀大奎作；

參同契正義，清元眞子董德寧作；

參同契直指，清嘉慶四年悟元子劉一明解，翼化堂藏版；

參同契養病法，四卷，中華民國八年默悟子張廷棟解；

參同契，一卷，無註，漢魏叢書本。

以上二十四種，皆以見過。此外僅聞書名未曾寓目者，約十一種，亦附列於後。

古本參同契，杜一誠刊；

參同契分釋，徐渭；

參同契句解，李文燭；

參同契註，王九靈；

參同契繹註，甄淑；
參同契註解，姜中眞；
參同契補天石，尹太鉉；
參同契疏略，明王祿著，百陵叢書本；
周易參同註解，三卷，明張位撰；
古參同契集註，六卷，清雍正年間南昌劉吳龍撰；
參同契註，二卷，清上虞陳兆成撰。

佛教的參同契

禪宗南嶽石頭和尚作辭曰：

竺土大仙心，東西密相付。人根有利鈍，道無南北祖。靈源明皎潔，枝派暗流注。執事元是迷，契理亦非悟。門門一切境，迴互不迴互。迴而更相涉，不爾依位住。色本殊質象，聲元異樂苦。暗合上中言，明明清濁句。四大性自復，如子得其母。火熱風動搖，水濕地堅固。眼色耳音聲，鼻香舌鹹醋。然依一一法，依根葉分佈。本末須歸宗，尊卑用其語。當明中有暗，勿以暗相遇；當暗中有明，勿以明相覩。明暗各相對，比如前後步。萬物自有功，當言用及處。事存函蓋合，理應箭鋒拄。承言須會宗，勿自立規矩。觸目不會道，運足焉知洛。進步非近遠，迷隔山河固。謹白參玄人，光陰莫虛度。

以上五言四十四句，雖亦名爲參同契，但與丹道無關。

第十七章

仙學可以彌補人生之缺憾。

某君言　人生不過數十寒暑，已嫌壽命短促，況在少年時代，對於世事毫無經驗，不足以有爲；及至衰老，雖經驗豐富，而身體已壞，暮氣已深，亦不足以有爲；中間一段，止得三十餘載光陰，並且逆境多而順境少，又復百憂感其念，萬事勞其形，結局不過一坵黃土，幾莖白骨，與草木同腐。思之思之，人生太無意味。若說死後如何如何，都是夢話。

余曰　聰明人所以立志學仙，就想彌補這箇缺憾。

旁聽之客問曰　往昔所謂神仙者，是否眞有其事？恐不免白費心力。

余曰　此事在往昔眞有與否，無關輕重，但是這條路今日頗不易行。設有第二條路可以達到我等之目的，情願改變方針，隨君等而走。

客問　目的何在？
余曰　初步長生不死，最後白日飛昇。
客曰　全世界各種宗教、哲學、科學，皆無此辦法。
余曰　旣無第二條路可走，只得仍舊走我自己的路。
客問　世間應做之事甚多，何必定要做這件不可能之事？
余曰　聖賢如孔、孟、顏、曾，教主如釋迦、耶穌，貴如帝王、將相，富如鉅商、大賈，以及科學界之發明者，藝術界之成功者，思想界之創造者，屈指難數。試問彼等所作所爲，究竟有何益處？　謂於其本人有利益乎，而本人早已死矣；　謂於天下後世有利益乎，而後世之人祖、父、子、孫又繼續而死矣。　人類凡有作爲，總以生活爲根據，離生活而談事業，其事業卽無價值。　憑短命而視生活，其生活亦無價值。　吾輩旣抱憾於短命的人生，當然對世間萬事不感興趣。　神仙事業，他人以爲不可能者，吾輩則以爲非不可能，彼此見識相差太遠。

第十八章

儒釋道仙宗旨難以强同。

儒、釋、道、仙四家，宗旨各別，乃余平素所主張，凡是高明之士，皆贊同余說。今再附記於此。

儒家見解，認爲人生是經常的，所以宗旨在保守舊章，維持現狀，而不許矜奇立異，因此人生永無進化之可言。吾國科學落伍卽由於此。

釋家見解，認爲人生是幻妄的，所以宗旨在專求正覺，而抹煞現實之人生，因此理論與事實往往不能一致。既說人生是幻妄，而對於生活上所必需的衣食住行各項，仍要極力營求，故謂理論與事實不能一致。

道家見解，認爲人生是自然的，所以宗旨在極端放任，而標榜清靜無爲，因此末流陷於萎靡不振，頹廢自甘。

仙家見解，認爲人生是缺憾的，所以宗旨在改革現狀，注重事實，戰勝環境，抵抗自然，因此思想與行爲不免驚世而駭俗。

非但儒、釋、道三家難以協調，卽道家與仙家，表面上似乎没有分別，而實際上則大相懸殊。蓋道家順自然，仙家反自然也。

第十九章　成仙爲目的，長生爲手段。

人生本是苦多樂少，尤其生在今日之中國，可謂止有苦而無樂。此時偏要提倡長生學術，不知者或疑吾輩對於世間有何貪戀，其實吾輩並無所謂貪戀，惟欲聯絡幾位志同道合的伴侶，各竭其技能，互相幫助，共在人類進化原則之下，盡一份義務而已。吾輩不滿意人類現在的生活狀態，故發願研究超人之學術，創造新生命，以圖將來於太空中其他星球上，闢一新世界而居之。但又不滿意迷信家死無對證的神話，必須當未死以前修煉成功，靈魂不爲肉體所拘，能自由出入，方是眞憑實據，此乃起碼的效驗。此後程途，更無限量，若壽命太短，則難完全功。故吾輩以成仙爲目的者，不得不以長生爲手段。

第二十章　人道更以長生爲必要。

仙道固然首貴長生，卽專就人道而言，更以長生爲必要。試列舉社會上幾種需要長生之人物如次。

（一）一身繫國家安危者要長生；

（二）品德爲羣眾所仰望者要長生；

(三)發明專門學術者要長生；

(四)教育天下英才者要長生；

(五)創立偉大事業者要長生。

因彼等一箇人之生死，每關係多數人利害之故耳。再就普通心理而言，人人自己莫不希望長生，可惜人人皆無辦法，眞可謂全人類最大的缺憾。古今中外，歷史有名人物，生前未嘗不轟轟烈烈，震耀一時，轉瞬間，箇箇向土裏鑽去，年代久遠，骸骨都歸銷滅，竟不知人生所爲何來。天下滑稽之事，尚有過於此者乎？

第二十一章 仙醫合作，可防衰老。

世間金石之類，壽命最長；其次卽推植物，蒼松翠柏，只須生長在適宜的環境中，不遭人獸之侵害，壽命總在千年以上，深山內仙草靈藥，亦有幾百年壽命；惟五穀蔬菜等物，自生長以至成熟，不過一年半載之間，其壽命最短。今世信仰素食主義者，每不知和學識經驗俱富之醫生研究各種補藥之用法，僅恃煙火食中短命的穀菜希望益壽延年，亦徒勞夢想耳。但惜國醫懂仙學者頗少，新醫而又好仙道者更少，是在有志之士平日留意訪求，以備顧問，此卽黃帝醫經所謂「上工治未病」也。人若不於壯年無病時早爲防護，迨衰老已至，疾病已成，始臨渴而掘井，投奔市俗名醫之門，倉皇挽救，效果全無，其愚眞不可及矣。衰老是慢性的內傷病，須賴仙學與醫學合作，方能預防，而下手宜早，遲則難以見功。

第二十二章

有志長生，宜戒肉食。

素食既不能長生，遂想到肉食，以爲滋養豐富，補益良多。然猪、羊、雞、鴨各種家畜，其本身壽命甚短，卽使不被人所殺，經過十餘年，亦自然老死，僅及人類普通年齡五分或六分之一，故肉食亦無延齡之望。食肉太多者，非但不能益壽，而且損壽。近代幾位武術名家，每餐非肉不飽者，皆短命而死；修養家喜食肥甘厚味者，常易得腦充血症。故凡有志於長生者，宜戒肉食爲要。若恐營養不足，牛乳、雞蛋亦可代替肉類。往歲余在滬講長生學時，言家畜動物，壽命太短，人食其肉，不能長生，反致夭折，旁聽者遂謂野禽、野獸以及龜、鹿等物壽命都長，我等不妨改食野味及龜、鹿肉，當比家畜有益。余曰：此意大錯。仙家戒肉食，乃一概不食，非謂不食短命動物而食長命動物也。蓋以動物血肉腥羶穢濁，與內丹清靈之氣不能相容，況且因自己要求長生而殺害許多無辜動物之生命，在彼弱小動物眼光中，視吾輩之凶惡，尤甚於虎狼。如此行爲，決非仙學家所應有者，切宜戒之。

第二十三章

獨身主義，有利有害。

禮記引孔子之言曰：「飲食男女，人之大欲存焉。」何以故？因無飲食，自身卽不能生活；無男女，種族必至於滅亡。故此二者，乃人類生存上必要之條件。但如仙學家，是否與世俗相同需要飲食男女，是亦爲大問題。若說同樣的需要，則仙凡何別？若說永久的禁止，在飲食方面必至饑渴而死，在男女方面雖勉强可以照辦，惟效果亦等於零。世間宗教徒，抱獨身主義者，國內不下數百萬人，其中未嘗有因獨身而遂能免除老病死者，彼等僅可稱爲節制生育、減少人口的實行家耳。然世界列强，爲戰爭故，正在獎勵結婚，設法增加人口，弱國民眾乃反其道而行之，勢必至於强者愈强，弱者愈弱，恐不適合近代立國之原則，將來到不得已時，當局者或取干涉政策以矯其弊，亦未可知。余今爲此事下一公允之評判：獨身主義，對於自己利害各半無妻子之累，固然可以減輕自己的擔負，免除許多煩惱，但亦不能組織家庭，自己一身飄流無着，若非寄託於公共場所，只有投入宗教門中，以了殘年而已，否則到處感受困難，對於國家民族止有害而無利人口減少，不足以禦外侮。兩國戰爭，武力相等者，人多則佔優勝，對於整箇世界，則有利而無害近代交通工具，飛速進步，地球範圍日見其小，而陸地面積更爲有限。獨身主義之結果，卽是減少人口，於某一國雖不利，於全世界則有利。蓋爲全世界着想，實在不需要這許多人類。

第二十四章　仙學家飲食男女與俗人不同。

某君問　素食及肉食皆不能使人長生，絕食更要餓斃；　有男女配偶者，與抱獨身主義者，結果彼此皆同樣的老死。　豈非令學者進退兩難乎？

余曰　君勿躁急，生死大事，豈是立談就能解決？　仙學中飲食男女，比較世俗，當然有特異之處。　設若相同者，則仙學家之結果，亦難免與俗人相同矣。　世間酷好修煉之人雖多，而實在長生之人極少。　因彼等於飲食男女之事理，認識不清，徒知消極的吃素斷慾，而無積極的方法以運用於其間。　老病死既無異於常人，則死後靈魂失其團結之力，不能獨立存在，不能自由活動，或分散於虛空，或附着於物類，亦與常人無別。　余並非反對彼等之消極方法，且認爲此法有一部分的好處，惟恃此法以求成仙，則徒勞夢想。　須知，修煉家由凡體而變換仙體時，其間有極長之歷程，許多之段落，不可一蹴而至。　故初步工夫，本毋須完全斷絕飲食男女，但運用之方法則頗異乎俗人。　丹經雖云「精滿不思慾，氣滿不思食，神滿不思睡」，此乃指工夫程度已深，精氣神已經滿足者而言。　至於初學者，身中精氣神多半虧損，先要從不滿而求其滿，應當有特別方法，以制御飲食男女之事，始能於損中獲益，害裏生恩。　蓋貪戀飲食男女而學道，固屬北轍南轅；　離開飲食男女以求仙，又似鏡花水月。在進退兩難之間，吾輩必有以處此矣。

第二十五章　成仙須用積極的方法。

某君又問　積極的修煉方法，可得聞否？

余曰　人類肉體之構造，内外各部，非常複雜。若想用一種簡單的方法，使生命永久長保，便與事理相違。世間修煉家，做幾十年工夫，最後仍不免失敗者，卽因彼等所用的方法過於簡單。就身體某一部份上說，不無少許益處，但於其他各部都未曾顧到。余所謂積極的方法是複雜的，而非簡單的；是精神與肉體，内部與外部，處處皆要顧到，而不是偏於局部的；基礎建築在物質上面，而不是心性空談；工夫注重在作爲上面，而不是終日枯坐。既然如此，故非三言兩語所能了解，惟有逐漸說明耳。

第二十六章　空間無邊，時間無盡。

某君素日研究學術，思想深入裏層，不似他人只看表面，故能用新醫藥之經驗，闡明丹道，妙合玄機。最近得暇，余遂與之暢論仙學正宗並江湖方士、旁門僞法各種分別，伊頗有會心。問答雖多，未便一一形諸筆墨，兹將可以公開者，記錄如左。

四方上下謂之宇，宇是空間；往古來今謂之宙，宙是時間；空間與時間相合，保持連續不斷之運用，則名爲宇宙。

問　空間有邊否？

余曰　若說有邊，必定有殼子在周圍包住。殼子厚薄幾何，殼子之外又是何物，更難想像，故以無邊之說較爲圓滿。

問　時間有盡否？

余曰　地球上時間有盡，地球外時間無盡。吾人所居之世界雖有始有終，而宇宙總相則無始無終。學者宜分別觀之。

問　何故有如此分別？

余曰　凡物有成必有毁，成與毁、生與滅是相對的，不可執著這一邊，而棄却那一邊。地球亦是一物，自然不能例外，既有當初之生成，必有將來之毁滅。此世界所謂年月日時者，皆由於地球公轉及自轉而起，地球本體若不存在，安有時間可言？ 故曰地球上時間有盡。

然地球雖毀，而太空中無數星球決不至於同時皆毀，或者此處老地球尚未滅盡時，而他處新地球早已產生，自然又有新時間繼續發現，故曰地球外時間無盡。

第二十七章

宇宙眞宰，是道與力。

某問　宇宙有主宰否？

余曰　有。

問　是上帝否？

余曰　不是。

問　何爲宇宙之主宰？

余曰　是道。

曰　「道」字本義，玄妙難解，而且人各有道，此之所謂道，又大異乎彼之所謂道，故我等對於「道」字竟有莫測高深之歎，尚有他字可以代表否？

余曰　道不可見，所可見者卽是力。故「力」字可以代表「道」字。試觀宇宙間有所謂引力、吸力、攝力、離心力、向心力，機械上有所謂電力、熱力、風力、水力、壓力、馬力、原動力，政治上有所謂權力、威力、武力、實力，社會上有所謂人力、物力、財力、勢力、號召力、團結力、誘惑力、經濟力、生產力、購買力，人身上有所謂腦力、心力、膽力、魄力、眼力、精力、氣力、體力、智力、魔力、學力、才力、能力、記憶力、辨別力、消化力、生殖力，修煉上有所謂福力、慧力、定力、法力、道力、神通力。以上不過舉其大略，已有如此之多，其詳則難以計算。中庸云「道也者，不可須臾離也，可離非道也」，余亦謂「力也者，不可須臾離也，可離非力也」。「道」與「力」，本是一件事，以體而言謂之道，以用而言謂之力，觀力卽知道矣。宇宙間極大之物體如太陽、地球、恒星、行星，極小之物體如原子、電子，無一處不是力之所彌布，無一物不受力之所支配，故「力」亦可認爲宇宙眞主宰。

曰　昔日某刊物中本有「道卽力」之說，讀者每不得其解，今則豁然貫通矣。假使有人說「道卽上帝，上帝卽道」，似亦無妨。

余曰　不可。哲學家所謂「道」，科學家所謂「力」，皆是無人格、無意識的，宗教家所謂「上帝」儼然像世間之帝王，是有人格、有意識的，彼此觀念既不相同，故名稱亦難以假借。

第二十八章　上帝不能管我等世界之事。

問　道與力之外，別有所謂有人格、有意識的上帝否？

余曰　假使有上帝，必定有一位最高負責任者。但是現今我等所居之地球上，列國戰爭，殺人如麻，並無最高權力足以禁止人類互相殘殺。歷年來，宗教信徒祈禱和平者，遍地球上，何處無之？何日無之？未見絲毫效果。此一世界是否有上帝，乃成疑問。

太空中其他星球上，若有人類或仙類，則不能無社會。有社會必有組織，有組織必有首領。彼處之首領，此處不妨呼之爲上帝。星球無數，則上帝亦無數。但彼處上帝雖多，不能管我等世界之事，就像此世界帝王不能管彼等世界之事，同一理也。

若彼世界上帝有權統治此世界人類，善人就應該使其長壽享樂，惡人就應該使其短命受罪，或者只生善人不生惡人，只許有治世不許有亂世，目不覩流離之慘，耳不聞嗟歎之聲，則吾人對於上帝，其感恩戴德爲何如耶？惜終爲幻想而已。

或謂世間各種災禍乃上帝降罰於人，因爲人類作孽太過，不能不有以懲之。此說似是而實非。即如水旱、火燒、瘟疫、蝗蟲等災，多半是人力未曾盡到，不可完全諉卸責任於杳茫之中。至於世界戰爭，尤其與上帝無涉。飛機、炸彈、大炮、機鎗、坦克車、潛水艇，各種利器，發明者是人，製造者是人，使用者亦是人，上帝何嘗與聞其事？若謂上帝於中作主，上帝未免太不仁矣。

或又謂戰爭乃上帝假手於人以除暴安良者，然各國民眾，直接或間接因戰爭而犧牲者，爲數何止億萬？死者未必盡屬暴民，生者未必都是良民。各國慈善博愛之宗教信徒以及莊嚴偉大之禮拜教堂，被飛機、炸彈所傷害、所毀滅者，不計其數，上帝有靈，何不用神力加以保護？況且挑撥戰爭之陰謀家，及志在侵略之野心家，儘量的犧牲他人，而不肯犧牲自己，上帝對於此輩罪魁禍首，偏要大度包容，不加懲罰，是何理由？

或又謂戰爭是人類的劫數，雖上帝亦無可奈何。余曰：人家父兄之於子弟，有難則拯救之，有過則制裁之，爲其責任所在也。人類崇拜上帝，甚於自己之父兄，今日馴良者遭難，上帝不垂憐拯救，暴虐者肆毒，上帝不迅速制裁，反謂劫數無可挽回。若非放棄責任，便是無此能力。

或又謂，吾輩觀察事理，不可只論目前，須看將來結局。余曰：結局我早已算定，世界大戰將來總有休息之時，罪魁禍首將來總有死亡之日，宇宙間循環定律本是如此，豈上帝威權所使然耶。

此章所論，雖十分徹底，但對現在的人類社會未必有益，故此章暫時不擬發表。若付印刷所時，可將此章取消。這次與某君言之，某君主張仍舊要發表，故此後擬再徵求多人之意見，以決定此章之去留。

第二十九章

宇宙萬物，同一生命。

無終始、無內外、無大小限量的空間，包含兩種反對的慣性：一種是靜的，消極的，如「以太」；一種是動的，積極的，如「電子」。以太卽虛無之本體，電子乃萬有之根源，動靜相推，有無相入，於是乎天地人物由此而生成。以太可認爲無極，電子可認爲太極。無極是囫圇的，不分陰陽，故以太亦是整箇的而不可分析；太極中有陰陽之流行，故電子亦是陰電子環繞陽電核而旋轉。以太及電子是宇宙萬物共同之生命，亦卽是吾人自己所保有之生命，故每一箇人之生命，比較宇宙全體之性命，其性質實無差別。學者於此果能認識眞切，則古今來千千萬萬哲學書籍之玄談，及宗教經典之神話，皆可作廢，吾人惟求擴充自己生命之量而已。

附註一　以太　「以太」二字是譯音，乃物理學上的名詞，若要譯義，可稱爲能媒，亦可稱爲介質。以太遍滿一切處，大至杳無邊際之虛空，小至顯微鏡所不能見之微塵中，皆有以太存在。由各種方法證明，知光熱電力等作用，皆藉以太所傳播。故科學家不能不承認其爲實有。但因其密度，比較第一位輕氣元素，猶稀薄至於無限，故科學家又不能說它是一種物質，只可稱爲非物質的媒介品。如日月星光，能由高空射到吾人之眼簾者，即因有以太所傳播之光波；如無線電話，能由遠方送到吾人之耳鼓者，即因有以太所傳播之電波。宇宙間無所謂絕對的眞空，除物質佔據之地位而外，都被精神塡滿了空隙。以太既有如此偉大作用，而其本身又非物質，簡直可稱爲宇宙萬物的精神。

附註二　電子　太陽、星球、地球、人類並萬物，皆是各種元素所構造，而各種元素又是陰陽電子所組成，故電子乃萬有之根源。據近代化學上所已知之元素，有九十幾種分別，既同爲電子所組成，何故又有各種不同的性質？則因各元素中所含電子數量有多有少之故。例如輕氣元素，所含電子甚少，故最輕；汞、鉛元素，所含電子甚多，故最重。每一種元素，用物理方法，分至無可再分，則名爲分子；分子再用化學方法分解之，則名爲原子。每一原子，皆有核心，核心又不是整箇的，乃非陰非陽的中性粒子與陽電子及陰電子等合組而成，但偏於陽性，科學書上稱爲內輪電子；核心之外，常有或多或少之陰電子環繞而旋轉，如九大行星之繞太陽，科學書上稱爲外輪電子。

第三十章　知識分子需要徹底的人生觀。

某君又曰　宇宙觀既如前說，尚有人生觀，更爲重要，敢請再發妙論，以破羣迷。

余曰　宇宙乃大眾所共見，凡是思想超越，不受宗教束縛者，其宇宙觀往往相同。人生乃箇人所獨嘗，我以爲苦，他人或以爲樂； 我以爲樂，他人又或以爲苦。 苦樂之感覺，既如此差別，推之於利害、善惡、功過、恩仇，其漫無標準，亦復如此。 甚至同樣事件，因自己年齡、境遇、思想有轉變時，一人前後之意見，竟或極端相反。 故最徹底之人生觀，止許自己心中明白，不能輕易爲人言之。 但值今日非常時局，知識分子，天良未泯者，都陷於進退維谷，歧路徬徨，不知人生該如何處置方好，而且年齡多半在四十以外，於社會亦有相當之閱歷，凡是新時代的產物，彼等皆不感興趣，又因理解明白，不屑步愚夫愚婦之後塵，向迷信中去求安慰，只有終日惶惑苦悶，作無可奈何之掙扎，實堪憐憫。 此種人若得聞余之學說，必能獲益匪淺。 余所謂最徹底之人生觀，雖不能全部公開，今爲供給此輩知識分子精神生活上之需要，特提出數點，依次說明，仙學同志諸君亦可參考。

第三十一章

樂觀悲觀，皆不合理； 成人成己，惟在達觀。

立國於現代，有兩種必要之條件：（一）國民科學知識普及；（二）國家鋼鐵工業發達。 否則，難以圖存。 中華民國偏缺少這兩種條件，徒誇地大物博，而無捍衛之能力，適足爲列強攘奪之目標。 已往如是，將來亦然。 故樂觀論之理由，殊不充分。 悲觀者，則謂毫無救藥，束手待斃，又嫌過於頹喪。 須知，當此世界戰爭，列強自顧不暇之時，正是衰弱民族脱縛翻身之絕好機會，居領導地位者，倘能善於運用，實大有可爲，故悲觀論之影響，未免灰志士之心，短英雄之氣，亦無足取。余今日所賴以成己成人者，惟達觀而已。達者，透徹之意。達觀者，乃對於世事徹底看透，非謂國計民生不關痛癢，一切放任，聽其自然也。蓋以當前困厄，來日艱難，一味的樂觀，似乎近於迷信；然而禍兮福倚，事在人爲，一味的悲觀，又嫌自暴自棄。故樂觀與悲觀皆不合今日處世之道，此際惟達觀能矯其弊耳。試將余之達觀論叙列如後。

第三十二章　人類的歷史是在戰爭中求生存。

戰爭是人類所不能避免的，古代、現代皆是如此，未來世界仍復如此。畏懼戰爭，或詈斥戰爭，絲毫無濟於事。而祈禱和平，尤非智者之所爲。戰爭完全是人事，求神何益？大戰以後，人口死亡衆多，兩方精疲力盡，自然有短時期的和平。若説從此可望永久和平，便是夢話。

或問：科學落伍之國家，漸漸被科學進步之國家所征服，弱小民族漸漸被强大民族所吞併，如此遂能永久和平乎？曰：未也。强國與强國間，因利害衝突之故，大戰復起，原有六七强國者，漸變爲四五强國，再後，全世界止剩二三强國，再後，此二三强國内部自動分裂，混亂局面又開始矣。人類的歷史，本是在戰爭中求生存，所謂和平者，乃前期戰爭與後期戰爭之間暫時休息的狀態。為政府者皆要嘗膽臥薪，為人民者都如臨深履薄，方能應付將來的萬變。孔子周易繫辭傳云：「君子安而不忘危，存而不忘亡，治而不忘亂，是以身安而國家可保也。」

第三十三章

地球變為神仙世界，戰爭自然不起。

戰爭之事，人己兩傷，彼此俱毀，其方式至為愚笨。是否除了戰爭，別無他法以達到生存之目的？何故人類必須用此種最愚笨之方式以求生存？學者每不得其解。余謂若要研究人與人、國與國之間為什麼要戰爭，當先研究自己與自己為什麼要戰爭。或問：自己一人，如何能戰？余曰：每一人處世接物，自己心中理智常與情感交戰，有時理智戰勝情感，有時情感戰勝理智，理智勝則公正和平，情感勝則偏私憤激。設若理智情感勢均力敵，各不相下，則進退失據，煩惱憂煎，莫可名狀，甚至因此而患精神病或自殺者。試思一人心中，尚且如此矛盾、衝突，無法妥協，何況二十萬萬人口之世界，豈能永久相安？此戰爭所由起也。箇人患精神病則發狂，國家患精神病則好戰，皆是人類劣根性之所表現。數百年後，全球統一，國家民族觀念消釋，生育限制，人種改良，惡性人少，善根人多，物資分配平均，供給需求適合，大同思想普及，自然廢除戰爭。東西兩半球某某部分已逐漸進化，類似神仙世界，人生幸福，較今日當有霄壤之殊。彼時之人，倘閱讀歷史上屢次世界戰爭紀錄，必慨歎今日的人類愚笨得可憐。但現在國際間許多矛盾，確非戰爭不能解決。矛盾之極者，雖一二次戰爭，仍不能解決，尚有三、四、五次隨其後耳。惟人類生活之方式經過一次大戰，必有一次進步，直待全地球皆變爲神仙世界而後已。今姑留此預言，以俟將來證驗。

附註　大同思想　禮記禮運篇孔子之言曰：「大道之行也，天下爲公，選賢與能，講信修睦，故人不獨親其親，不獨子其子……貨惡其棄於地也，不必藏於己；力惡其不出於身也，不必爲己。是故謀閉而不興，盜竊亂賊而不作，外户而不閉，是謂大同。」

第三十四章　中年已過之人，達觀更爲必要。

人生七十古來稀，二千四百年前的孔老夫子住世年齡，亦不過七十三歲，所以普通人七十歲壽終者，卽非短命。況且每箇人是否能活到七十歲，誰亦不敢自信意外的危險太多，不能單就正常的壽命估計。五十前後年齡，已如太陽偏西，落山最速。余所謂達觀者，處順境不必喜，老、病、死漸次臨頭矣。處逆境不必憂，天大事一死便了矣。他人富貴驕奢不必羨，彼等就要同歸於盡，轉眼皆空矣。自己貧賤饑寒不必悲，人生原爲受罪而來，限期快滿矣。威嚇我者不必懼，早遲皆是死，今日他日何分乎？利誘我者不必動，晚景已無多，降志辱身奚取耶？忍辱負重顧全大局者又當別論。國家民族不必失望，盡心而已。妻財子祿不必認眞，大夢而已。知識分子無論在位在野，皆能作如是觀者，其精神上之痛苦，當可減輕不少，然後得便再研究神仙學術，做性命工夫，則古今來所最難解決的靈魂問題，將有着落矣。此亦是慧根深厚上智天才所應負之責任，否則，人人醉生夢死，生不知何處來，死不知何處去，更不知我爲何物。强者捨命狠鬥，弱者被人魚肉，結果强者、弱者都化爲劫灰，而世界依然世界，後來的人類又復一批一批搬演前人之慘劇，相續不斷。宗教家雖懷救世之願，惜彼等所謂神權者，其能力薄弱，不足與科學相抵抗，結果是徒喚奈何。吾輩若眞要救世，端在提倡仙學，實修實證，只須有二三人成功，卽可教化全世界人類去惡向善，並可警戒各國當局，使之廢棄機械化的戰爭，免致人類受科學之毒害。果能如此辦法，其功效當比宗教家的神權勝過百倍。

第三十五章

道德、倫常、禮教、風俗、信仰、迷信六種性質不同。

吾國社會對於道德、倫常、禮教、風俗、宗教信仰、虛妄迷信六種性質，辨別不清，往往混爲一談，今特逐條分析，說明如後。

一　道德　此處專指做人的道德而言，與老莊之道德觀念不同。儒家所謂孝悌忠信仁義廉耻，道家所謂慈儉退讓、清靜樸素、少私寡欲、知足去奢，佛教所謂不殺、不盜、不淫、不妄、布施、忍辱，耶教所謂平等、博愛、純潔、至誠，這些都是做人的道德，不分種族國界，不論時代古今，皆可以適用。

或疑將來大同主義實現「不獨親其親，不獨子其子」時，「孝」字恐不適用。余謂，人類都是有感情的，究與木石不同，到了那時，狹義的孝自然變成廣義的孝，雖孝之形式不立，而孝之精神仍在。卽如今日君臣名義雖廢，而「忠」字不廢，僅將「盡忠於君」之說改爲「效忠於國」而已。將來國界再化除，「忠」字仍舊存在，僅將「效忠於國」改爲「效忠於人類」而已。

二　倫常　卽孟子所謂「父子有親，君臣有義，夫婦有別，長幼有序，朋友有信，乃人倫之常道」。民國成立，君臣一倫雖廢，其餘四倫尚未可廢。

三　禮教　如婚禮、喪禮、祭祀儀式、主賓酬酢、尊卑名分等皆是。十三經中有所謂「三禮」者，卽周禮、儀禮、禮記三書，乃吾國古代傳統的禮教，儒家所自負的典章文物，修齊治平大手段，悉在乎此，然自秦漢以後，久已廢棄不用。今之禮教，已非古之禮教。可見禮教隨時代爲轉移，非一成不變者。左傳云「夫禮，天之經也，地之義也，民之行也」，老子云「上禮爲之而莫之應，則攘臂而扔之。夫禮者，忠信之薄，而亂之首」。禮本是人製造出來的，偏要說是天經地義，幸得老子嚴格的批評，稍抑儒者浮誇之氣。二說對觀，頗覺可笑。

四　風俗　禮教是一箇朝代的制度，正式規定於載籍之中，班班可考。風俗則無規定之明文，但以歷時久遠，在多數人心理上認爲合宜而且必要，遂致拘束每箇人之行爲，其潛勢力竟有勝過禮教者。譬如女子纏足、孀婦守節、端午粽子、中秋月餅、陰曆歲首吃年糕、正月初五接財神之類，皆可謂風俗，不可謂禮教。今日政府，既有明文規定，改用陽曆，而人民偏喜用陰曆，在政府機關任職者，雖遵章過陽曆年，但彼等回到家中，未必不在背後過陰曆年，何況普通人民。此卽風俗勢力勝過禮教之鐵證。若問陰曆年好處何在，却又說不出，這也是一件可笑的事。

五　宗教信仰　宗者，有一定光明正大的宗旨； 教者，本此宗旨以教世人； 信者，自己心中承認此種教義是毫無差錯，並是人己兩利的； 仰者，包含敬畏、愛慕、崇拜及遵守奉行之意。凡是某一教的眞實信徒，除信仰本教而外，決不再信仰他教。若同時信仰二教或二教以上者，便不合宗教信仰之原則。各教所講做人的道理，皆是好的，然其教規頗多彼此衝突之處，無法可以調和。雖說各教都好，但不能各教俱信。

六　虛妄迷信　既不明白某一宗教優點所在，又不奉行某一宗教做人的道德，更不遵守其誡條，徒知仿照外表儀式，裝模作樣，乞憐於天空或偶像之神，求其於生者降福消災，於死者離苦得樂，無論所求之事爲自己、爲他人或爲羣眾，無論是自己親求或出錢請人代求，無論求的方法手續煩簡如何，一概叫做迷信。雖其中有眞迷信、假迷信、習慣迷信、利用迷信、職業迷信各種分別，總歸虛妄而已。

第三十六章　迷信程度與知識程度是反比例。

人類知識的程度增加一分，則迷信的程度減少一分； 知識完全發達，則迷信完全破除。因迷信程度與知識程度是反比例也。考迷信之起源，不外乎兩種心理：一，畏懼；二，希望。未開化的民族，拜大樹、大石，拜龍蛇、鱷魚，拜狐精、妖魔鬼怪及凶惡奇醜之偶像畫像，此卽由於畏懼之心理所驅使，蓋恐彼物爲禍於人，而媚之以息其怒也。半開化的民族，知識稍有進步，則拜天地日月、雷電水火、山川湖海、城隍社稷諸神及慈眉善眼、容貌端正之偶像畫像，此卽由於希望之心理所驅使，蓋求諸神降福消災，並信其有無上威權，足以制伏邪魔惡煞也。再進一步，則止信仰最高之一神，而不信仰多神，猶如一國之國民只須崇拜一國之元首，而元首以下諸官吏，則不必人人而趨奉之，此說比較可以通融。至於持極端論者，則謂宇宙間僅有絕對的一神，不承認此外尚有他神之存在，若拜偶像，便犯誡規，此說與多神教勢不兩立，毫無通融之餘地矣。由此再進一步，則信仰自然的眞理，而不信虛妄的神權，到此時期，凡以神道設教者，都在淘汰之列，而世界大思想家、大科學家，反有受人崇拜之可能，非認爲彼等死後成神而求其降福消災，僅追念往哲偉大之人格，足爲後世倣法而已。譬如中國祭祀孔子並古聖先賢，卽是此種心理，較彼等崇拜偶像者，心理絕不相同。拜偶像，有所求也；拜孔子，無所求也。

第三十七章　果報之權，在人不在神。

因果報應，未嘗没有，然其權在人而不在神。譬如敬愛人者人亦敬愛之，侮辱人者人亦侮辱之；利濟人者人亦利濟之，傷害人者人亦傷害之；我以忠誠待人，人卽以信任待我，我以欺詐待人，人卽以猜忌待我；長官貪污，屬員必不能廉潔，父親作惡，子孫如何得賢良。此皆因果報應之顯而易見者。書經大禹謨曰「惠迪吉，從逆凶，惟影響」，「惠迪」二字，作順道解，謂凡百事順乎道則吉，若逆之則凶也；又易經坤卦文言曰「積善之家，必有餘慶；積不善之家，必有餘殃。臣弑其君，子弑其父，非一朝一夕之故，其所由來者漸矣」，此亦是因果報應之說。蓋世間自然眞理本是如此，非有上帝、天官、星君、斗母、閻王、東嶽、城隍、判吏等類暗中作主，若將禍福果報之執行權寄託於神，反致眞理變成虛妄，遇到破除迷信者，遂並眞理而推翻之，皆神權之流弊也。

第三十八章　靈魂之研究。

以肉體爲我而觀人生，則人生毫無價值；以靈魂爲我而觀人生，則人生尚有希望。故修煉家重視靈魂，尤甚於肉體。然靈魂問題既非今日科學所能解決，而許多宗教書籍，雖議論紛紛，皆是空談，而無實證。吾人既欲從事於仙學，當其入門之初步，就要認識靈魂，否則便是盲修瞎煉。但靈魂是無形之物，如何可以認識？必有賴於種種推測之方法。姑將平日與諸道友問答各條，記錄於此，以爲研究之資料。

一問　如何能知肉體以外尚有靈魂？

答曰　肉體構造，頗似機械，試以汽車作比：人的兩手兩足如四箇車輪；人的兩眼如兩盞車燈；人的口舌如放響聲之喇叭；鼻孔如進空氣之風門；心臟一伸一縮如汽缸活塞；肺葉一漲一收如車頭風扇；腦髓如蓄電池；神經如電線；胃部如汽油箱；膀胱如水箱；肛門如車後出廢氣管；人的飲食如汽車加水添油；肉體中大小骨頭所以支持人身，汽車中長短鋼架所以支持車身；人們需要皮膚保護外部，汽車亦要鐵皮保護外部；人們需要脂肪潤澤內部，汽車亦要機油滑潤內部。人與汽車，可謂完全相同。但是汽車中若無司機之人駕駛，則動止、快慢、進退、轉彎皆無主宰，雖有新車，等於廢物。因此，可知人的肉體若無靈魂於中作主，則有眼耳不能視聽，有手足不能運行，雖是活人，等於已死。所以肉體譬如汽車，而靈魂則譬如汽車中之司機，必不可少。

二問　人的靈魂藏在身內何處？

答曰　靈魂總機關在腦中，而分佈於各神經系。試觀病人受蒙藥之時，呼吸依然，脈搏如舊，可知人實未死，何以毫無痛苦之感覺？則因蒙藥之力由鼻入腦，靈魂總機關發生障礙，譬人家電燈總門關斷，則全部電燈不亮，同一理也。若在局部神經上注射麻藥，則該局部神經暫時受藥力所阻，失其傳送感覺之效能，凡受此一系神經所支配之部份，則不知痛苦，而其他各神經系統之感覺則如常，譬如人家電燈總門並未關斷，只有一處分支電線關斷，電流不通，少數電燈因此不亮，而多數電燈則仍放光明也。

三問　鬚髮毫毛、指甲僵皮等類，亦是人身之一部，何以經過刀剪不知痛苦？

答曰　因此種部份，皆神經所不到，無神經則無感覺，無感覺則無痛苦。普通所謂靈魂，大概指感覺而言，無感覺的部份，亦可謂無靈魂。足見靈魂與神經實有密切關係，神經所不到之處，靈魂亦不到也。

四問　手足殘缺、眼瞎耳聾之輩，何故仍有知覺？

答曰　頭腦是靈魂總機關，尚未破壞，故知覺仍在。

五問　熟睡之人，頭腦未嘗不在，何故没有知覺？

答曰　腦筋因疲勞之故，需要休息，暫時停止活動，所以没有知覺。譬如一國元首，公務疲勞，暫時不理政事。

六問　剛死之人，腦筋尚未破壞，何故没有知覺？

答曰　此時肉體生活機能已全部停止，腦筋不能單獨活動，靈魂當然失其作用，所以没有知覺。人的腦髓譬如靈魂所寄居之房舍，房舍暫時雖未破壞，但已發生嚴重障礙，不能像平時一樣的住人，以前住在本屋之人，自然要遷移到別處去，人去之後，房舍空空，雖電話機裝設完備，外面打電話進來，儘管鈴聲振響千百次，得不到一次回音。

七問　腦筋尚未破壞，靈魂何故先要離開？

答曰　靈魂是性，肉體是命，性命合一，相輔爲用，方是有生氣的活人。若命根已斷，肉體不能維持原狀，心不跳動，鼻不呼吸，到此地步，靈魂勢難獨存於身中，自然要離開矣。

八問　靈魂離開肉體之後到何處去？

答曰　人死以後，靈魂分散於虛空之間，混合在宇宙大靈魂之内，俟有機緣，再附着於新生之人體、物體而起作用。

九問　靈魂離開肉體，是否尚保存眼耳鼻口、五臟六腑、四肢百節，如人的形像？

答曰　人死以後，肉體卽開始腐爛，漸漸化爲烏有，僅殘留幾莖枯骨，年代久遠，枯骨亦復銷滅。肉體死後且不能保存原來的形像，何況靈魂是本無形像者，偶然附着於人的肉體暫成爲人，若附着於其他動物之體卽成爲別一動物。譬如水裝在方器中則成爲方形，裝在圓器中則成爲圓形，裝在酒杯中則是酒杯形，裝在茶壺中則是茶壺形，在鍋中是鍋形，在桶中是桶形，若將各種器具中所裝之水倒入海洋，試問尚有杯、壺、鍋、桶、方、圓、大、小之形狀否？尚能分別某一滴是杯中水、某一滴是壺中水否？靈魂離開肉體，分散於虛空，亦似水歸於海而已，若謂尚能保存原來人體之形狀，在理論上恐怕説不過去。

十問　鬼與靈魂是一是二？

答曰　世俗所謂鬼者，以爲仍舊是人的形像；余所謂靈魂者，不是人的形像，當然非鬼可比。

第三十九章　鬼之有無。

人死以後，究竟有鬼無鬼？欲解決這箇問題，先要明白鬼是何種物質所成。活人身上物質，有固體者，如筋骨、皮肉、臟腑、指甲、毛髮等；有液體者，如精、血、涕、淚、汗、津、便、尿等；有氣體者，如身中運行之氣、皮外洩漏之氣、鼻孔呼吸之氣皆是各人氣味不同，狗的嗅覺靈敏，最能辨別之。既名爲鬼，當然没有固體與液體之存在，果有此二體者，應爲人矣。鬼或者可以說是三體之中僅有氣體。然氣之在人身者，非肉眼所能見，而談鬼者則云鬼有形像可見，是鬼之氣體比較人之氣體爲濃厚。人之氣譬如空氣，鬼之氣譬如煙霧，空氣不可見，而煙霧則可見也。然煙霧、空氣皆不能透過牆壁，據云鬼之隱顯行動不爲牆壁所阻礙，是鬼體非但不比空氣濃厚，而質點之微細，尤勝過空氣千百倍，否則如何能穿牆透壁而無阻礙耶？吾人肉眼尚不能見空氣，反謂其能見比空氣更微細之鬼體，此何說耶？人死以後，身中固體、液體逐漸分散變化，終歸銷滅，獨此容易分散之氣體，偏能保持長久，不與固體、液體同時分散，何耶？見鬼者又云鬼亦有衣服，與人無異，則更難索解。人的衣服乃絲綢、棉布之類，經過裁縫之手製造而成，鬼的衣服從何而來？是何物所製造？鬼現形則衣服亦同時現形，鬼隱藏則衣服亦同時隱藏，試問鬼之身體與鬼之衣服是一物耶？是二物耶？是何種物質所構成耶？如曰鬼非物質，則何故能有形像為人所見？如曰鬼是物質，則何故大眾皆不能見？今日遍世界充滿着人與動物，實難覓到一鬼，無法可以證明其有，止能用思想推測，而理解又矛盾若此，到不如直截主張無鬼，省却許多葛藤。

若謂人死有鬼，則牛馬猪羊、雞鴨魚鱉以及一切飛禽走獸，死後皆應當有鬼，如其生時之形狀。古今來各種動物被人所屠殺者，骨積可以成山，血流可以成河，向不聞動物有鬼之說，獨謂人有鬼，何其偏耶！

第四十章 某君之無鬼論。

道友某君，素日亦不信有鬼，其言曰：「人之將死，對於平生所親愛者，每有依戀之情，情愈深則戀愈重，此時本人心中極不願死，而又不能不死，其死也，出於無可奈何，未必就能學太上忘情，恝然捨之而去。若說死後尚有鬼在，何不顯其形像，一來安慰其生前所親愛之人？但實際上，無論活者如何悲傷痛苦，死者竟置若罔聞。生而為人則情感纏綿，死而為鬼則心如木石，有此理乎？若說幽明路隔，鬼在陰間，不能和陽間之人通消息，故雖有鬼而不能見。試問，既不能見，何以知其有鬼耶？或又謂，鬼雖不常見，亦偶爾一見。然世上每天死人無數，鬼亦無數，謂鬼能見，則無數之鬼皆能見，謂不能見，則所有之鬼皆不能見，何故又能偶爾一見耶？鬼非稀少之物，其數量之多，與死人數量相等，應該時時可見，人人可見，僅偶爾一見，何足爲憑？安知不是自己腦昏眼花而現幻影？簡直可以說，一死便了，無所謂鬼。」

第四十一章

道書常云「純陽則仙，純陰則鬼，半陽半陰爲人，故人居可仙可鬼之間」，果如其說，是仙與鬼相對待，有仙則有鬼矣，無鬼亦無仙矣。余今提倡仙學，而不承認有鬼，將何以自圓其說乎？諸君勿疑，請觀後辯。

第一辯　仙與鬼非對待也。若眞是相對，則仙鬼多少之數必相等。世上每一人死，必有一鬼，其數多至不可計算，請問千萬人中有一人成仙否？鬼如此之多，仙如此之少，安能相對耶？

第二辯　純陽則仙，純陰則鬼，二說不能並立也。今先研究純陽純陰作何解釋。說者謂是指身中之氣而言，道書常云「凡人身中一分陰氣不盡則不仙」，故仙爲純陽；「一分陽氣不盡則不死」，故鬼爲純陰。然所謂陰氣陽氣者，亦使人莫名其妙。若謂陽氣等於陽電，陰氣等於陰電，吾輩素知陰陽二電有互相吸引之慣性，則純陽之仙與純陰之鬼應大講其戀愛矣。況且仙家修煉工夫，最忌孤陰寡陽，試問純陰純陽與孤陰寡陽有何分別？或謂身中熱氣爲陽，冷氣爲陰，熱到極處則名純陽，冷到極處則名純陰，所以結内丹者，身中溫度甚高，其熱如火，此即「純陽則仙」也；已死之人，身中溫度極低，其冷如冰，此即「純陰則鬼」也。余謂此說解釋「純陽則仙」似乎有理，但不可說「純陰則鬼」，只可說「純陰則死」耳。死後未必定有鬼也。再者，煉外丹亦貴純陽無陰，若夾雜少許陰氣在内，則不能通靈，不能轉接，更不能點化。外丹所謂陽，即是輕清；所謂陰，即是重濁。以輕清之義解釋純陽爲仙，未嘗不可；以重濁之義解釋純陰爲鬼，則於理欠通。鬼無質體，如何安得上「重濁」二字？惟有死屍眞是重濁，只可說「純陰爲屍」耳。

第三辯　道書言「半陽半陰爲人」，故人可以爲仙，亦可以爲鬼。但據歷來傳說，人死皆變爲鬼，而成仙者絕無，是凡人生前身中所含一半陰氣已有着落矣，試問身中一半陽氣歸於何處？若謂陽氣散於太空，然則陰氣爲何不散？或曰陽氣虛浮，故易散；陰氣凝結，故不散。果眞如此者，自古至今，日積月累，鬼滿全球，純陰無陽，成何世界？

第四辯　世人皆知所謂仙者，非苦修苦煉不成，甚至於雖苦修苦煉亦未必成；而所謂鬼者，皆自然而成，毋須費力修煉。由半陽之人而進爲純陽之仙，何其難？由半陰之人而進爲純陰之鬼，何其易？豈得謂事理之平？仙爲恒情所喜慕，鬼爲恒情所厭惡，仙與鬼皆非人所能見。仙之成否，雖不可必，但吾人在生時可依法修煉，以試驗其成否，能成固好，不能成亦有得而無失，壽命總可以延長若干年。至於鬼，則無法試驗，若要試驗，須拚一死。死而有鬼，境況悽慘，已不如人。死而無鬼，今生休矣，誰來賠償？仙既爲吾人所善，又可於生前實地試驗；鬼爲吾人所惡，且必須自己死後方知：此余所以提倡仙學而不屑於談鬼之理由也。

第四十二章

精神、物質不可偏重。

物質與精神，互相團結，方成爲有生命之人。科學家專講物質，而不認識精神者，固非；修養家偏重精神，而遂賤視物質者，亦非。故服食方法乃借外界物質以補充吾身之物質，清靜工夫則用自己精神以招攝虛空之精神，如此雙方並進，庶無遺憾。否則，徒恃服食藥草，並終歲山居之效力，若蜀省長壽翁李青雲者，雖享有二百五十餘歲之壽命，但其人生時，比較普通村野之民，未見有何特異處，死後更無影響。民國十餘年間，余曾見李君照像片，乃託四川道友就近探訪其事實，據某道友來函云云，上海城隍廟市街亦有李君放大照像陳列，其人壽齡極長，已爲大眾所公認，惟是否眞滿足二百五十歲，則無法考證；又如徒恃靜坐孤修，六年閉關之效力，若皖省教育界葛曼生者清光緒年間，葛君任安徽省城内尚志小學校長，先兄爲該校算學教員，余常往彼校中，因得見葛君，其時彼尚未學道，雖能預知未來之吉凶禍福，並自己死期，但惜壽齡不過六十餘歲，竟無延年之術，俾能在世間多作救濟之事業，以完成其素志，不免抱憾而終。此皆近代實人實事，與小說寓言不同，我輩正好借鏡。蓋李翁之短處，在性功欠缺，雖能長生而無智慧；葛君之短處，在命功錯用，雖有神通而軀殼難留。假使我輩能合李、葛二君之特長，而去其所短，則盡善矣。

楞嚴經耳根圓通法門淺釋

陳攖寧　註釋
胡海牙　審定
蒲團子　校訂

弁言

此稿成於己丑秋季，當時爲少數人研究楞嚴經中「返聞」工夫而作，初無公開發表之意。後爲陳叔平君所見，欲將此稿送登本刊**蒲團子按** 指覺有情半月刊，徵余同意未決。今春王元章君又欲攜至南通，刊印小册，分贈與人，奈原稿忘記放置何處，倉卒難以尋覓，故未及帶去。盛君壽君在某處聽講楞嚴，欲將此稿油印，散給一般到會聽講諸公，余恐引起別種誤會，遂作罷論。近日沈敬仲君來寓，閱之數遍，極言：「此稿於學者有益，應公諸大眾，勿任其埋没在舊書堆中。」余謂：「淺釋較各家註解不無異同，免惹是非之爭。」沈謂：「學問上事，仁者見仁，智者見智，有何妨礙？況各家楞嚴註解，闡明教義與發揮玄談者，堪稱完備，而工夫實際下手之法，皆未曾顯說，今得此篇，以補其不足，正是學者所需要。」昨晤陳叔平君，談及此事，彼仍勸我將稿送覺有情登出，並言本刊編者常望來稿。余甚愧久無以報命，遂不再堅持。

此稿外面傳鈔者，業已數起，恐其輾轉流布，漸次失眞，如能在月刊上發表，彼等鈔本當有所依據而校正其錯誤。因此將舊稿整理一遍。此處未完。

楞嚴經耳根圓通法門淺釋

從聞思修

聞是能聞之性，思是正念思維。思維與思想不同：思想是雜亂的，思維是單純的；思想是浮動的，思維是沉靜的；思想是永遠攀緣前境，不肯放棄的，思維是暫借前境，繫心一處，不久即須脱離的。所以禪家工夫，名曰「思維修」。

入三摩地

三摩地，是譯音，不是譯義。「三」字不作數目解，「地」字不作方所解。三摩地之義，即是「定」。入三摩地，即是入定。但定之程度，有深淺不同，此處所謂定者，當超出四禪定及四空定以上，而近乎首楞嚴三昧三昧即是三摩地。

聞思是禪，是修；三摩是定，是證。此二句經文，言由禪的工夫而得定的效果。從禪入定，有修有證。此是總説，以後再分説。

初於聞中

初步下手，專從耳根能聞之功用上做起，不用其他眼、鼻、舌、身、意五根。

入流忘所

常人以耳聞聲，都是把自己的覺性粘滯在耳根上，作爲追求外面聲塵之用，本經卷四所云「浮根四塵，流逸奔聲」是也。做禪定工夫，要反其道而行之。正當聞聲的時候，只不過聞到這箇聲音而已，對於聲之大小長短，音之高低清濁，好聽不好聽，皆不去分別，聽到後來，連聲音也忘了，各種雜念也都停止不起了，這樣就叫做「忘所」。

覺性向外奔是出流，覺性向內反轉是入流，故曰入流忘所。强名爲內，並非死守身內；雖說是入，實無所入。莊子所謂「聽止於耳，心止於符」，其作用大同小異。但初步做工夫，須選擇幾種聲音而聽之，不可隨便亂聽。

選擇之條件如次：（一）聲音平和無刺激性；（二）聲音日夜相續不斷；（三）聲音前後一律，沒有變化；（四）近處沒有別種聲音擾亂。

要合於以上的條件，只有山巖前瀑布聲，或山溪旁流泉聲，久聽可以使人入定。瀑布聲要遠聽，近則喧鬧；流泉聲要近聽，遠則不聞。故結茅須在遠近適宜處。若茅蓬左右無水聲者，可於室內放置大自鳴鐘一座，用功時可聽鐘擺聲，但嫌敲打報時之銅鈴聲頗有妨礙，容易受驚，最好只開一邊發條，將報時的發條作廢，則鐘擺雖動，而鐘鈴不響矣。

尚有松樹林中的松濤聲，雖亦和平悅耳，但嫌其聲大小斷續，未能前後一律，故不十分合用。

以上各法，乃余往年在山中實地試驗之談，非理想可比，如果依法做去，決定能够達到入流忘所之境界。否則，這道門檻永無跨進之一日。若用別種法門，亦未嘗不可，但於旋流返聞沒有關係。皖南多山，松樹成林，綿亘數里，微風鼓盪，如音樂聲。余慕陶弘景故事，嘗於光緒末年往彼處松林中靜坐，實驗半月之久。聽瀑布及流泉聲，乃民國十年在九江廬山實驗多時，奈遠近皆無適當之房屋可住，只能席地而坐，天雨則不能出門，遂於無辦法中想得一法，卽聽自鳴鐘之法是也。有數次靜坐，恰到好處，被鐘聲打斷，從頭再做，頗費工夫，後將敲打的發條停止不開，方免此弊。

所入既寂

聲所既忘，入流亦忘，於是外面聲塵並內面工夫作用都忘了，此時只感覺一種靜相。寂卽靜也。靜相雖比動相有幽閒之美，然靜亦是病，不可永久死守在這箇靜上。

動靜二相

靜與動是相對的，是兩邊的，是比較出來的。如何是靜？離動卽是靜，先動後不動卽是靜，彼動此不動亦是靜。

了然不生

有動纔有靜，無動卽無靜，動相既遣，靜相亦難以獨存。只要不去貪著，靜相在某一時期中忽然消失，此時只剩得一箇了然的境界。

「了然」二字，指耳根功能而言。做工夫先聽到有聲，這是動相；但因那箇聲音和平而不刺激，所以聽到後來，雖有聲亦不覺其有聲，這是靜相；再到後來，耳根與聲塵脫離關係，心中既不散亂，亦不昏沉，耳根並不起有聲無聲之感，這就是了然不生。

如是漸增

由此再加工夫，漸漸向前增進。

聞所聞盡

聞是耳根，所聞是聲塵。耳根雖與聲塵脱離關係，但是聞性尚粘滯在耳根上，並未與耳根脱離關係，雖已忘所，猶未忘能。須知根與塵亦是相對的，塵既不緣，根無所偶，自不能永久的獨存，只要不死守在了然的境界上，總有一箇時期，聞性與耳根脱離，而能聞與所聞俱盡矣。

是誰知道盡聞？就是自己的覺性知道。覺性粘滯在耳根上，叫做聞性，聞聲；覺性粘滯在眼根上，叫做見性，見色；覺性粘滯在鼻根上，叫作嗅性，嗅香；覺性粘滯在舌根上，叫作嘗性，嘗味；覺性粘滯在身根上，叫作感性，感觸；覺性粘滯在意根上，叫做辨性，辨法。身根在神經末梢，意根在神經總樞。

盡聞不住

工夫做到盡聞盡聞卽是句「聞所聞盡」之意的程度，覺性已與耳根脱離，同時亦暫與其他諸根脱離，此時只剩得一箇覺在。這種境界雖好，但亦不可久住在上面，若住在覺上，覺卽是病。覺性本是一，分出則有六，收回仍是一。雖已由各處集中於一處，但嫌其尚困陷於肉體之內，未能大而化之，故以爲病。

覺所覺空

覺是能覺之觀照，所覺是盡聞之境界。粗的能所雖除，細的能所儼然存在。「能」與「所」是相對的。如果不住在盡聞上，則所覺之境界空，所既去了，能亦不立，於是能覺之觀照亦空，此時只剩得一箇空在。設若心中知道有空，而住於空上，空亦是病。

空覺極圓

覺與空，並非不好，但覺要覺得究竟，空要空得徹底。覺不究竟，則是眾生的明覺，而非菩薩的慧覺；空不徹底，則是小乘的偏空，而非大乘的眞空。

如何是慧覺？覺卽是空，非覺外別有空。如何是眞空？空卽是覺，非空外別有覺。明覺未嘗不是覺，偏空未嘗不是空，但嫌其滯於局部，而不圓滿，必到慧覺眞空之地步，方可稱爲極圓。

空所空滅

有所空之境必有能空之心。「能」與「所」對，「心」與「境」對，只要去了這一邊，那一邊也就隨之而去。學者證到空境之後，而又不住於空，則所空之境與能空之心俱滅矣。

生滅既滅

凡是相對的，都不出生滅法。動與靜對，動相雖去，靜相猶存，耳根尚未離塵，此時須要不住在靜上，則動靜二塵俱滅矣； 塵與根對，聲塵雖去，聞根猶存，覺性尚未離根，此時須要不住在聞上，則根與塵俱滅矣； 根與覺對，聞根雖脱，知覺猶存，本性尚未離覺，此時須要不住在覺上，則覺與所覺俱滅矣； 覺與空對，覺境雖遣，空境尚存，自性尚知有空，此時須要不住在空上，則空與所空俱滅矣； 一切俱滅，而又不住在滅上，方可謂生滅既滅。

寂滅現前

有生有滅的叫做生滅，無生無滅的就是寂滅。凡是可以滅的境界，都將他一概滅却，最後證得這箇無始終、無内外的本體。因其本自無生，何處有滅？ 到此地步，方可謂寂滅現前，又名爲無生法忍。

以上幾層工夫，步步前進，一步深似一步，須按着先後次序做去，不可躐等而求。自初步「入流忘所」起，以後每逢變換一箇境界，只以「不住」二字應付，即可通過，再向前進；若住在上面，則難以進步。程度雖有淺深不同，工夫却是先後一貫，並且要老老實實的用功，絲毫不能取巧。

關於工夫先後淺深之程度，試用普通常識做爲譬喻說明如左。

第一步　入流忘所　譬喻冰山推倒，碎爲冰塊。

第二步　了然不生　譬喻冰塊消融，烊爲清水。

第三步　聞所聞盡　譬喻清水蒸發，散爲水汽。

第四步　覺所覺空　譬喻水汽化解，分爲氫氧。

第五步　空所空滅　譬喻氫氧分子，析爲原子。

第六步　寂滅現前　譬喻原子打破，變爲能力。

物質還源，能力不可思議；覺性歸元，靈力不可思議。所以觀音大士有三十二應，十四種無畏，四不思議，皆歸元以後之事。世人並未曾做這種歸元工夫，遂武斷的斥爲迷信，似非學者實事求是的態度。須知，佛法專重在破除迷信，迷信不破，就根本不認識佛法，所有批評，皆未免隔靴搔癢。彼斥人爲迷者，自己又何嘗覺悟耶！

今試問彼自己身體從何而來？曰父母生的。問父母從何而來？曰祖父母生的。問祖父母從何而來？曰人類始祖一代一代傳下來的。問始祖從何而來？曰他種高等動物變的。問高等動物從何而來？曰低等動物變的。問下等動物從何而來？曰原始細胞逐漸演進的。問原始細胞從何而來？曰水中生的。問水從何而來？曰地球表面最初熱氣冷凝的。問地球從何而來？曰太陽中由速轉離心力分出來的。問太陽從何而來？曰星雲星霧團結而成的。問星雲星霧從何而來？曰稀薄氣體濃集而起的。問稀薄氣體從何而來？曰太空中自然生出來的。問太空從何而來？何故要從無中生有？追根究底，問到此處，則瞠目結舌，不能回答矣。

最後一箇問題，若不能解決，就讓你用盡知識，使盡聰明，還是墮在迷津，而未登覺岸。假使不求之於佛學，無論世間何種科學、哲學，皆不能解決這箇問題。若肯虛心研究佛學，當可得到一點影響的認識、比量的覺悟。至於親切的認識，現量的覺悟，全靠自己依法用功，實修實證，非語言文字所能形容，非念慮思想所能測度，說易固不易，說難亦不難，在乎各人自己的根器。

附錄問答

或問　初做工夫，要求進步，當然不可住在半途，但是到了最後一步進無可進、滅無可滅的境界，是否能夠常住？

答曰　不能常住。一者佛法上不容許，二者業習上不容許。因爲大乘佛法都講無所住，若有所住，便不合大乘的修法。況且你就勉强要住，而你自己歷劫以來的業識已成習慣，你要收，他要放，你要入，他要出，定力勝不過業力，刹那間，你的覺性又奔逸到六根門頭上來了。工夫淺的，一奔就要和外塵相接觸，如劣馬脱韁，滑車下坡，不到盡頭不止；工夫加深以後，雖仍舊奔逸，但有時亦可半途停頓在「了然不生」的境界上，此時若挽得住，又可多延長些時間；工夫再深，奔逸的歷程更短，或者在「聞所聞盡」的境界上就挽住了。

或問　挽住之後如何？

答曰　若不能再向前進，定力難以維持長久，稍微放鬆，便立刻趣外奔逸，逐塵而出。

或問　既然如此，工夫豈不是白做嗎？

答曰　不是白做。你做一遍有一遍的效力。初次做到那箇地步，雖不能常住，路程總算經過，境界總算認得，下次再去時，總比上次要熟悉一點。

或問　下次再到時，能常住否？

答曰　仍不可能。

或問　既然不能常住，又何必再去呢？

答曰　這句話不是有大志、有決心做工夫的人所應該說的。請看世間各種技藝，如拳術、戲劇、音樂、書畫、琴棋等類，就讓你是天才，一回兩回就學得好嗎？縱然他是愚笨，只要肯拼用十年廿年苦功，你敢說他永遠學不會嗎？這條路你若是走過幾千百次，已經走得爛熟，那箇目的地又被你認得十分眞切，業力漸漸銷除，定力漸漸增長，到了相當時期，自然能够常住。

或問　常住豈不又違背佛法嗎？

答曰　起心作意，勉强要住，佛法雖不容許，任運無爲，安穩而住，在佛法上是講得通。否則，本經如何有十住十地之位次，他經如何有「阿鞞跋致」之名稱？「阿鞞跋致」譯爲「不退轉」，既不退轉，豈非常住？又各經中多說「無生法忍」，亦是安住於無生之理體而不動之義。

或問　證到這箇寂滅的境界，有什麼好處呢？

答曰　小乘工夫，到此境界，即可滅識歸盡，脱離三界輪迴，永不再來受苦；大乘工夫，到此境界，即可轉識成智，體上起用，廣度衆生，圓成佛果。

或問　既然有這許多好處，爲什麼現代學佛的人不做這種工夫？

答曰　他們避難就易，皆走到念佛生西一條路上去了。

或問　避難就易，按事理本應該如此做法，爲什麼我們偏要捨易圖難呢？

答曰　事在人爲，說難說易，皆非確論。實際上，觀音大士專從耳根圓照三昧，與勢至菩薩兼攝六根、淨念相繼，乃同等的作用，兩種法門並無難易差別。這件事要看學人前生的根基如何，若是念佛的根基，則宜於淨土法門；若是坐禪的根基，則宜於反聞法門。所謂輕車熟路，順水行舟，事半而功倍。設所取法門，不適合機宜，則事倍而功半，甚至於不能接受。

又如某人前生做過仙道工夫者，今生對於淨土法門，必格格不入，而於禪定法門，雖不大歡迎，却有幾分接近。像這種人，卽不必勉强教他念佛，縱然說得舌敝唇焦，亦無濟於事，只有觀世音菩薩之反聞法、周利槃特迦之調出入息法、孫陀羅難陀之觀鼻端白法，尚屬契機。所以本經中文殊菩薩說偈云：「歸元性無二，方便有多門。」反聞用耳根，調息用鼻根，觀息用眼根，仙道初下手時，亦有這一類的法門。

再者，世人說念佛最易，皆指口中念誦佛號一事而言，若要念到心口一如，現前親證念佛三昧，未必敢說是易。況且勢至念佛，要兼攝六根；觀音反聞，僅攝一根。雖說「六結不同，一巾所造」，六卽是一，六不嫌多；「一處休復，六用不成」，一卽是六，一不嫌少。亦不只難易相等而已，何嘗有此難彼易之分？

假使我們用反聞之法，僅用耳朵聽聽聲音，不求以後的進步，我說比較念佛更易。因爲念佛尚要開口動舌，反聞連口舌都不要動，更覺得省事。所以說事在人爲，難易皆非確論。

或問　雖說反聞與念佛，兩種法門，難易相等，我仍舊抱定念佛宗旨，永不改變，你看如何？

答曰　能有這樣定見最好，但要曉得諸經所謂念佛，都是指心中憶念而言，世人以口中誦唸爲念佛，恐不合經旨。彌陀經上雖有執持名號之說，但一日至七日一心不亂，方得往生，仍是注重在心的作用，修淨土者不可不知此義。請勿忘記彌陀經上「一心不亂」那句最重要的訓誡，將來臨命終時，方不至於失望。

或問　念佛不難，若要一心不亂，確是難事，如何能做到呢？

答曰　要求一日、二日以至四、五、六、七日一心不亂，大難大難。若求一秒鐘至七秒鐘一心不亂，人人都可以做到，以後逐漸增加上去，由一分鐘至七分鐘，亦非難事。能得幾分鐘，就不怕沒有一小時；能得一小時的一心不亂，大功告成矣。

或問　經中只言一日至七日，未見有一小時之說。一小時比較一日，相差太遠，如何能說成功？

答曰　普通念佛之人，未能離俗，充乎其量，只可以做到這樣地步，已算是難能可貴了。若要做到一日至七日，必須拋棄家庭，脫離社會，在山林寂靜之處，專修念佛三昧，禮拜、持名、觀想、禪定，輪流做去，繼續不斷，方有希望，談何容易？果眞做到，已是上三品資格，往生與否，自不成問題。一小時一心不亂，雖比不上一日至七日，但可望中品往生，故認爲成功。

或問　觀無量壽佛經言，五逆十惡之人，臨命終時，十念卽可往生。像這種人，平日未嘗念佛，更談不到一心不亂。既然一樣的往生，我們何必如此苦幹？

答曰　十念往生，事或有之，但居極少數。他自己平日既無把握，外人又不敢保證，冒險僥倖，知者不爲。我們應取穩妥可靠的辦法，才是正辦。如果能够做到一小時的一心不亂，在平日早有把握，決定可以自信而無疑惑，何至於等到臨危頃刻之間張皇失措？

外丹法彙録

陳攖寧 鈔録
胡海牙 審定
蒲團子 校訂

太清金液神丹經

作六一泥法

礬石、戎鹽、鹵鹹、礜石四物等分，燒之二十日止，復取左顧牡蠣、赤石脂、滑石，凡七物分等，視土釜大小自在令足以泥土釜耳。合治萬杵訖，置鐵器中，猛下火九日九夜，藥至赤，復治萬杵，下細篩，和以醇釅苦酒，令如泥，名曰六一泥。

治土釜法

取兩赤土釜，隨人作多少定其釜大小，以六一泥塗兩土釜表裏，皆令厚三分，日中曝之十日，期令乾燥。復取水銀九斤，鉛一斤，置土釜中，猛其火，從旦至日下晡，水銀鉛精俱出如黃金，名曰玄黃，一名飛輕，一名飛流。取好胡粉，鐵器中火熬之如金色，與玄黃等分，和以左味，治萬杵，令如泥，復更以塗中，上下兩釜內外各令厚三分，曝之十日，期乾，無令燥拆，輒以泥隨手護之。

煉神丹法

取越丹砂十斤，雄黄五斤，雌黄五斤，合治下篩，作之隨人多少，下可五斤，上可百斤，納土釜中，以六一泥密塗其際，令厚三分，曝之十日。又擣白瓦屑下細篩，又以苦酒、雄黄、牡蠣一斤，合擣二萬杵，令如泥，更泥固濟上，令厚三分，曝之十日，又燥，入火便拆，拆半髮者，神精去飛。若有細拆，更以六一泥塗之，密視之。先以釜置鐵鐃上令安，便以馬屎燒釜四邊，去五寸，然之九日九夜。無馬屎，稻米糠可用。又以火附九日九夜，當釜下九日九夜，又以火擁釜半腹九日九夜。凡三十六日，藥成也。寒之一日，發視丹砂，當飛著上釜如奔月墜星，雲彌九色，霜流煒燁；又如凝霜積雪，劍芒翠光，玄華八暢，羅光紛紜；其氣似紫華之見太陽，其色似青天之映景雲；重樓綩綖，英彩繁宛。乃取三年赤雄雞羽掃取之，名曰金液之華。若不成者，更燒如前法，又三十六日，合七十二日，無理不成也。要節：通火令以時，不可冷熱不均，則三十六日而成，不復重燒之也。釜坼則無神，服之無益。泥之小，令出三分乃佳。又覺猛其火增損之，以意度耳。初服如黍粟，服漸小豆。上士七日登仙，下士七十日昇仙，愚民無知一年乃仙。若心至誠竭，齋盛理盡，其旦服如三刀圭匕，立飛仙矣。初服三刀圭，皆暫死半日許乃生，如眠覺狀也。既生後，但服如前粟米之法，已死者未三日，以神丹如小豆大一粒，發口含服立活。以一銖神丹投水銀一斤，合火卽成黄金。

金液還丹法

用大銅筩開孔廣二寸半，令筩厚四分，高九寸，用二枚，以一枚爲蓋，蓋高五寸也。治熟礜石一斤，鉛丹半斤。夫礜石先以火燒二十日，擣萬杵，又入鐵器中猛火九日九夜，復萬杵，下細篩，調之以淳苦酒，和之如泥，塗銅筩裏，令上下俱厚四分，是第一塗也。修之法，卽當復以雄黄、雌黄之精，以醇醯和，復塗兩筩裏，令厚半分，此第二塗也。第三次霜雪也，其上筩蓋亦如下筩法塗之，内霜雪不滿寸半，以内霜雪中，以上筩蓋之，輒代赭、瓦屑如之以塗其會，牢塗之，無令洩，洩則華汋飛去已，復塗之，宜於陰熇潔處，令其大乾，置於蘆葦火、馬通火中央，作鐵鐃，豎安之筩，令去地，高三寸，糠火亦佳也。火前後左右去筩皆三寸，不可不審詳精占之也。如是後至十日，更近左右前後各一寸。如是二十日，更近火去筩一寸。如是至三十日，左右前後火乃四面集之至於筩下，令半筩復如此至後五十日，名之黄金。黄金者，此中神藥可以成黄金也。如是又火二十日，合七十日，藥成，名曰赤金。所謂赤金者，此中神藥可成赤金也，名曰金液還丹。卽欲作黄金，取還丹一銖，置一斤鉛中，卽成眞金矣。

亦可先納鉛於器中，先火爲水，乃納刀圭赤藥於其器中，臨而觀之，五色輝華，紫雲亂映，名曰紫金，道之妙矣。其蓋上紫霜名曰神丹，以龍膏澤及棗膏和之，丸如大豆，平旦以井華水服之，日一丸，七十日六丁六甲諸神仙玉女皆來朝之。龍膏澤者，桑上露也。

取雄黃、雌黃精法

雄、雌黃各一斤，細擣，治萬杵，用六一泥固土釜以著其中，上下合之，即取新燒瓦屑合併和泥釜固濟，無令洩氣，曝令燥坼，又泥之。次以葦薪火三日三夕，燒釜底及左右也。或精華上著如霜雪，即成矣。若箭大，亦可作。

作霜雪法

取曾青、礜石、石硫黃、戎鹽、凝水石、代赭、水銀分等，七物合治萬杵，不須篩也。以醇醯和之令浥，浥剛淖自適，即置土釜中封泥，皆如泥神丹土釜法。又以代赭、白瓦屑塗固濟，不可令洩也。事事如封前者無異，以葦火炊其下及左右四日四夜，少猛之，神華霜雪上著，以三歲雄雞羽掃之，名曰霜雪，可加丹砂，雄、雌黃三種，並與前分等，合爲十種也。名曰金華凝霜雪。如此還丹之道畢矣。

太清石壁記

造水銀霜法

水銀一斤　鹽二斤　朴硝四兩　太陰玄精六兩　燉煌礬石一斤，絳礬亦得

先以錫置鐵鐺中猛火銷成水，別温水銀卽令入錫中攪之，寫於地上，少時卽凝白如銀，卽以鹽二斤和錫擣之令碎，以馬尾羅重羅令盡，卽以玄精末及礬石末和之，布置一依四神，唯以朴硝末覆上，用文多武少火七日夜，其霜如芙蓉生在上，甚可愛。取得霜，更研礬石五兩、朴硝五兩、玄精五兩，以上更別擣碎，準前布置，覆藉更飛，經數轉始好。

朱砂霜法

朱砂二斤，先研作末，細絹羅七徧　絳礬一兩半　黃礬一兩

並擣爲末，酢和，日曝七徧，唯鐺下周匝著硇砂及灰鹽爲埿，埿鐺卽著鹽平滿鐺，看藥

多少擣鹽中作椀形，著藥訖，以銅匙投之令實，即加鹽一重覆之，更加伏龍肝一重更以鹽上，更以朴硝蓋之，用匙按平，即以米酢噀之，即安上釜固濟。先用麻擣泥，泥擇掃及固濟，上釜可厚三分，極牢密，漸加文火，經四日夜，即武火二日，極猛火一日，寒即以水濕固濟處，然後開用之。

藥物隱名

黃茯苓烏頭俊　青神羽理空青　白素禹餘糧　青龍膏曾青　白虎腦水銀　玄武骨礬石　東野朴硝　單青青硝　朱雀並帝男精俱雄黃　黃龍肝錫丹　帝女髓生朱砂　赤帝流珠水銀　銀丹者黃丹　青帝味青鹽烏牛　五嶽脂五礬　西戎淳味戎鹽　石停脂石硫磺　金賊硇砂　石味石鹽　陰獸玄精烏牛糞汁　烏墟香附子　黑帝味黑鹽　陰龍肝狗血，一云狗糞　石味灰石灰　陰獸當門烏牛膽　夜光骨並虛銷薪麻蕈　越竈曲風煙　天器土釜　三變得蘇骨澤瀉　蠡蠕漿乳汁　義物銀　貓虎脂蝟脂　青牛落鹹土　昆濤梁原缺　黃烏首黃烏頭　黑龍膏黑狗糞　蚌精眞珠　陰運水精　棲龍膏桑上露　青油羽空青　黃帝足鬱金根　尚丹田紫朴　天師會禹餘糧　兒長生牡丹　屈原蘇胡同律　雷何督子滑石　西獸衣駞毛　四海分居

牡蠣　白陰瓠汁狗膽　五色扶桑五色陽起石　帝流漿並定臺引針俱磁石　絕陽白玉　時空
亭葱　幾公白錫　聖無知赤鹽　陽華羽釜蓋　陽曹蓴土釜　六一泥六種作一泥　五裁五穀芽
大洞滑汁千尋子，一云槐子

太清經天師口訣

消鉛錫爲水銀法

取鉛半斤，錫半斤，合鎔令相得，打令薄，削之如韭葉。取生竹筒，削去上表令薄如絹，以削成鉛錫納其中，加硝石二兩覆藉上下，尅竹節合際，令密漆其口，勿令洩氣，取三年醇大醋於甕中漬之，以蠟塞甕口，勿令洩氣，四十五日卽成水銀。

造眞珠水法

眞珠一斤，加硝石末二兩，内鳥翮中，刻木塞兩頭漆骨垸之，亦可蠟密塞口，納華池中，亦可納醇苦酒中，封閉瓶口七日以外，數數看之，愼勿開鳥翮口，當向日看之成以否。其成水之時，狀如水銀在鳥翮中；若未成水，還納大醋中，以成水爲度。亦可雜取小珠消煉之如上法，以瀉珠模中作大珠也。

造眞珠法

取蚌蛤光明白淨者，打破擇取精白者率一斤，亦加硝石二兩，合擣細篩納烏翮中，消之如上法，以瀉珠模中凝之成眞珠。

黄帝九鼎神丹經訣

作赤土釜法

取雞肝赤土黄色者，細擣，絹篩，蒸之，從旦至日中，下之，取薄酒和之爲泥，搗令極熟，以作土釜。三合六枚者，正用數也。又別作三合六枚者，旁試乾與不乾之作也。隨藥多少，任意作之，通令厚五分許，陰乾三十日。小者容八九升，大者容一斗半，亦云厚三分，曬燒極令大乾，次用檞樹白皮三十斤細剉，以水三石煑之一日，去滓，煎取一升，其色赤黑，名曰檞漆。釜數若多，隨數若多少加增，塗土釜表裏，即堅勁不破，入火不裂。

造丹爐六一泥法

取東海左顧牡蠣三百斤，剥取肉，於大鐵臼中搗，絹篩，於盆中水澆如白飲狀，攪數百遍，停一宿，去下滓。先傾却水也，接取細澱曝乾，其下麤者，更搗篩如前法，納鐵器中加露竈上，木柴猛火燒之二十日，常與火同色，寒之一日，更以絹篩之，以百日藥池和之爲泥，以羊鬚筆染取以塗土釜表裏，次取特生礜石、礬石、滑石、赤石脂、戎鹽、鹵鹽各等分，合擣，不篩，亦燒之二十日，乃分取白牡蠣粉，合七種，醋和爲泥，以塗釜表裏。牡蠣粉可一百斤，此六種各用一斤。

中黄密固泥法

取好黄土如脂臘者，曝乾擣篩，水汰如作牡蠣粉法，曝乾，破之如梅李大，猛火燒之三日，令通赤如丹，畢，寒之，更擣篩三斤，納黄丹一斤，紙一斤，漬令爛，以酒和煑阿膠五斤，汁足以紙土爲泥，擣三千杵，於瓷器中蒸之半日，以塗六一泥上也。

泥丹釜法

取赤土釜，先以牡蠣泥泥其兩赤土釜表裏，表厚五分，裏厚三分，陰乾十日，令極燥。又須以六一泥塗之厚一分，表裏各厚五分也。據此則是六一泥塗裏不塗表也。

丹爐固濟法

納藥訖，先以六一泥塗兩釜口，乃合之，乃以六一泥塗外際，以漸增之，乾燥，復塗之令厚寸餘，務令堅密也。又以中黄神泥通塗，上厚六七分乃佳，封令釜形如覆盆，此形當正鵝卵形也。若不爲此，則六一泥得火力，其精皆散則裂，疎疎則丹精棄洩也。

所塗須泥極乾，乃可起火。若猶小濕，得熱卽坼。亦可以屯泥别塗他物。如釜節度時作復剥其別，試之釜，視之看其徹裏燥與不燥，亦可時試燒之以爲釜候也。此法最要，前陰乾，後須更曝之十日，已燒之者，訣須如是，瓦物雖經陰乾，數百日後，得火及必帶柔潤，令泥中有醋，彌是潤物，必須塗小釜數燒試之。

行泥法

先塗裹，乃泥外，别作欄格安處之，并爲尺度模樣，知其厚薄，若作圓規之取泥令調。當於欲乾未乾之時，恒以手摩將令就手乾，不得一直放乾，宜停置，停卽拆開。若天雨陰於屋中，然火使煖，日數既有準限，不得待其自乾，則失期候。

和泥法

當令淖淖以羊鬚爲筆，取泥塗之，當以灰沐洗淨鬚，安管，做數枚用之。

狐剛子仙釜法

取南方赤黄土，滑沙，惡物令盡，調理使熟，剛柔得所，先作釜，令深七寸，廣一尺二寸，勿令際會不均，四周不等，厚一寸，上下一等，自餘丹釜，亦准此作大小，隨所藥多少，並一時作訖，著陰中乾一月，然後作陶鑪，内釜著中，先文後武候也。稍微罷火，冷出之，置淨室，不得穢矣。其釜不燒，用時將息，稍難也。

狐剛子和釜泥法

紫石英、白石脂、牡蠣粉、白滑石各一斤，此是仙丹大藥釜也，各異擣，下篩，然後和陰獸玄精汁爲泥，各團之如雞子，暴乾，然壘鑪燒之十日夜，火盡更蓋十日罷矣，冷便團，更納鐵臼中，各異擣，令粉細，以戎鹽下鹵鹹，以水和令浥浥，復和華池，煎爲泥，泥釜乾，更上之，每上率以一分爲度，三遍卽罷也。土釜裏玄黄泥泥之，每泥一遍，厚只一分，最是神妙。常看視泥上，勿令有毛髮、開裂，謹固使密爲要耳。

九轉靈砂大丹資聖玄經

靈砂大丹眞父母篇第一

取白上陽精（**陳攖寧頂批** 硫）四兩，太陽宮液（**陳攖寧頂批** 水銀）一十六兩，相和炒成青金，於臼中以柳杵研之爲末，入鼎中，上水下火，其火候在後篇。自寅時起火，至一伏時，可奪千年之造化。出爐紅色，屬南方丙丁火也，爲之赤烝，剉成塊子，如蓮子樣，入稀布袋中，懸胎虛煑，鼎内用桑柴灰汁入硼砂、硇砂、青鹽、晋礬各三兩，煑一伏時，取出浴淨，日中曬乾，再用石腦油煑二時辰（**陳攖寧頂批** 煑藥無意思），取出浴淨，令乾，用白沙蜜逐塊於枯硼内滚過貼身，次取鉛白霜貼身，又用鉛黄華貼身爲黄色（**陳攖寧頂批** 貼身太多），將父母末一斤，取烏梅、瞿麥、麻黄、遠志四味等分，藥爲末，同炒令黄色，好苦酒拌匀，如蓮子栽養，每父母一斤，配合靈砂四兩，如法固濟，令乾，入爐，以萬錢灰覆藉於合子上，灰高二寸，養火七日足矣，其火候在後篇。爐冷取出，拒火黑色，將靈砂於大鍋中鎔成汁，用知母、巴豆、萆麻、焰硝、海鹽，等分爲末，用紙包之，投於汁内。如此七遍，後用焰硝不住手抛之，則成清汁，其色皓然，此爲大丹會聚五行之首，始爲一轉，爲依母水銀銀也（陳攖寧頂批：依母水銀銀。）

靈砂大丹聖胎產生篇第二

將前養下依母汞銀一斤，急用剛剉爲末，用緊磁石攝去鐵末，擇光明者鏡面辰砂四兩，用銀合子一隻，先鋪依母汞銀末二兩於合，內栽砂一重，又鋪汞銀末一重，又栽一重，如此畢，將依母汞銀末四兩蓋頭，以赤石脂固濟縫，再用崑崙紙二指闊糊口縫一重，上用鹽泥一指厚，令乾，入灰池中，用鐵三脚坐上合子，以萬錢灰覆藉於合子上面，灰高二指許，以火養之，令火通紅，以香匙擁四邊灰蓋脚火，當中心以筯留一竅子，令通火炁，上以物蓋之，亦留一竅子，如前養蓮子，火候用文火二七日，後冷，輕手取出，以刀劈開合子，逐塊丹砂盡成至寶，拒火不折，去母汞銀末不用，只將丹砂入一鐵盒子中，內澆汞二兩，依前固濟口縫畢，入灰池內，如法依前火候養七日足，冷一宿取出，其汞自乾也。如此七日一澆汞，澆至合滿，只得下火五兩，不可以上，如至合滿，以物打砂合子，取出物來，用刀子截下上面乾汞，或三五十兩，爲末，或槌碎入合子內，一依前法，固濟口縫令乾，入灰，空養火七日，後冷取出，先煉其父母一兩而成汁，次徐下乾汞，亦和成清汁，傾入槽內，此方名爲眞水銀銀（陳攖寧頂批：眞水銀銀也。）

欲要水銀死，先須死水銀。銀也，或將初取下乾汞砂二十兩，內取一斤，與粉霜拌金脚信砒砂二兩，同研極細，入一合子內，上用餘汞砂二兩蓋頭，如法依固濟口縫令乾，養火二七日，後爐取出，先將赤銀（陳攖寧頂批　赤銀，大約是銅）八兩成汁，下焰硝半兩，撮取暈，令淨，再銷成汁，取前養下粉霜三兩，作四次下，用炭杖攪勻，傾入槽內，成上等換骨丹陽也。每赤銀八兩，入父母一兩二錢，爲定法也。其餘諸茅法，自有還性，此法最妙，永不還性，其眞水銀銀，與茅相親，視其成功，不可具述。

靈砂大丹瑤池皓蓮篇第三

將前取下者丹砂及乾汞共十兩，入一合子，依前，七日澆汞三兩，如此澆至合滿，取出乾汞，依前法又空養七日，投母炁煅成至寶，取出上面丹砂及乾汞共十兩，澆汞。汞爲長生匱也，此第三轉止爲長生增轉數矣。如增數則將有光明鏡面砂四兩，眞金一斤（陳攖寧頂批　金一斤太貴）爲末，栽前辰砂四兩，將眞金末鋪蓋畢，上以瑤池皓蓮砂四兩爲末，用崑崙紙隔了次後蓋頭也，如前法固濟口縫畢，入灰池養火三七日，其火候在後篇。爐冷一宿，取出丹砂塊，塊盡成金也。將淨合子，取出金丹砂，入一合子內，依前，七日一澆汞二兩，澆至合滿，取出面上乾汞，用藥別養，投母將皓蓮砂炁煅成寶，名曰換骨丹陽砂，其功甚大，此方名爲金穀種也。

靈砂大丹仙掌月明池篇第四

將金穀種砂入在合子內，澆汞三兩，如法依前固濟口縫畢，入灰池中養火，七日一澆汞，澆至合滿，取上面乾汞淡黃色，下面丹砂及乾汞共十四兩爲母，澆汞，汞爲長生金匱也。將淡金汞爲末，入一淨合子中，用膽礬、青鹽、代赭石等分爲末鋪底蓋頭，依前固濟口縫，養火三七日足，赤上色紫磨黃金也。如將金穀種砂爲末澆汞，可朝種暮收，則成庚也，轉制則增成紫府金蓮，其功甚佳，可生金白二笲，方可點化用也。

靈砂大丹紫府金蓮篇第五

將金穀種十四兩入一合子內，如要金笲，用膽礬賁汞澆之，即成金笲也； 如要玉笲，以晋礬賁汞澆之，乃成玉笲也。如不賁汞澆之，七日成淡金，氣未足耳。澆之滿合，取出，依前栽上乾汞金末，養成投母烋，銷成上色黃金，乃爲出世之寶。取紫府金蓮子砂十兩爲母，再澆，造化氣足，則澆汞如湧泉矣。

靈砂大丹紫府湧泉篇第六

將紫府金蓮砂十兩入合子中，澆汞三兩，朝養暮收也。又澆至滿合，取出，將乾汞金不養便可煉製，及可造化，五金盡歸眞矣。將下面砂汞十兩增及七返，則爲七返金液通玄至妙幽微也。

靈砂大丹七返金液還丹篇第七

將湧泉金砂四兩，不用汞澆之，只用丹砂爲細末，入一淨合中，如法固濟，養火七日，後冷，取出，於井中出火毒七日，研爲細末，以此棗肉和圓，人死三日服一粒卽活，點化五金皆成至寶。

靈砂大丹歸元靈液金丹篇第八

將金液還丹爲末，入一淨合子內，如法固養八八日，爐冷，取出，入地七尺埋之出火毒，七日畢，取出，研細末，以棗肉爲丸，久服長生。

靈砂大丹九轉金丹篇第九

將靈液還丹爲末，入一淨合子內，如法固濟，養火九九日，爐冷，取出，入地一丈去火毒，二七日取出爲末，棗肉爲丸，如綠豆大，服之百粒，則白日飛昇。若將黑鉛十斤於鍋內，猛火煎銷三沸，投九轉之華一銖，須臾立成白銀九斤，將汞十斤於鐵鍋中煎之，下膽礬十兩，以火煎之數沸，下九轉之華五銖，須臾立成黃庚九斤，此九轉靈砂之驗也。

靈砂大丹二炁武火之候

凡作二炁砂，從寅時下火四兩，卯時六兩，辰時半斤，如此續，續一斤、二斤、三斤，用去皮淨炭二十四斤即止，加火添湯，至申酉之間，其砂自結，後養火三時辰，炭絕水住，令火自消，提瓶出爐，候冷，取堅硬者爲妙，如烌慢，以青金再煅之，此乃造二炁砂武火之候也。

靈砂大丹父母文火之候

凡養靈砂火候者，第一日頂火二兩；　第二日頂火三兩；　第三日頂火四兩；　第四日頂火五兩，邊火四兩，共計七兩；　五日頂火四兩，邊火各一兩，共計下火半斤，不可以上加之，恐傷母也；　六日、七日同子午卯酉時下火，一得用半斤，添新退舊。此乃眞父母文火之候也。

凡養靈砂火候者，第一日頂火一兩；　第二日亦一兩；　第三日加邊火一兩半，通得火二兩半，將一兩半熟火分作四條，約離合子三指許，插於四邊，用虛草灰隔了其傍火，勿令灰都蓋了，若蓋了，恐其火死，其火死，則急用鈐子提出，仍依元分兩便換之；　第四日加傍火三兩，分作八條，亦離合子三指許，插，又用虛草灰蓋隔了合子頂上，以灰高三指許，下熟火八錢，以灰蓋之一寸厚，中心留火眼一竅，取其不死，勿令太速，如火太速，則傷其母也；　第五日，得旁火五兩，其炭分作十二條，周圍簇遍，插，離合子約兩指半，依前用虛草灰隔了，用頂火一兩，共得六兩火，如灰爐無火，合子頂上無炭，急用鐵匙打起灰以手試之，如灰池泥皮火熱，略待之添火，依前分兩，再添之；　至六日、七日，合得火半斤，同子午卯酉四時添新退舊火也。已上七日乃眞父母文火之候也。

累砂陰製硫黃法

陳攖寧按 陰製，卽是水煑。

硫黃半斤 左味半斤 桑灰汁一升

右將硫黃研細，傾入竹筒内，醋灰汁煑三箇時辰。陳攖寧按 左味，卽淳醯大酢。

陰製水銀法

水銀一斤 醋一升 桑灰汁二升 硼、硇各二兩 白礬、綠礬、黃礬、雞糞礬、柳絮礬以上各二錢 信一錢

右將上藥研細，同入砂鍋内，用醋灰汁煑五箇時辰，却將硫黃與水銀各自控乾，方炒青金，仍將藥汁熬成膏子。陳攖寧按 煑法多事。

炒青金法

先將硫黃研細，鐵銚内鎔成汁，後入水銀一處，用鐵匙攪之，如有鬼焰，灑投上所熬者醋膏子攪之微轉，於好紙上裹之五層，紙上用生絹裹，於濕土内埋之兩三箇時辰，冷如鐵硬，又擣碎，入鼎，上水下火，從慢至緊，打八箇時辰，爲二氣碎砂，下木炭二十四斤。

陰製二氣砂法

黃礬、白礬、青鹽、川椒、地榆、細辛、巴豆、硇砂各二錢　明信一錢　烏頭二錢　菖蒲二錢　硼砂二錢　桑灰汁三升　醋一升

右將上藥擣細，入砂鍋内，二氣蓮子入絹袋，懸胎煑一伏時爲度，後入匱養。陳攖寧按：煑藥太雜。

太上衛靈神化九轉丹砂法

第一轉　化丹砂成水銀

光明砂十六兩（辰、錦州出者良）　黄礬十二兩（用瓜州者）

先將黄礬炒過，研成末，布於爐子底。次研朱砂末，安在黄末向上，以銀匕子均攤令得所了向上，亦用黄礬末覆蓋之，令厚二分，却以一小瓶子蓋之。後用六一泥固濟如法，須令堅密，勿使有泄氣之處。候泥乾了，擇日用子時鐵釘三箇安向上了，然後下火，初先文火養之一日一夜，訖後，漸漸加武火燒之，經兩日夜，候藥爐通赤了便止火，候藥爐子冷了，細細開爐看之，其朱砂盡化成水銀，以物掃之，收取。如飛未盡者，須再準前，用黄礬末覆於爐子内，如法固濟，更加武火重飛之一兩日間，以候飛盡水銀爲度，名曰河上姹女也。

第二轉　將水銀變丹砂

取前抽飛水銀，每十兩配石亭脂三兩，先取石亭脂研成粉，入器中以炭火鎔之，候硫黃成汁，然後細細將水銀投入硫黃汁内，以鐵筯急攪之令得所，其水銀與硫黃總結定成青砂子，取出安爐内，依前覆蓋定，用六一泥如法固濟令牢密，候其泥乾無洩氣處，仍在於三箇釘上先下文火，養一伏時，却漸漸加武火燒之兩日夜，訖，候爐子冷，開爐看之，其水銀已化成朱砂，光明可愛。參同契曰「丹砂木精，得金乃并」，言丹砂本是金體，須得金養之。

第三轉　却化丹砂成水銀

取前燒了丹砂，爛研如粉，如第一轉法飛之，復成水銀，名太陽流珠。

陳攖寧按　四轉以後未錄。

九轉靈砂大丹

陳攖寧按　此篇尚純粹。

炒靈砂法

水銀一斤　硫黃四兩

右用新鐵鍋一口陳攖寧按　用瓦器爲妙，鏟子用竹子做，用水洗淨；　火盆一箇。放小磚三塊，架起鐵鍋，鍋底用少炭火逼熱，先黃蠟擦令鍋潤；　鐵鏟亦烘熱，用蠟擦潤。先下硫黃熔成汁，次下水銀。兩人對坐，鉗住鍋邊，用鐵鏟不住手炒。如有黃煙起時，即用米醋灑之，煙止再炒。如結成，取下用柳木槌擂碎，或入碾碾細，再擡上鍋，炒令青磚色爲度。約炒三箇時辰，炒得熟時，升砂堅固。如此鏟出，入碾，細羅過起，名青金頭末。

造爐法

先用土磚十餘箇，砌爐一座，高二尺，上圓下方，著底用木板，爐中約盛炭五斤爲準，爐內高一尺五寸，下用鐵條七根作隔眼，隔下高五寸，作風門，泥之候乾方用。

鑄鼎法

用生鐵造水火鼎一付，通高一尺二寸。火鼎高八寸，內子口徑過五寸，邊連子口闊一尺，火鼎底厚五分。水鼎高四寸，水鼎底厚二分。水火鼎子口縫要合得。

升砂法

先用大鍋，內入黃泥并水，就放水火鼎在鍋內煮滾，約三箇時辰。取出，再以水洗淨，烘乾，用米醋磨墨，以筆蘸墨塗火鼎內并水鼎底，再用石斛并艾葉燒煙薰之，隔鐵氣候冷放穩，却將前青金頭末以匙輕挑入火鼎中（陳攖寧頂批：一轉伏火靈砂，即此法），令虛，不可滿，約離水鼎底三指爲準，醋調赤石脂封子口，坐上水鼎，按實，用鐵線串水火鼎上下眼，緊紮定，外子口再用六乙鹽泥固濟一寸厚，用麤鐵線條作鈎長一尺五寸，火鼎邊眼內釣起，上用麻索一條繫定，懸掛於爐上，爐內先以成塊硬炭五斤排砌於內，下用引火四兩（陳攖寧頂批：一日），擇日早晨起火，以扇去風口搧之，先文後武，火炭軟加一二斤。水鼎內先下溫湯八分滾，時常以冷水抽添，不要滾出，漸漸放鼎近火，看爐內火盡爲度，約有半日。隔一夜，寒爐取出，鏟去土鑿開，其靈砂升於水鼎底（陳攖寧頂批：此砂可成寶），取起包收。

煮砂法

將靈砂一斤或二斤，鑿成大黄豆塊，以淨細麻布縫一長袋，將砂塊傾入袋中，線紮住袋口，不要動，用大磁瓶一箇，約盛五升湯者，將桑柴不問多少，於淨處燒灰，放冷，量灰一斗，箱底先用夏布一層，放上灰，先用滚湯澆濕，每灰一斗，用冷水二斗，旋傾入籮内淋之，寧水少些，汁稠爲妙。取汁傾入瓶中，放在火盆内，用炭火煨滚，却將前袋中砂懸掛在瓶内居中，謂之懸胎。用慢火煨如蟹眼滚，煑七伏時陳攖寧頂批　七日，日足，再滚二三滚，取出曬乾，謂之困法。

做銀珠子法

約用花銀二十兩，再用黑鉛灰池煎過十分淨徹，入甘鍋内化成汁。用新竹梢一把，連葉紮成箒，横放在大磁缸内，將銀汁細傾於箒上急擺動，其銀成粟米細珠。如大者，再化再傾，揀取細珠用更好。

一轉初眞丹法

用生鐵鑄合子一箇，或熟鐵打盒子亦可。一盒約盛銀珠二十兩。先用白善土、米醋調塗盒子内一分厚，日乾，却將前銀珠子一斤，并煑過靈砂四兩，每用四一之數，如栽蓮子法，層間滿合，以崑崙紙蓋定，盒頂不滿，用乾碎黄土塡實，用醋調赤石脂封子口，蓋住，用鐵線十字紮定合子，外用紙筋鹽泥通固，約半指厚，日乾，入灰缸内養火。又用小口缸一箇，約盛灰九斗者，用黄土先鋪缸底三寸厚。用三脚小鐵架一箇，高五寸，三脚仰放向上，將丹合放於三脚上頂住，不要側動，以紙錢灰埋之。再用大鐵架罩定，其架圈上，以鐵線串成隔眼，其隔離丹合一指，隔上放火。再用五寸灰蓋火，卯酉抽添，二七伏時陳攖寧頂批：十四日。二三四五六七八皆是兩數。候日足冷定取出，開合其砂如新鐵色，將一塊用刀劈開，中間無紅色，其丹熟。如有些紅色，是換火不勻，不可動，再固濟，依前養三伏時，其火比前火加些，無不成矣。揀出銀珠，分開。如要此砂見寶，用砂一兩，黑鉛一兩，入灰池對煎過，每兩砂得眞銀八錢，惜之留轉大藥。

二轉正陽丹法

用初眞丹十六兩作匱，依前用桑汁煑過靈砂一斤。先用四兩，同丹匱依前入合，如種蓮子法。四一之數，層間滿盒，依前固濟，日乾，入灰缸內三脚上，依前罩定，依前下火，卯酉抽添，一七伏時。二三四五六七八皆用兩數。日足候冷取出，其新砂與丹匱一般。揀出新砂，包起，再用煑砂四兩，依前入匱中，依前封固，入缸內養之。如此四次，共得一斤新砂。如要試丹成熟，依前用黑鉛煎之，每兩砂得銀八錢。如不煎用，留作丹匱，轉丹藥，舊匱任意用之。

陳攖寧頂批 銀六十四兩可養初眞丹十六兩，若分作兩次養，則三十二兩可養八兩。

三轉絶眞丹法

用正陽丹一十六兩，作匱。用不曾煑的靈砂一十二兩，同透明辰砂四兩，共入麻布袋中，入桑灰汁瓶內，依前煑七伏時，候日足一滾取出，日乾，同入研細羅過，用玉女漿卽楮樹汁也爲劑，按實，曬乾，鑿成大黃豆塊，先用膽礬四錢、硫黃一錢研細，同入銚內炒令紫色，研爲細末，却將鑿成塊砂四兩，逐塊用熟米醋蘸過，去膽礬、硫黃末中滾之，名貼身藥，與丹匱依前四一之數，層間滿盒固濟，入灰缸内三脚上，依前罩定，依前下火，卯酉抽添二七伏時。二三四五六七八皆兩數。日足候冷取出，開合其砂亦如新鐵色，母子一般，揀出，如此四次，共收得新砂一斤。如見寶，依前試之，舊母任意用之。

四轉妙靈丹法

右用絕眞丹一十六兩，槌碎。用磁合一箇，揩淨。將碎砂鋪於合内。用閉口川椒一兩，淨水三碗，於磁器中煑至二碗，去柤乾淨，却傾入水銀四兩，煑滚約一時候，取下，急傾去椒汁，令乾，將水銀乘熱傾入合内砂中，醋調赤石脂封子口，鐵線紥定，合外以紙筋鹽泥通固，日乾，合底下用水湯瓶一箇，約盛水五升，瓶口與合底一般恰好。瓶中先盛滚湯七分，坐上丹合，鹽泥固濟口縫，不用三脚，入缸内，灰埋之，罩定，養三伏時，卯酉抽添，四五六兩數，日足寒爐取出開合，看其水銀不見，秤砂有斤兩，不要動，再依前煎水銀四兩，依前澆入合内砂中，封子口紥定，依前固濟，日乾，水瓶内添滚湯七分，坐上丹合，固口縫，入缸内，依前下火，依前抽添三伏時，候冷取出，開合微見些峯角，秤砂亦有斤兩，如此四次，共澆水銀一斤，且住休動，固法如前，水瓶内湯添滿，坐上合，依前封固子口，不澆水銀，虛養五伏時，卯酉抽添，四五六七八兩數，日足冷取出開合，其丹湧起，如瓊林玉樹，方可採摘白芽子。如此澆採無窮也。

五轉水仙丹法

用妙靈丹内採丹芽一斤，要淨，不可犯雜，鋪於淨磁合内。好珠汞半斤，就傾入合内芽中，依前封固，子口紥定。合下用湯瓶，依前封固，入灰缸内，不用罩，其火四方插養，五伏時，四五六七八兩數，日足候冷取出，開合其丹峯巒湧起，休動，依前再澆水銀，依前固養。如滿合，用剪下分開。如要成寶，以河水并乳香少許，煑一伏時，入甘鍋内熔成至寶，任用之，至此不用鉛煎，自體成寶矣。

六轉通玄丹法

用水仙丹取四兩，依前用河水并乳香煑過，熔成寶，打造室合，三兩做底，一兩做蓋，口縫彌密，恰好盛葉雌、透雄、倭黄、紫硇各一兩，皆用精妙者，同研細裝於合内，醋調赤石脂封子口，放於前磁合内居中，却將水仙丹芽子鋪蓋，再固磁盒子口紥定，不用外固，入灰缸内，三脚上灰埋罩定，隔上放火，卯酉抽添，三七伏時，一二三四五六七八皆兩數，日足候冷取出，開合去鋪蓋，其室合與三黄一等紫紅，將黄一小塊試銀成庚，通赤爲度，如上面赤下淡，其丹未熟，如透底赤，方可點化，留轉丹藥。

七轉寶神丹法

用不煮靈砂六兩，生雄黄二兩，用前養過三黄四兩，留一兩蓋面，餘一處研匀，入磁合内，留丹一兩，亦研細蓋面，以醋調赤石脂固子口，鐵線十字紥定，合外再以紙筋鹽泥通固，日乾，入灰缸内，三脚上灰埋之，罩定，隔上放火，五七伏時，卯酉抽添，二三四五六七八兩數，候日足再加火三斤，四方插煅，候冷取出試之，將汞五兩入建盞内，以丹末一錢摻之，下用小火逼汞，將却好盞蓋定，醋紙封子口，候作聲，聲絕去盞，其汞成一塊紫庚，再入甘鍋内化成金寶，留轉大藥。舊匱任用之。

八轉神寶丹法

右用寶神丹七兩，留二兩塗頭，用硫黄汞對昇的靈砂五兩，雌、雄、硫、珠各一兩，並研細入合，留丹二兩，亦研細，蓋於面上，固濟，日乾，入灰缸内，三脚上，卯酉抽添，七七伏時，二三四五六七八兩數，日足候冷開合，成一塊，紫色射目，光彩可愛，可種金芽，變轉任用，留轉大藥。

九轉登眞丹法

右用神寶丹六十兩，二八靈砂三十兩，一處研勻，用烏驢乳汁和爲劑，却摘取金芽二斤，熔成寶，打造金神室合，恰好盛眾丹藥在內，令滿，醋調赤石脂封子口，復鑄一銅合一箇，比度大小，恰好入室合居中，四邊各寬一指，右用鉛丹、礬石各另用器盛之，五斤炭火煅過，同研細末，殺埋芽合，鋪蓋要勻。須固濟銅合，不用外固，入灰池，右擇卜壇場，按方位擇日時下火，卯酉抽添，七七伏時，依前火數日足，就加火三斤，四方插煅，候冷盡取合子，去銅合，以黃芽丹合盛大丹於壇上，掘地深五尺，埋五十日取出，用油紙裹三五重，再以布帛包三五層，淨麻索攡墜井中五十日至底取出爲細末，以黃精自然汁，或玉女汁亦可，丸如雞頭子大，候乾，再入金室合內封子口，灰缸內三脚上下火一七伏時，卯酉抽添，二三四五六七八兩數，日足候冷取出合，試丹一粒，投入冷水中，其水隨丹滚如湯，以汞一斤入建盞内，投丹一粒，恰好盞蓋定，醋紙搭口縫，以小火逼汞，如秋蟬之聲，聲絕去盞，汞已成上色紫寶，熔之紫暈爍人略。

澆淋法

用恰好磁合一箇，將初眞丹一斤，先用長流水於磁器内，慢火煑浴一時，微滚取出，日乾，鋪於合内，却用川椒一兩，多揀閉口者好，以磁瓶内用淨水三碗煎至二碗，去柤却傾入水銀四兩，再煑一時，急去椒湯，用紙拭乾，將淨水銀乘熱傾入盒内丹中，用崑崙紙蓋定，又用土塊塡滿，依前固濟，日乾，合下用水湯瓶一箇，瓶口與合底恰好，其瓶盛水三升者，瓶内先下滚湯七分，瓶口用鹽泥一條圈住，將盒坐在鹽泥上，塗固口縫，入灰缸内，不用下三脚，只罩定，用頂火養三伏時，卯酉抽添四五六兩數日足，候冷取出，開盒看時，不見其水銀，盡入砂中，秤斤兩方有，不要動，依前再澆，固濟。如此四次，每次添湯瓶七分爲準，乘熱坐上盒子爲妙。四次後用虚養一次，虚養時，水瓶内添湯滿，其盒依前封固，坐在湯瓶上，不用罩，四邊插火，養五伏時，卯酉抽添，四五六七八兩數，日足，候冷取出，開盒看方可摘些芽，放炭火上試熔，看冷成珠不折方好。有走折，再虚養一次。如要成寶，不用鉛煎，用甘鍋化成寶。如要轉澆盒滿分之，依前四一之數澆養，每四次用一虚養，試看成寶，方可再澆。如芽嫩，切不可澆淋，依前再虚養，務要成珠，方可轉澆去。

九轉青金靈砂丹

一轉伏火靈砂

陳攖寧按　此法與前九轉靈砂大丹中之升砂法相同，不另錄。

二轉重遊丹

右將伏火靈砂研細，先用硫黃四兩化開，次傾前砂末同炒成紅紫色，有火起，以醋灑之，候冷取出研細，依前入鼎，封固入爐，炭五斤，起火換水候一伏時，寒爐，開鼎，其砂升於水鼎下，取出轉丹藥。火鼎中有些灰，却是前轉硫黃以成眞死硫灰，收起能治痢疾冷病。

三轉紫霞丹

陳攖寧按　以重遊丹研細，用硫黃三兩入鍋鎔成汁，次下丹末，其法如二轉。

四轉

陳攖寧按　用硫黄三兩，法同前。

五轉

陳攖寧按　用硫黄二兩，法同前。

六轉

陳攖寧按　用硫黄二兩，法同前。

七轉還返丹

陳攖寧按　用硫黄一兩五錢，法同前。

到此丹藥不飛起，須用槖籥催火，其籥用紙做成，似銀匠用的風袋一般，去爐風門口用之。藥鼎中作聲，不要懼，一伏時寒爐取出再轉。

八轉

陳攖寧按　用硫黄一兩五錢，法同七轉。

九轉眞陽丹

陳攖寧按　用硫黄一兩，法同前。

寒爐開鼎，其丹四起，鼎中如銀碗相似，鑿出打碎，入磁瓶内埋土中七伏時出火毒，候日足，取出乳細，用烏驢汁丸如小梧桐子大，用紅棗七箇泡湯，早晨吞三粒，無病少壯人不可服之。　陳攖寧按　有病之人亦不可服，豈可以命試藥？

玉洞大神丹砂眞要訣

清字函第七册

第一品　辨丹砂訣

上品光明砂，出辰、錦山石之中，白交石床之上，十二枚爲一座，生色爲未開紅蓮花，光明耀日，亦有九枚一座者。若七枚、五枚者，爲次。每座當中有一大者，可重十餘兩；四面小者，亦重八九兩、六七兩。於座四面，亦有雜砂一二斗，抱朱砂藏於其中，揀得芙蓉頭成顆者，夜安紅絹上光明通徹者，亦入上品。又有如馬牙，或外白浮光明者，是上品馬牙砂；有如雲母白光者，是中品馬牙砂。其次，有圓長似笋生而紅紫者，亦是上品紫靈砂也；又有如石片稜角生而青光者，是下品紫靈砂也。如交、桂所出，但是座生及打石得者，形似芙蓉，頭面光明者，亦入上品；如顆粒，或三五枚重一兩，通明者，爲中品；片段明徹者，爲下品。如衡、郤所出，總是紫砂，打砂石中而得紅光者，亦是下品之砂。如溪砂石顆粒或通明者，伏煉服之，只去世疾耳。如得座生最上品中心主君砂一枚，伏餌之，可輕舉成上仙矣。

第二品　丹砂陰陽伏制及火候飛伏訣

本經云：　陽精，火也；　陰精，水也。　丹砂是陽精，而須陰制者，水石鹽、馬牙硝是也。如辰、錦光明砂一斤，制之用石鹽六兩、馬牙硝六兩；　次光明砂一斤，可用石鹽、馬牙硝各四兩；　白馬牙砂，可用石鹽、馬牙硝各三兩；　紫靈砂一斤，可用鹽、硝各二兩；如溪土雜色砂，力小，可用石鹽制之。石鹽及馬牙硝若用制伏，須火燒令通赤可用之。石鹽先須三度鼓成汁，了然可入。用其光明砂大者，須打碎如豇豆大小，於土釜中先下馬牙硝和水，武火晝夜煮一百日，不得絶火，日滿淘取砂，於鼎中用陰陽火候飛伏。其鼎可受一升者，一曰金鼎，二曰銀鼎，三曰銅鼎，四曰鐵鼎，五曰土鼎。　土鼎者，瓷器是也。入砂於鼎中，用火候飛伏，五日爲一候，三候爲一氣，用八氣二十四候一百二十日而砂伏矣。每一候飛伏，是五日内，四日用坎卦，一日用離卦。　坎卦者，水煮四日；　離卦者，陽火飛之一日。　初起湯火飛時，用炭七兩，常令鼎下有熟火七兩，不得增減。每一轉飛時，即增炭一兩，忽有汞及霜和黑氣出，即和砂於鉢中，以玉鎚輕手研，令汞入盡，依前安鼎中，用火候飛伏至十二轉；　後每一轉增炭二兩，即入石鹽一分，有汞霜可二三兩已上，飛上其霜，靈光鼎中藥色漸欲紫赤；　至二十轉，加炭三兩，其鼎中有半兩已下汞霜飛出，在鼎蓋上，其霜堅硬如金片，黃白光明； 至二十四轉，候足，其砂伏矣，而色紅黑光明，可觀其伏砂，更用鹽花裹之，重以黃土泥緊泥封固入陽爐，武火逼之三十日了。輕飛者，可抽服之。一兩可三百六十粒，用棗肉丸之，須出火毒。沉重者，卽鼓金成金汁而爲寶也。

第三品　伏火丹砂可鎔鼓見寶訣

每一兩伏了砂，可用鹽花半兩先置於鍋底，次入砂於上，待鍋藥通赤，便鼓之千下，而金汁流下，名曰白金，面上黃明潤澤，色光不可論也。

第四品　化寶生砂訣

將丹砂中白銀打作四兩鍋子，安通油瓷瓶中，其瓶可受一升者，寶鍋子可瓶子底大小也。用北庭砂一兩，石鹽一兩，麒麟蝎一分，三物和研，以苦酒調塗其鍋子四面，令藥盡乾，然以黃土爲泥包裹，可厚二寸，卽用糠火中燒三七日，然後用炭火燒三日陳攖寧頂批　二十四日，去外泥，取其寶鍋子安前瓶子中，入汞四兩，其汞須本砂中出者。入汞於鍋中了，著水五合，不得增減，常令添瓶中水至五合，文火養二七日陳攖寧頂批　十四日，似魚眼沸，日滿，又添生汞四兩，依前法火養二七日，令乾，固其口，武火逼之三日陳攖寧頂批　十七日，而紅黄砂湧出寶鍋之上，收取其霜砂，依前添汞令常有八兩汞在其瓶中，不得增減，依前火候養，逼令霜砂出，卽收之。每四兩寶計收砂一斤，卽將其砂特依前篇入藥煑三十日，卽入鼎中陰陽火候飛伏，還用二十四候一百二十日足，其砂卽又伏矣。若要鎔鼓之，依前篇用鹽花爲引，金汁流下可得黄花銀十三兩，色漸黄明也。如要服之，勿斷翠，但出毒，一兩可以棗肉丸爲三百六十丸。

第五品　變金砂訣

將黄花銀四兩打作鍋子，依前，可瓶底大小，用藥如後。

蒲州石膽一分　石鹽一兩　硇砂一兩

右件和苦酒研調塗其鍋子四面，令藥盡，卽以黄土泥包裹於糠火中燒之二七日，後用武火燒一七日，去泥出鍋子，依前樣安通油瓶子中，入本色砂中汞四兩、清水五合，文火養二七日後，後又添生汞四兩，文火又養二七日，候乾，緊固口，武火逼之令一日（陳攖寧按　共五十日），其砂湧出，於寶金之上面紅黄之色，而又收砂添汞，計收砂可得一斤，則數足也。

更將前收得砂入其鼎，依前篇用火候飛伏，五日爲一轉。內三日用坎卦，卽水煑；三日用離卦，卽陽火飛之。二日初，起陽火用炭七兩，每一轉候卽增炭三兩，忽有汞霜飛出，其色黃紫，形似箭頭，可一二兩，已來收其霜於鉢中，和砂以玉鎚研之令入盡，依前入鼎中，用火候飛伏，經二十候一百日足，其砂伏火。若要鎔鼓，亦依前篇，用鹽花引鼓，即寶汁流下，而成青金也。若服之，但去毒，勿斷翠也。

第六品　變青金訣

將青金四兩還做鍋子，用藥如後。

赤鹽半兩　大鵬砂半兩

右和研，以苦酒調塗其鍋子四面，以火炙，漸漸塗藥盡，即以黃土泥包裹，以糠火中燒二七日，後又以炭武火燒一七日，去泥出鍋子，依前安瓶子中，入汞四兩、水五合，不得增少也。養二七日，後又添汞四兩，又養二七日，令乾，固口，武火逼一日〔陳攖寧頂批：共五十日，〕而湧出砂。收其砂，依前添汞，文武火養逼出砂，即收之，計至一斤，即數足也。又將收到砂入鼎中，依前法飛伏，五日爲一轉。內二日用坎卦，水煑二日也；離卦三日，火飛三日也。火候一依前篇加增炭數，經十六候八十日而金砂伏火也。若鼓之，即用鹽花爲使和鼓，引令金汁流下成黃金也。如要餌之，但勿斷翠，只出毒耳，可長存於世也。

第七品　變紫金砂訣

取黃金八兩，打作圓鼎，可受四合，已來又用金二兩作鼎蓋子。鼎內用藥如後。

硫黃一兩　赤鹽一兩　北庭砂一兩　大鵬砂半兩

右四味和研，以苦酒調塗其鼎內及蓋下，令勻，藥盡，候乾，以黃土泥裹，可厚一寸許，文火四面養之三七日，似不通手爲候，三七日後，然武火一七日，晝夜不可絕火，滿日，寒之，去泥，重以甘土泥鼎下，可三分許厚，懸安爐中，其鼎下周迴令通安火處，卽入眞汞四兩於金鼎中，著水二合，以蓋合之，養經七日，其下常令有熟火五兩，不可增減。其鼎中續續添水，長令有二合，已來不得遣乾，七日後，更添四兩，又依前文火養七日，候乾，緊固口，漸漸武火逼之一日，便生紅光砂，可收五兩紅光砂。又添生汞五兩拍鼎中，其間常須有八兩汞，依前文火養七日，卽固口，武火逼之一日，而砂湧出，則收之，以添汞出砂，都計得三十兩數足，卽依前篇法，別入鼎中，火候飛伏，還五日爲一候，內一日用坎卦水煑一日，用離卦卽陽火飛之四日。初起火，用炭七兩，每一轉後增炭二兩，至七轉後，增炭三兩，便有五彩金輝霜飛出三二兩，收其霜於鉢中，和砂，以玉鎚研之，令相入鼎中飛伏，經十四候七十日足，其砂已伏，紅明不測，若鼓之，以鹽花引之令金汁流下，成紅金也。要餌之，但出毒，勿斷翠也。

第八品　變紅金訣

取紅金九兩，鑄一鼎子，可受五合許，又用三兩爲蓋子，其鼎内依前篇以藥塗之。用藥如後。

硫黃　北亭砂　赤鹽　大鵬砂

右件藥等各增前一分和熟，研苦酒塗鼎内周遍，藥盡，候乾，以蓋合之，黃土泥包裹，可厚一寸，依前篇文武火養三七日後，卽火燒一七日，令泥毬色與火同赤，候冷，去泥，重以甘土泥鼎下，可厚三分，置於鑪中，入眞汞六兩安鼎中，著水三合，續續添，不得令乾，固口，武火逼之二日，卽紅砂出。收砂，添汞八兩，依前文火養七日後，又武火逼二日，亦化爲紅砂。又收砂，更添汞七兩，還文火養七日，卽武火逼二日，又化紅砂，依前收砂，添汞五兩，亦文武火養七日，武火逼二日（**陳攖寧頂批**：共五十餘日），又收砂添汞三兩，一依前文武火候養逼，計前後收得神砂可三十二兩卽止，將其砂和硫黃三兩熟研令相入，便於金鼎中陽火飛之，還五日爲一候，每一轉則增炭二兩，經七轉後每轉又增炭三兩，每轉轉看，忽有絳金霜飛出，收霜於鉢中，和砂研，著苦酒一合，以玉鎚研令相入，依前安鼎中，用火候飛之，經十四轉七十日足，其砂伏，其色紫光，若鎔之，成紫金也，但用鹽花引之。若餌之，勿斷翠，去火毒耳。

第九品　變紫金訣

取紫金一斤，鑄一鼎子，可受七合，又將五兩爲蓋子，其鼎内依前篇。用藥如後。

硫黃四兩　赤鹽二兩　北亭砂一兩　大鵬砂一兩

右以苦酒和研塗鼎内，以藥盡爲度，候乾則蓋合之，以黄土泥包裹，可厚一寸，依前篇文火養之三七日後，依前武火一七日了，寒之，去泥，重以甘土泥鼎外周迴，可厚二分半，即得懸安爐中，以眞汞十二兩於鼎中著水三合，不得增減，亦不令乾，續續添之，則以蓋合之，文火七日，令其鼎上常通手爲候，日滿，令乾，固口，即漸漸武火逼之三日（陳攖寧頂批：約數十日），開鼎看其汞，即化爲絳霜，不得收，便更添汞九兩，亦依前文武火養逼，日滿開之，亦已化爲絳霜，更添汞六兩，還文武火候養逼，日滿開之，乃化爲絳霜，更入汞五兩，還七日文火養，一日武火逼，而成紅紫五色絳霜砂三十三兩出，於鉢中著硫黄四兩，以玉鎚研一日，然却入此砂於鼎中，固口，其上用純陽火候飛之，七日爲一候，開之，又和苦酒半合，熟研，入鼎飛伏，七日爲一轉。初起火，用炭十三兩，每一轉增炭一兩，至五轉後，每轉增炭二兩，忽有五色鮮明砂出，卽收砂，以苦酒一合鉢中研之，却入鼎中飛伏，每轉轉須開看，卽以苦酒和研，入鼎飛伏，經十二轉八十四日足，其砂伏火而文彩輝赫，霞光錯雜，不可名言也。要鼓之，還用鹽花引之爲汁，流成紫磨河車金也。若餌之，但去毒留翠，一兩用棗肉丸三百六十丸，餌之輕舉。以一丸河車丹砂點汞及鉛、錫、銅、鐵等一斤，爲黃金。

第十品　抽汞訣

先取鐵鼎，上下安鹽固濟鑪上，開一孔子，引內氣出，卽用木柴火燒之三日，一收汞出，未盡，更飛之，抽汞此爲妙矣。

第十一品　煉汞訣

汞一斤　硫黃三兩

先研硫黃爲粉，置鉢中，下著微火，續續下汞，急手研令爲青砂後，便入瓷瓶中，其瓶可受一升，黃土泥緊泥其瓶外，可厚二分，以蓋合之緊固，置鑪中，用炭一斤於瓶四面養三日，長須有一斤火，三日後便武火燒之，可用炭十斤，分爲兩上，每炭五斤燒其瓶。若有青焰出，卽以稀泥塗之，勿令焰出，火盡爲候，寒，開之，其汞卽成紫砂也。黑鉛一斤，將鉛先於鼎中鎔成汁，次取紫砂細研投鉛汁中，歇去火，急手攪令和合爲砂，便置鼎中，細研鹽花覆蓋，可厚二分，實按之，固口，武火飛之半日，靈汞却出。一依七篇返數，投化合金坐砂。如第二返寶砂篇中用汞，汞卽兩度抽用，著鉛却抽歸汞添金花砂；　第三返砂用汞，汞則三度燒抽入；　第四返出砂中用汞，汞則四度燒抽；　第五返砂用汞，汞還五度抽煉；　第六返砂用汞，汞亦以前度數，著硫黃燒成紫砂也；　第七返用黑鉛一斤，轉轉燒抽，火候一依前訣，燒抽變煉水火之精氣亦合於七篇之大數，自然成大道之變化也。

第十二品　辨諸石藥訣

辨石鹽　石鹽，陰極之氣結成其質，而稜角如片石，光白似顆鹽之類，味微淡於顆鹽。功能制伏陽精，銷化火之毒力，亦以礬石、硫黃敵體變煉之功，性能發明金精，去麤滯氣七篇之中用之爲使也。

辨馬牙硝　馬牙硝，亦是陰精，形如凝水石，生於蜀川。其功亦能制伏陽精，銷化火石之氣，要獨伏制力稍畀於石鹽耳。

辨北亭砂　北亭砂，禀陰石之氣，含陽毒之精。功能銷化五石之金，力頗並於硫黃，去穢益陽功甚大。質亦作顆，生而淺紅色，光明通透者爲上也。七返二篇之中用之爲使也。若合於大鵬砂、赤鹽、硫黃之變煉，功則高於造化也。

辨麒麟蝎　此藥出於西胡，禀熒惑之星，生於陽石，陰結成質，色如紫礦，形若爛石。共功於汞，能添益陽精，去陰滯氣，勾添其深，亦有大功。眞者於火中燒之，有赤汁湧流，久而灰，不易本色者，是其元也。

辨石膽　此藥出於嵩嶽及蒲州中條山，禀之靈石異氣，形如瑟瑟，本性流通，精感八石，化五金精，用於中宫。若欲試之，塗於鐵及銅上，火燒之色紅，伏制變化，頗有大功也。又以銅器盛水，投少許入其水中，色不青碧，數日不異者，是眞也。

辨大鵬砂　此藥禀陽精，但陰氣所養，形如琥珀，質似桃膠。其性和。若合硫黃、赤鹽變煉，其功甚大。

第十三品　四黃制伏變化訣

雄、雌、砒、硫，其質皆屬中宫戊己土之位也，性含陽火之毒。然咸易變轉五金之質，而不易本光。有汁流通者，功能轉五石之精，銅而化成黃金也；如伏火色變，白如輕粉，津液通利者，五金化成白銀也。雄黃功能變鐵；雌黃功能變錫；砒黃功能變銅爲銀、爲金；其硫黃功力最高，然且添陽益精，返濁歸清，是七十二石之將也。其四黃遇赤鹽、大鵬砂、石膽則伏質歸本，不易其色；　若遇石鹽、馬牙硝、硝石、石膽亦入於火，則變返而爲白色，是以大洞眞經中七十二石制伏訣皆須合胞胎也。　若以土碌等分和鉛粉及石腦作鼎伏之，則土碌與四黃同類也，又能銷火毒而成變化也。

第十四品　紫金變眞丹訣

取眞汞十斤，七返絳砂中紫金三十五兩，二物和合於别甘堝中銷鎔爲汁，後卽匀合一處，去火，急手攪令爲細砂，入硫黃五兩，三物合於鉢中，熟研一日，然後遷於鼎中，運火燒之六轉，轉轉添陽爐鼎，火候滿日，卽成大丹也，鼓之卽成紫金，留翠擣研卽爲大丹也。

鼎火候訣　其鼎須是七返中金廿四兩，應二十四氣；　內將十六兩鑄爲圓鼎，可受九合，則應九，陽極之數；　蓋八兩，應八節；　鼎蓋則廿四兩；　十六兩爲鼎，以應一斤之數，合大數。　然後將和了紫金砂入於鼎中，緊密固口，勿令洩陽氣，則於鑪中訣取甲辰，旬內取戊申日，於西南地取淨土先累爲壇。　壇高二尺四寸，分爲三台，台下通氣。　上台高九寸，爲天關九竅，象九星；　中台高一尺，爲人關，十二門象十二辰，門門皆須具扄；　下台高五寸，爲地關，開八闥，象八風。　其爐內須徑一尺三寸，然置鼎於爐中，可懸二寸，下爲土臺子，乘之臺子，亦高二寸，大小合與鼎相當。　然後運火，火候之訣，象乎陰陽二十四氣七十二候，五日爲一候，三候爲一氣，二氣爲一月，其火日午前用熟火八兩，夜間從子至午用火十六兩，陰時加火，陽時滅火也。運轉火數足而成大丹也。

第十五品　煉聖修丹石訣

北池玉石鹽一二十斤及本色玄精八斤，二物以冬至之日夜半子時合擣爲粉，細羅了，於新淨八斗鍋中置藥，用小神水添，常令八分，煑如魚目沸，時時以柳篦攪之，晝夜不絕水火，煑至四十五日，自然於鍋底結硬如白石。比去水，以無蚛孔皂莢八兩、神水八斗，挪過取汁，絹濾，澄清，入鍋煑藥五日夜自散，其鹽却爲水，其玄精爲粉澄在鍋底。比去鹽水，取精粉曝乾，秤得八斤數足，然乃文武火燒九轉，每四十五日卽以神水煑一日。其柳篦子，夏至日日午時正南採無節病者，長二尺四寸，作篦，收留至煑藥時用也。

造小神水訣　小神水藥，用一鐵鼎，可盛八斗，掐蓋子，鼎内常添清甜水，火之常温，以備添鍋煑藥用。其鼎中用汞一斤，朱砂半斤，硫黃四兩，合爲粉，感氣用至藥分解了。此藥投入不津器中，固口，入地三尺下深埋之，至煑藥時出之，入鼎感氣温水用，用了却埋之，至修砂時鑄鼎用之。前件玄精粉八斤，每斤入四小兩硝石，同研爲粉，入瓷鼎，固口，以武火逼令藥實，其鼎可空二寸，已來入爐，常以熟火一斤晝夜不絕，周迴養四十五日，卽破鼎取藥，細擣，羅，入鍋以小神水煮一伏時，煿水盡，藥乾，卽一轉畢。第二轉，準前入硝石入鼎，文武火四十五日出，又小神水煮一伏時，煿乾了，卽第二轉畢。第三轉，每斤用四小兩烏驢乳拌，和勻入鼎，準前火候日數，向後更不入物，直至九轉畢，然成神水華池，此藥堅硬如石，打之作金聲，入口消化成津液，埋之不腐，煮之不消，鼓之如有金汁，能住不住之物，能伏飛走之物，能與眾石爲身、眾氣爲神，能化五金成寶，水銀遇之立乾也。用藥一小豆許，并汞一兩，吸在口中煖徹，須臾以如麵劑子相似，見火便成白金也。一切飛走藥物見之立伏，五金煉之成寶也，然成丹胎也。

第十六品　造大丹訣 亦云神雪

取前篇埋者小神水藥鑄作圓鼎，可受九合，并蓋，令取神水聖石一斤爲粉入鼎中，上下覆藉光明丹砂二十四兩，仍以藥泥緊固口，弗令洩氣，暴乾，入八卦鑪中安訖，取冬至日子時起火，隨斗柄朔運之，其火以手摹鼎常令熱於人體爲候，養一周年開看，其砂伏火，內外鮮紅，如未開紅蓮花，光明射日，若服之一兩，百病去除，邪魔不染，身生光澤，行如奔馬，顏色悅紅，神氣安暢。將此藥依前却入鼎，又運火一年，開看，其砂外白內紅，光瑩璀璨，若服之一兩，身體清和，返老歸童也。又依前將藥却入鼎，運火一年，開看，其砂內外俱白，通透光明，輕虛瑩徹，一似眞雪輕舉，服此藥一兩，顏如少女，寒暑不侵，五災不害，與日月同光，永離衰老，便住於世，長生不死。更依前法，運火直至九周年畢，卽成，名曰神符白雪丹，服之卽奇功莫測。後略。

第十七品　造藥鼎受氣訣

石鼎受氣，先白礬二兩清水煮一日，又入鹽二兩煮一日，硝石二兩煮一日，太陽一彈子許，入氣畢，火逼一日，令極乾，眞母四兩，子六兩，合爲膏，於銚子中入土，母二兩水煮一日，鹽二兩煮一日，硝石一分煮一日了，入石鼎中，密固口，安懸爐，上水下火養，常令通手爲候，每一候五日，開，入汞四兩，其鼎中藥上如白雪生，第二候漸成峯巒。每一候入汞，數至一斤爲度，至十開後，其藥半紅，卽十日爲一候。一開至十開後，其藥全紅，至十日脫胎，入宮養至一周年，出藥入華池煅了，入寒泉出毒，可餌之。第二轉取汞八兩，藥八合，入金鼎養之，名曰「日月倍添無涯際」也。

靈砂大丹秘訣

抱一聖胎靈砂

前略法用二八硫汞，炒成青金十兩，其青砂子，用膽礬半兩、烏梅三兩，砂鍋内米醋浸，將青金頭胎煮一伏時，不用水火鼎打，便入眞死硫黃匱中，用砂合，鋪底蓋頭，安輕灰爐内，養火二十一日，取出研細作匱，脱養白體靈砂。

火候法　一日，早、晚各用熟火二兩半；　第三日，早、晚各火二兩；　第七日，早、晚各火四兩；　第十日，早、晚各火五兩；　第十五日，早、晚各火五兩；　第十六日，早、晚各火六兩；　第十七日，早、晚各火七兩；　第十八日，早、晚各火半斤；　十九日，早、晚各火十兩；　二十日，早、晚各火一斤；　二十一日，早火一斤半，晚火二斤。　候寒爐取出，便要作銀，用過鉛池煎之，要作聖胎匱，可爲末，脱養白體靈砂。

凡修成聖胎靈砂三兩，可養一兩白體靈砂，煮法同前，養法火候日數亦同。　其白體靈砂不可煮用，將來爲末作匱，脱去生玉笋靈砂。

第二轉

白體靈砂有一斤，並爲末，可入合鋪上下脱養長生玉笋靈砂半斤，乃一斤養半斤，即是二兩養一兩也。火候十四日，不用煑法。以此玉笋靈砂二錢，可點一兩水銀成丹陽至寶。若作匱，脱養澆淋匱法。

火候　第一日、二日，早、晚熟火各一、二兩；　第三日、四日，早、晚各四兩；　第五至七日，早、晚各五兩；　第八至十日，早、晚各六兩；　十一、十二日，早、晚各半斤；　十三日，早、晚各一斤；　十四日，早、晚各一斤半。候寒爐取出作匱，脱養澆淋。

第三轉

長生玉笋靈砂半斤入合澆淋，便可澆汞四兩，早、晚養火一日，至來日天明，其汞已死，未可取，便再澆四兩汞，亦養火一日，來日亦死，亦未可取。似此三次澆汞，方可取。初頭澆者一次，芽子要常留。兩次澆汞，汞在匱中，此法號朝種暮收之法也，乃爲長生不死之匱矣。以一錢澆淋芽子，可點一兩水銀爲上色至寶，若作匱，可脱養丹頭硃砂。

火候　早用熟火六兩，晚用半斤，只來晚取之。

第四轉

以採取澆淋芽子四兩，可脱養辰砂一兩作丹頭，火候十四日。若養彩霜一兩，以彩霜一兩可摻汞成銀，亦可點水銀一兩以成至寶。以脱養辰砂一錢可點水銀黑鐵一兩，分胎成寶。若硃砂丹頭四兩入金合中，可脱金體丹頭，火候斤兩同白體匱法。

第五轉

將脱出丹頭硃砂四兩，用金合子盛之，須研細入合，如法以藥封固，鐵線繫定，虛實養三七日，每日早、晚只上一兩半熟火，灰高二寸，此砂可點縮淨結硬了賀成赤金，一錢點貨一兩成庚，半錢成銀矣。

第六轉

取金石養者丹頭硃砂四兩，再研爲末作鋪底蓋頭，似於金石内爲匱，脱養金體硃砂二兩，點化汞成庚，以一錢砂可點二兩汞爲上色金，以此四兩可作匱。脱養三奇匱，其金體硃砂，用楮汁爲丸如麻子大，每日空心冷水服一粒。服至一月，延三十年；服一年，可延三百歲。

火候養法用十四日，同澆淋火並同。

第七轉

取出金體匱硃砂，脱養黄、三黄各三錢，名曰三奇也。三黄點化賀成庚，一錢可點一兩，以四兩三奇匱可脱養一兩大丹頭，點用鐵成上色紫磨金。

火候四十九日，一七日四兩，二七日六兩，三七日半斤，四七日十兩，五七日十二兩，六七日一斤，七七日二十兩。日數足，養火丹頭硃砂一兩三奇丹可點賀四十兩成至眞之寶。

第八轉

取出金體硃砂，脱養大丹砂，火候八十一日，一兩硃砂可用楮汁丸一百廿丸，一丸可點汞、銅、鐵、賀五兩成紫金。如作丹服，用楮汁丸如麻子大，先將此丹入寶器或金器瓶中，以油單固口，安井中四十九日取出，方可香湯沐浴，焚香禮謝三清上眞、成道神仙畢，面北方可服之。

火候　一九日，半斤；　二九、三九、四九日，早、晚各一斤；　五九、六九、七九日，早、晚各一斤半；　八九日，二斤；　九九日，早、晚不住三斤火煅之。

第九轉

取出大丹頭硃砂，養混元大丹，以入金合，硃砂四兩脱養混元硃砂一兩，養火候一年，逐月一日取出丹砂沐浴一次，每兩丹砂用半兩水銀，浴過再入匱養火，當熟火一斤養一年，取出爲末，用楮汁爲丸如芥子大，只可服一粒，服至一年，可延千歲。須用沐浴、淨身、齋戒、濟惠貧者，以功行爲先，此丹丸了不便服，須辦香花酒果供養七日畢，然後盛於玉器之中，油單紙密封固了，安井中，日數足，取起拜謝天地，方可服之。

秤斤兩立媒第一

君子四十未會親，

四兩硫黄。

妾守空閨十六春。

十六兩水銀。

欲藉良媒爲匹配，

先以銀器不拘多少入醋内煑半日，去銀器不用，却將水銀去醋内，煑乾醋爲度，取出水銀以紙拭乾。

大都天意在人寬。

入銚炒合夫婦第二

堂上公婆堂下親，

堂上者銚子，堂下者火。

並皆文武舊功勳。

用文武火炒，先將銚子以慢火燒熱，入硫黄，在内化作汁。次下水銀，急用鐵匙攪匀，令乾如塊。有鬼焰起，以醋噴之，莫令焰起爲妙。

莫嫌賤妾容枯槁，

汞名姹女，内懷珍寶。

蓋爲懷躭一滴金。

入鼎煆煉第三

今朝方至舅姑家，

其鼎內有臼，取炒者青金入乳鉢內，細研，傾入臼內，上鼎臼內臍上微閉，蜜調硫黃少許塗於上，却於三山處赤石脂水調令稠粘，固濟令十分牢，上面鼎口縫同鹽泥通身固濟。

表裏煎熬六七差。

表者，水鼎上添水也；　裏者，是鼎內藥化成汁；　差者，炭也，用炭十二三斤。

門縫彌封無處出，

固濟。

陰陽顛倒作生涯。

上水下火。

煆煉未堅其物坯慢第四

出來門外自摧殘，

去鼎內取出砂子如一斤未堅硬時，一齊研細，再入鼎打不硬。

却入家中六七蘭。

依前用炭十三斤。

庶使依然人不見，

固濟令密。

願同瑤佩響珊珊。

其坯砂打令硬。

懸胎煮煉第五

斧劈安胎入袋中，

用斧劈破成小塊，如皂莢子大，盛入小布袋中，玄胎煑制。

道君心沸用炎洲。

用火煅之。

硼碙滷滷聖無知，

鼎内同熬火逼伊。
汁少時時添上汁，
懸胎煑煉一伏時。
誰知一宿先生意，
笑指紅膏下釣磯。

上貼身藥第六

火裏飛砂石裏油，

火飛硼砂，用石腦油煑也。

入門粉霜最堪修。

粉霜乃膩粉也，將煑靈砂以水洗淨，控乾，於石腦油煑兩三時辰，漉出，入一大盞子內。先將枯硼砂研細，摻在砂子上拌勻，令白色。次摻輕粉。次上鉛白霜，拌勻，令白爲度。然後入盒子內栽蓮養之。

分明別有窮通理，

免向天涯地角求。

入匱鼎第七

四一元來是五金，

用四兩山澤末養一兩靈砂。

母多子少似蓮英。

萬錢池内精誠養，

火候合天造化機。

蓮英者，如栽蓮子時勿令相挨也。

母體末一斤，微微醋拌匀。

靈砂心内隱，鎖縫兩三擒。

紙灰實抱脚，下火節節匀。

五兩半斤火，分胎見寶形。

匱母末一斤，用好醋拌令匀。先於合内鋪匱末一重，直後栽盡砂子四兩，上面又用匱末蓋之，無令露出砂子，用赤石脂固濟口縫上，又用泥通身固濟，候乾了，入灰池內，坐合子在脚上面，依火候教養之。

誰知此是超凡路，

不種元來莫動心。

用火候第八

一二三加三四五，

四八周圍五八身。

第一日，下火去灰池內，合子上用紙錢灰蓋兩指厚，上用熟炭火秤二兩，常換莫令火死；　第二日，加火三兩；　第三日，加火四兩，勿令火過；　第四日，加火至八兩，内將四兩插在盒子周迴，將四兩火放在合子灰上，令合子通赤爲度；　第五日，與第四日火候同。

此是杳冥眞相本，

勿令太過恐傷生。

其火以小至大，不可太緊。

出匱第九

没齒無忘嚙臂盟，

觀伊心赤未忘形。

七日火候功畢，取出合子，放冷開之，取砂子看之，用牙咬開，其色青黑體重即成寶也。若色赤，未死也，入匱再養，依前六日火候，須是七日足矣。

分胎第十

二器相投一器盛，

和汞分胎要惺惺。

二器，甘鍋與藥鍋也。藥鍋用巴豆、萆麻子、知母、貝母等分，一處擣細，用棗同擣令稠粘，捻作藥鍋子，放於甘鍋內，陰乾。次將養下砂子投於藥鍋子內，使氣爐熔作汁，不住攪焰硝在內，直與後藥鍋子一時作汁，青白時成，傾在錠槽內，一認打造不懼也。

三車門外宜搬運，
須藉三門鼓搧傾。
入炁爐内傾三遍，則見寶也。又曰三固者，是第三轉也。

九轉金丹訣

靈砂煆煉第一

靈砂煆煉說元因，四兩硫黃二兩銀（陳攖寧按 水銀也。）先熔作汁傾鍋內，焰起之時用醋噴。入鼎青金頭一味，藥瓶泥固莫令津。度量火候休交錯，前後仍須節次勻。成後劈爲皂子大，製之造化十時辰。入匱貼身無脱漏，十朝變化始爲眞。出鼎觀時顏色黑，炬火應知牙齒痕。華池脱去硫黃氣，恁時方信汞成銀。

聖胎生產第二

二轉方知點化功，聖胎生產見眞宗。汞末四兩先鋪底，丹砂如蓮栽一重。次第鋪排四兩畢，匱母從頭蓋一重。合用鹽泥同固濟，養之二七始爲終。開合觀時已成寶，仰贊神仙造化功。

瑶池皓蓮匱第三

三轉瑶池綻皓蓮，焚香淨室要精專。汞澆二兩無多少多則力不能加，七日成時再用前依前開澆。收取可爲長生匱，靈砂生養理幽玄。

仙掌月明池匱第四

四轉名爲金穀種，鼎中排定得其宜。流珠二兩澆温火，火候抽添七日期。數滿周天奪造化，玉容翻著紫金衣。

紫府金蓮匱第五

五轉金蓮紫府幽，膽礬煮汞莫淹留。此名黄笋無轉洩，蓋是從前至藥勾。入鼎超凡非細事，產生子母是因由。

紫府湧泉金匱第六

六轉工夫養就芽，鼎中玉笋自然花。頻頻澆汞鉛中造，暮種朝收見寶華。燦爛爐中成紫色，玲瓏金碧晃流霞。

七返金液還丹匱第七

七轉丹成有返還，辰砂養就不須鉛。五金立點成珍寶，去毒埋時下井泉。

歸元靈液金丹匱第八

丹砂爲汞爐中養，七日開時總是黃。立點五金爲至寶，雞飡一粒化鳳凰。

九轉金丹匱第九

陳攖寧按　詩屬浮辭，誇張服食之效，不錄。

赤松子四轉訣

一轉飛花霜法

雌黃一斤　雄黃一斤　硃砂一斤

各別處治之，合末熟研精細訖，納於土釜中，丹華半兩藉之。次安雄黃末，次安雌黃末，上更丹華半兩覆上，固濟不令洩氣，坐三台五嶽上，用葦荻火煅三日三夜，冷一宿出之，此藥點成黃金三十斤。

二轉

用前霜納土釜中，用鉛黃華覆上固濟，陰乾十日，如前法文火三日三夜，候冷發取之，此藥一兩點成黃金一百斤。

三轉

白蠟河車覆之三日三夜，候冷發之，取此藥一兩點成黃金二百斤。

四轉

用鉛白河車以上礬石粉，溲河車令如泥，浥浥以爲覆藉，封火，如前三日三夜，冷，取此藥一斤勾黃金四百斤。

抽茅法

石綠一兩　焰硝二兩半　硼砂一錢　明信二錢半

右四味研細一處，以猪脂煎油調四味藥末如濕砂相似了，用甘鍋先安爐内，燒令通紅，用匙逐旋挑入鍋内，令七分滿，用瓦片蓋頭，再簇炭煎，令藥作成汁了妙，用乾柳枝攪數十下，不可令十分透底，候硝汁漸乾，傾出地上，子母分胎，再用鍋子消了，任意勾點，打造細膩，甚妙。

輕粉法

皂礬一斤　鹽半斤

作一處，研入瓦罐中，用熱湯煮令成糊，攪令匀，約煮半日，令黄色，用黄麴四兩，入汞一兩，和研作一處，須臾汞攤在甃上，瓦盆封固，進火升之，候冷，收下掃之。

粉霜法

明信半兩　白礬四兩　鹽二兩　焰硝半兩　汞二兩　皂礬二兩

同一處研，不見汞星爲度，以鐵銚内炒成末，堆在大碗内蓋之，濕紙塞縫，再用好泥封之，冷，取下，掃取霜。右取前霜一兩，同鹽、礬各二兩細研，入水火鼎中，依靈砂法升之，即是。

太極靈砂賦

神丹不值於下士，玉帝賜禄於上仙。感聖人之情憫，以靈砂而口傳。合二味以炒成形，始能見寶；至九轉而吞入腹，立獲昇天。原夫硫郎四十家未求，美人二八身無主，所以兩結婚姻，一憑媒妁。金臺燭焰兮不須生，玉池苦酒兮頻爲酌。壺中夫婦意相親，堂上翁婆情不樂。自此憔悴玉顔，合和靈藥。眞砂結像，更資文武以調停； 至寶潛輝，莫棄形容之醜惡。切以鼎像二儀，堅完最奇。兩番製一兩薑汁，三次固半指斤泥。入洞房兮杵築其青金末，固口縫兮蜜調其赤石脂。加蛤粉等分兮再固黃土泥，緊纏絶白鐵線方當打板之時，切宜審耳，及待養丹之際，亦復如之。於是煉日月之精，契坎離之理，鼎置爐内，瓶埋地底。固之蜜兮火繞一周，簇之遍兮炭高四指。鼎中惟下四兩火，腹内可容八分水。五金俱熾，聽龍吟虎嘯之聲； 二日方開，候火冷灰寒而止。大抵砂猶葱碎兮，可再煅以加火； 體既堅剛兮，方言妙以入神。用刀劈如皂子大，懸胎煑如魚眼勻，加鉛霜以少許，添醯物以斯頻。或伏一晝夜，或煑十時辰。袋中取出兮，浴之以熱水； 舌上微潤兮，調之以玉津。同以四粉鉛白霜、輕粉、粉霜、硼砂等分研之極細，貼其一身，十錢靈藥諭爲子，四兩匱母還數親。如栽蓮實，以斯列入金鼎以重温，使排布而勿相投，中間各離。可鋪蓋而勿露，上下埋勻； 異哉史記無文，仙人傳訣。草煤玲瓏兮，池腹俱暖； 炭火温養兮，鼎心均熱。灰微焙則氣不散漫，盆坐覆則數難耗折。四進至四兩，七八終用八。後三錢依四正以羅列，遍七日而通徹。常令室密無透風，直須灰冷渾如雪。恐末形，忘齒嗑觀心朱而尚赤； 且養火，更宜如期透骨黑而全青。成就可訣，既而眞本已具。丹砂至夫靈，入華池而煆煉，加炭火以調停。用鉛二星兮，終久爲棄；內子一兩兮，須臾自寧。然後陽極陰消，剥見黃華之象；日來月往，愈觀素鶴之形。信夫，玄之又玄，秘之又秘，此明變寶之神驗，別有還丹之口議。及指陳於內事，又豈止於小利。是道也，得人方可以傳，非其人天殃立至。

碧玉硃砂寒林玉樹匱

夫龍虎者，乃鉛汞之本也，二物相交，乃有變化。

水中鉛，火中汞，汞鉛同一元，不知咫尺是神仙。强把硃砂酒醋煎，千千萬萬化成煙。此明鉛汞一體也。鉛汞相交不須見，伏火硫黃便停焰。

生育之道，本自父母精血交姤成孕，故鉛汞相交，龍虎成質，且硃砂不假鉛汞之功，無由氣定，全藉鉛汞匱定火焰，故不能走失。硃砂出汞，而後死於汞，乃玄中之玄也。

詩曰　鉛汞相交結靈胎，靈胎中有一嬰孩。嬰孩便是鉛中寶，誰信鉛中養得來。

故伏火硃砂必死於砒。又曰：「朱伏於鉛，而成於硫，此名『若要水銀死，先須死水銀』」。又云：「隨倒死不離其父母。」又云：「龍虎打合，謂之眞鉛；一體獨用鉛，謂之頑物，無變化之道；龍汞虎鉛，陰陽交感，精氣相姤，故成玄關。」

詩曰　眞鉛玄妙大丹頭，汞合金公造化優。交姤靈機成五彩，龍吟虎嘯老人修。

其四神獨有眞汞可伏鉛，陽虎陰龍，故汞爲鉛子母之道，金公生虎之肌膚，汞乃堅鉛之筋骨。

詩曰　離鉛去母全歸聖，入聖超凡玄又玄。養出硃砂能伏火，教君立見水銀乾。銀乾便出神仙境，誰謂神仙別有丹。認得眞鉛造化機，全君容易入玄關。

法用銀、鉛半斤，入鍋鎔之，下石灰、白膠香撲數遍，撥去穢濁，取淨者，次下桑白皮拌之。多少淨鉛，以三之二入汞於内鎔，下南星末，徐徐撲之，柳枝攪碎成粉，水淘去藥灰，又入八味佐藥拌勻，再入銚炒半日，方作匱。銀鉛作粉，和八味佐藥作匱。

八味佐藥：　硼砂、硇砂、石中黃、玄母石各一兩，死硫、石膽、硝石、青鹽各五錢半。右硃砂一兩半重，金箔貼身，入前藥匱内封養，候硃砂碧色，又換新硃砂一兩半，依半火候養之，共得三兩死朱。去匱藥，別作丹基。此是「去鉛離母子成珍」也。碧色，養砂死。

詩曰　陰陽大道妙眞傳，只用水銀與黑鉛。不傷朱體不傷鉛，此法玄中玄又玄。

右將伏朱三兩研作匱，再養生朱二兩蜜滚柳末貼身，入死朱匱中養七日，加火一煅，冷開，其朱白色。

詩曰　二氣依鉛結就成，更含素質鼎中凝。如初温養無多力，莫使熒高力不升。

右將三次養出朱共五兩，研作匱，再養生朱三兩，用黄蘗、黄芩、豆粉蜜温爲貼身藥，入硃砂匱中封養三日足，一煅，其朱白色，故曰白雪不消。

詩曰　三轉成龍氣轉高，却嫌元祖是塵囂。硃砂功就烹成汁，潑向爐中雪不消。

右將三轉成龍其朱共得八兩，研末可做養寳長生匱，一應金母砂、銀母砂、靈砂、硃砂、三黄、粉霜並可養之，變化之道備矣。在人意對寒林玉樹，凡物有生皆歸死，故有寒林之名。法將匱藥入合作穴，用生汞一兩，醋一盞，煑過，入穴中封養三日，冷開，已生汞苗一二寸，逐旋採摘，任意轉變凡點化也。

詩曰　伏得丹砂作地仙，其砂欲伏在眞鉛。鉛砂不棄依然誤，離母除鉛是湧泉。

右將前朱末八兩，以物隔了，用雲母、滑石細研，鋪滿實，封固，養火三日，冷開，其朱白色，更將前藥去了雲母、滑石，將朱作匱入合，用好信石一兩，崑崙紙包，鋪朱末蓋了，上覆以雲母石，築實封養三日，冷開，其砒可以點化伏成器，不誤後世，如入汞苗同點更妙。又將前匱入合築實，醋調蕎麥灰，物隔了，放上面蓋頭，封養三日，冷開，其色復紅。又復以明雄黄一兩，經煑煅煑前藥中，築實，封養三日，冷開，其藥盡黄色，此爲黄芽至靈，同汞芽可點化爲金也。

詩曰　七返還丹如入許，不拘黄白盡成珍。瓊林玉樹花爭發，點化超凡不誤人。

右將朱細研作匱，物隔了，將元來初養鉛汞砂匱藥放上面令實，其朱匱内養生朱三兩，封養七日，冷開，朱復紅，故曰七返長生變化也。硃砂養至七遍，極紅，丹質成也，故曰還丹至此大備。且夫初養色碧象母，其後色白象父，七遍復紅，已全七返歸眞，故曰歸元也。

再將上等雌黄煮過二兩，金箔貼之，墨紙又包，入七返匱内封固，養火三日，冷開，同汞芽可點庚爲世寶。炡之，用白鹽安鍋子下，汞芽子在中。又入鹽，蓋之，坯不走，不用關藥。謹謹記之寶之。

乳香二錢，硼砂一錢，白鹽三錢，硇砂五錢，名醉金池。

右件分作八處，每點一兩，用藥一錢，同銀入甘鍋鎔成汁，傾入槽中冷，打去藥，其物軟而精潔，無惡暈斑，妙不可言也。

碧玉硃砂匱養庚砂第一

銀鉛一斤，桑白皮炒令白，只有十兩，鎔作汁，灰五十包鉗入汁中，傾下汞三兩，鉗退冷灰中攪成粉，冷取出篩細，麤者依前鎔化二兩汞下，又急攪成汁，水淘去灰，後藥炒死匱服藥。

伏硫五錢，五色餘艮石四錢（陳攖寧按：不知何物），硇三錢，同研細末，入大銚內，旋旋入藥炒前鉛汞砂，一旦卽死作匱。

煉煅第二

鮮明大砂三兩，蜜滚死硫貼身，次用金箔逐塊包裹，入前鉛汞藥中，一斤熟火養七日，取出，其硃盡成金體可愛，此朱研作匱，温養後段而矣。

脱胎聖第三

前朱三兩爲匱，養大硃砂一兩，死硫貼身，金箔外貼，入匱封養十日足，大火一煅，冷開，如前研細，又養大硃一兩二錢，如後滚貼養至半斤，共五十日，一切同研細伏火矣。

轉養粉霜第四

好粉霜二兩，共前庚砂匱藥合研爲匱，别養外來堅實粉霜一兩，煉蜜搜丸，墨紙包之，入庚粉匱中心，封養七日，冷開，取死粉或作後段庚母砂貼身點化換骨，靈驗大妙矣。

結庚母砂第五

取硃砂汞三兩，庚母六錢，結砂子，分作八塊，用漿水、白礬、石灰、皂角灰、蛇床子等分，懸胎煮一日夜，取出，用緊砂法。用茍子末三兩，先將一兩鋪甘鍋底，入包了庚砂安於中心，又將茍子末上面蓋之，入火屋内候煙起濃，又將茍子末連糝在上，以盡爲度，取退冷看砂力，刀斫不入方入匱，如不堅，再如前作一次，將前回養出餘下粉霜滚在貼身，將大合一箇入緊朱研，栽培庚砂在内。又將前零粉霜半兩作毬子，蜜調生硃五錢滚貼身，蜜滚死硫末，再以金箔包先安排此粉於匱中心，其庚砂於四傍，封固，入池爐養火七日、二日，共九日，就爐一煅，冷開，其庚砂以成寶，烌鎔不折，十分足色。如再後，但前法結砂入匱，其外養倒硃砂半兩，而或添至一兩，留作庚子貼身，且如添養朱，積至一年，可分爲二匱，長生湧泉，名爲種火田，綿綿妙道不窮，如不養物，如法封固入地坑灰池内，温温火候，養之不絕，方使陰氣不生，其匱轉通靈矣，變化甚多，功效不一，養雌雄點化皆可爲也。

釋諸藥隱名出石藥爾雅中。

玄黃花　輕飛　鉛飛　飛流　火丹　良飛　紫粉

鉛黃花　黃丹　軍門　金柳　鉛華　華蓋　龍汁　九光丹

錫精　黃精　玄黃　飛精　金公華　黃牙　伏丹　制丹　黃輕　黃羣　紫粉　黃華　黃龍　黃池　河車
太陰　金精　金公河車　素丹白豪　假公黃

鉛精　金公　河車　水錫　太陰　素金　天玄飛雄　幾公黃　玄制太陰　虎男　黑虎　玄武　黃男　白虎
黑金　青金

水銀　汞　鉛精　神膠　姹女　玄水　子明　流珠　白虎腦　長生子　玄水龍膏　陽明子　河上姹女　天
生　玄女　青龍　神水　太陽　赤汞　沙汞

水銀霜　金液　吴砂汞金　白虎腦　金銀虎　赤帝體雪　水雲銀

丹砂　日精　真珠　仙砂　汞砂　赤帝　太陽　硃砂　朱鳥　降陵朱兒　絳宮朱兒　赤帝精　赤帝髓　朱雀

雄黃　朱雀筋　白陵　黃奴　男精　石黃　太旬首中石　天陽石　柔黃雄　丹山月魂　深黃期　帝男精
帝男血　迄利迦

雌黃　帝女血　玄臺月　黃龍血　黃安　赤厨

赤雌　煉者一名帝女迴，一名帝女署生、帝女血、黃安、赤厨、柔雌，已上煉者玄臺丹半

石硫黃　黃英　煩硫　硫黃　石亭脂　九靈黃童　黃硇砂　山不住

硇砂　金賊　赤砂　狃砂　濃砂　白海精　狃砂黃　黃砂　赤狃砂

曾青　樸青　赤龍翹　青龍血　黃雲英

空青　青要中女　青油羽　青神羽

磁石　玄石　玄水石　處石　綠秋　伏石母　玄武石　帝流漿　席流漿

陽起石　白石　五精全陽　五色芙蕖　五精金精　五精陰華

理石　玄制石　肥石　不灰木

胡桐律　胡桐淚　屈原蘇

金牙　虎脫幽

石鍾乳　公乳　盧布　殷孽　薑石　乳華　通石　乳床　夏乳根　殷孽根　孔公孽　逆石　石華

胡粉　鍋粉　鉛粉　丹地黃　流丹　解錫　鵲粉　流丹白毫　白膏

白玉　玉札　純陽主　玄眞赤玉　天婦　延婦

白青　魚目青
綠青　碧青　畢石　扁青
石綠　銅勒
石膽　黑石　碁石　銅勒　石液　玄制石　擅摇持　制石液
雲母　玄石　雲華五色　雲末赤　雲英青　雲液白　雲沙青　磷石白　雲膽黑　雲起　洩涿　雄黑　雨華
飛英　鴻光　石銀　明石　雲梁石　浮石滓
消石　北帝玄珠　昆詩梁　河東野　化金石　水石
朴硝　東野　單丹　海末
白礬石　羽澤　黄石　黄老
雞矢礬　玄武骨　赤龍翹　守不見石
滑石　石液　共石　脆石　番石　雷河督子　冷石　留石
紫石英　紫陵文質
白石脂　白素飛龍
白石英　素玉女　白素飛龍　銀華　水精　宮中玉女

青石脂　五色赤石味　黑石脂　黑石

太一禹餘糧　石腦　餘糧　天師食　山中盈脂　石飴餅

雞矢礜石　青鳥　齒礜　五色山脂

握雪礜石　化公石　鼠生母

太陰玄精　鹽精　玄明龍膏

太陽玄精　無主

凝水石　水石　寒水石　凌水石　冰石

礜石　白虎　白龍　制石　秋石　日礜　固羊　太石　倉鹽石膏　細石

長石　方石　土石　直石

青琅玕　石味　青珠　白碧珠

方解石　黄石

石黛　碧城飛華　青帝流石　碧陵文侯　青帝流池　帝流青

牡蠣　四海分居　石雲慈

金　庚辛　天眞　黄金　東南陽日　男石上火

銀　山凝　白銀　女石下水　西北隍月

鍮石　黃石

熟銅　丹陽赤銅

鉛白　丹地黃　金公　青金

白鑞　崑崙毗

水精精　陰運　眞珠　夜光明　蜯精　明合景

紫石英　西龍膏　浮餘　上白丹戎鹽　仙人左水　西戎上味　西戎淳味　石鹽　寒鹽　冰石　光明鹽

紫女　上味　石味　倒行神骨

代赭　血師　白善　白玉

鹵鹹　青牛落　石脾

大鹽　石鹽　印鹽　海印末鹽　帝味　食鹽　味鹽

石鹽　石味

黑鹽　黑帝味　玄武味　玄武腦　北帝髓　北帝根

赤鹽　赤帝味

白鹽　白帝味

青鹽　青帝味

右四鹽合藥造作諸物名聖無知

陳攖寧按　正名六十四，隱名三百三十。

上清經眞丹秘訣 臨字號中

武都沈銀二兩（卽好雄黃） 舶上雌黃二兩

右用湖南合子，先以金簿十片其內，便以雌雄合和，於乳鉢內研如粉，入於合子中實築，却以合子蓋蓋之，其合子四面以鹽泥固濟。又取一瓷鼎，可盛斗餘者，以黃丹二十斤，先以黃丹三五斤漸築令實，約厚五寸，坐合子當中心，更下丹輕築令實，取鼎滿爲度，不計斤數。然後以六一泥泥鼎，可厚三二分，致鼎於盆內著灰，且令陰乾，使泥鼎子上下通連固濟，候鼎乾發火。

第一日，用半斤熟火，四面擁之，日夜不絕；至第五日又加半斤火，每三日一度添半斤火，至五斤火卽其藥外面鑪團泥只要擁火氣，別無法養；至四十五日後，添三斤熟火，養至四十九日且住。候火寒，取出合子開看，內藥已如朱紅，或如金黃色，此狀候其黃丹大半如紫金色，收之，理一切惡瘡。取合子內藥頭一分，入汞一兩，於火上以乳鉢慢慢研之，候逡巡成砂訖，以針條鐵十字繫藥合子，又以六一泥固濟合子，候乾，以水火鑪內養之。水火鑪者，取一瓦甑子，泥四面，只留中心底上一孔，然坐藥合子於孔上出甑底半寸已來，甑下常以一椀水，水面去合子底半寸，但不濕著卽得。其藥合子，初用三兩火漸漸半日已後，添至半斤火養，每一度添一兩，候七日滿，火寒開看，其藥並伏矣。依前却固濟，更養一七日，開取少許，入火試之成金也，但甘草色耳。

又添汞一兩，依前研成砂子，準前水火爐內養之，每一七日一度開，添汞一兩，添至一斤止。如要寶，卽鞴取一半；如不要，但養之。時時添二兩硫黃，研過入罏，卽成朱矣。

又取前成金藥一分，以汞半斤、硫黃三兩，研成砂子，依前六一泥固濟，火緩緩逼，復爲水火鼎養之，七日開之。

又添汞一兩，硫黃一分，依前固濟養之，添至一斤止，養至半年後，又添汞一斤，硫黃四兩，準前法養。如要寶，卽鞴取之；如不要，但依前養之。

又法：如要眞元，但將藥頭分減養之。養至三年，一粒粟米大，可點一兩；養至四年，一粒可點二兩；養至五年，一粒可點三兩矣；養至九年，一粒可點一斤。此藥本是神仙大藥法，後來將救世人，先爲點化，其藥養至三年，便可服食治疾。

服食法：取藥細研如麪，以水飛過，極細如粉，於瓷瓶內懸入井中七日出之，又以甘草水煮三五十沸，候乾，以棗穰和爲丸，如大麻子大，以一粒安一斤肉內，六月中逾月不臭壞，可驗神功也。

凡服藥，先須沐浴著新衣，鮮潔素食七日，忌一切穢惡物等，每日空心淨水下一粒，酒下亦得。所取藥添換，如有貧寒者，但以藥寶貨之救接，切不可輕洩，所得者皆是宿有道緣，方得此術。

如若雌雄不眞好，藥亦難成，成恐力薄，得沈銀者最上。

若要固濟合子，用炭上白灰打取與鹽中半拌之固濟。若要固濟鼎，用砂盆末、炭末、黄土拌紙筋，舊草鞋爲筋，爛拌泥固濟，並須如法。

五祖七眞像傳

陳攖寧　撰著
胡海牙　審定
蒲團子　校訂

劉海蟾仙師略傳

師姓劉，名操，字宗成，號海蟾子，燕山人也，仕燕**蒲團子按**　「燕」，揚善半月刊原作「遼」，今據後文改爲宰相。平昔嗜性命之學，然未窺玄奧。一旦，有道者來謁，自稱正陽子。師以賓禮待之。問姓名，不答，惟索雞卵十枚，金錢一文，置錢於几，而以十卵累疊其上，如浮圖狀。師歎曰：「危哉！」道人曰：「居榮祿，履憂患，相公身命之危，更甚於此。」言訖，擲錢卵於地，長笑而去。師於是大悟，卽日解相印，易布衣，遠泛秦川，遯跡終南、太華之間，韜光隱曜，衆莫能測。

民間流傳所謂「劉海戲金錢」，又誤謂「劉海戲金蟾」等俗語，蓋由於此。歷代所顯靈跡，見於記載者甚多，不及備述。其最著者，則當宋神宗熙寧二年，於成都度張紫陽；當金世宗大定四年，於甘河鎭度王重陽。仙學正宗，南北兩派，皆發源於海蟾師，其功固不在呂祖下也。後人有詩贊之曰：「擊碎珊瑚不相燕，身同野鶴伴蒼煙；攜琴直上崑崙頂，冷笑浮生盡小年。」「擊碎珊瑚」與「攜琴上崑崙」等語，見於海蟾師自作詩歌中。

攖寧按　陝西通志載「劉哲，字元英，號海蟾子，以明經仕燕主劉守光爲相，雅好性命之學。解印後，隱終南山下。丹成尸解，白氣自頂門出，仙鶴銜天」云云，與道藏所記對勘，僅名字稍有不同，而事跡則無差別。考其出世因緣，亦由於十雞卵。噫！今之據要津者，其危甚於海蟾師多矣，縱累百卵千卵，又安能令其醒悟哉！何古今人之不相及如此？

劉海蟾真人像

丁亥正月蒲建輝仿繪

張紫陽仙師略傳

劉海蟾眞人之弟子，爲仙家南宗第一祖。

此篇參考臨海縣志及山西通志並各種道書編成。

師姓張，名伯端，字平叔，浙江省臨海縣人，宋時嘗爲府吏。一日，因事有感，乃賦詩云：「刀筆隨身四十年，是非非是倒還顚；一家温飽千家怨，半世功名百世愆。紫綬金章今已矣，芒鞋竹杖任悠然；有人問我蓬萊路，雲在青山月在天。」賦畢，遂縱火焚其案卷，得罪遣戍，師處之晏如也。後當宋神宗熙寧間遊蜀，遇劉海蟾眞人，授以金液還丹口訣，乃改名用誠，號紫陽山人。宋英宗治平中，訪扶風馬處厚於河東，以所著悟眞篇授之，曰：「畢生所學，盡在是矣，願公流布此書，當有因書而會意者。」元豐五年夏，趺坐而化，住世凡九十九歲。弟子用火燒之，得大如芡實者千百粒，色皆紺碧。所著有悟眞篇、悟眞篇外集、金丹四百字、贈白龍洞劉道人歌等作行於世，是爲南宗第一祖。

攖寧按　紫陽師，一刀筆吏耳，徹悟後居然能用非常手段斬絕塵緣，不可謂非大智勇矣。悟眞篇序自言「涉獵三教經書，以至刑法書算、醫卜戰陣、天文地理、吉凶生死之術，靡不詳究」，雖古聖哲，何以加茲？豈公門中人所能望其項背哉！除金丹玄旨直接魏祖心傳而外，尚有悟眞篇外集，深契達摩最上一乘之妙道，久已收入佛教禪宗語錄部內。性命雙修之學，至師始集大成，前無古人，後無來者。嗚呼！其初不過一刀筆吏耳。

附錄悟眞篇七言絕句一首

歐冶親傳鑄劍方，莫邪金水配柔剛。煉成便會知人意，萬里誅妖一電光。

按 吳越春秋云，干將，吳人，善鑄劍，莫邪乃干將之妻名，故鑄成雄劍名干將，雌劍名莫邪。歐冶子與干將同時，亦以善鑄劍聞。紫陽此詩，本是喻言，然圖中二劍，卽根據於此，故不可不知。

又按 余舊藏五祖七眞遺像十餘幅，出於古名家手筆，畫工精妙絕倫，今雖用照像法縮小製成鋅版，然較之原樣，神采僅得十分之七八而已。閱者諒之。

蒲團子按 揚善半月刊所載諸畫像，有些已模糊不清，無法刊用，故愚請家父統一重繪，只求大意相似。

張紫陽真人像

丁亥正月蒲建輝仿繪

石杏林仙師略傳

張紫陽眞人之弟子，爲仙家南宗第二祖。

此篇參考陝西通志及悟眞篇註始末並各種道書編成。

師姓石，名泰，字得之，常州人。性仁慈，喜以醫藥濟人，不受酬報，惟願植一杏樹。歲久，樹竟成林，人因號之曰「石杏林」。後遇紫陽張師，得傳金丹之道。

初，紫陽得受口訣於劉仙師海蟾，海蟾誡之曰：「異日有爲汝脱韁解鎖者，當以此道授之，餘皆不許。」其後，紫陽三傳非人，三遭禍患，乃自誓不敢妄傳，遂以隱語作悟眞篇，並自序：「使宿有仙骨者，讀之自悟，則是天之所賜，非余之輒傳也。」中罹鳳州太守怒，按以事，坐黥竄。路過邠州，會大雪，紫陽與護送者俱飲酒肆。遇杏林，邀與同席，訊知其屈。杏林曰：「邠守，吾故人也。」紫陽因懇石爲先容，並謂護送者曰：「能迂玉趾，有因緣可免此行。」乃同之邠，見太守，陳訴衷曲，竟獲免。紫陽德之，遂傳其道。

考吾國醫學，上承岐黃，與仙道本同出一源。杏林師既精於醫，復得受金液還丹口訣，於是潛修密煉，較之他人，自然事半而功倍。後當宋高宗紹興二十八年秋，道成尸解，壽一百三十有七歲。越二年，有人復見師於羅浮山。曾作還源篇行於世，是爲南宗第二祖。

攖寧按　自古授道有三等：一曰神授，如魏夫人之感降眞靈傳黄庭經是也；一曰仙授，如諶姆之侯許旌陽、鍾離之試吕純陽是也；一曰師授，如王重陽之傳七眞、張紫陽之傳杏林是也。考當日紫陽雖得海蟾之道，只以功修尚淺，未能具足神通，以其有身，故每膺災難。邠州之役，直類囚徒。若非杏林師夙植慧根，别具隻眼，孰能識明師於韁鎖之下哉！尋師尋師，談何容易！

石杏林眞人像
丁亥正月蒲建輝仿繪

薛道光仙師略傳

石杏林眞人之弟子，爲仙家南宗第三祖。

此篇參考陝西通志及悟眞篇註始末並各種道書編成。

師姓薛，名式，字道光，又號道源，陝府雞足山人。嘗爲僧，法名紫賢，人稱之爲毗陵禪師。曾雲遊長安，留開福寺，參長老修巖，又參高僧如環。因觀枯棹有省，呈頌曰：「軋軋相從響發時，不從他得豁然知；枯棹說盡無生曲，井裏泥蛇舞柘枝。」二老然之。自爾頓悟無上圓明眞實法要，機鋒迅捷，宗說兼通。鑒於六祖既已悟性，猶必求黃梅傳法，意金丹修命之術必有秘妙，斷非一己之智慧所能測度，遂盡力尋訪。時當宋徽宗崇寧五年丙戌冬，寓郿縣青鎭即今陝西省之郿縣，聽講佛寺。遇一道者，年八十有五，黑髮朱顏，夜事縫紉。師異之，審知爲石杏林。試詢玄門中有張平叔其人乎。石曰：「張紫陽，卽吾師也。」薛疑不能決，遂舉悟眞篇詩句請益。石察其誠，略爲之宣解大要。薛昔日所蘊滿腹疑團，已如桶之脱底。於是始信石爲眞得紫陽之傳者，因稽首執弟子禮。石笑曰：「君不懼有叛教之嫌耶？」薛曰：「生死大事，若拘守門庭，寧非自誤？」石首肯者再，並慨謂：「自紫陽先師授道以來，垂三十載，今方遇繼承之人。」因悉以金丹口訣相授。臨別，誡之曰：「此事非有巨室外護，則易生謗毀。可疾往通都大邑，依有力者圖之。吾從茲隱矣。」薛遂棄僧伽黎，幅巾縫掖，混俗和光，以了大事。道成，壽一百四十歲。有悟眞篇註、還丹復命篇、丹髓歌等行於世，是爲南宗第三祖。

攖寧按 道釋之爭久矣！佛教徒每譏修仙者，曰外道，曰守屍鬼，曰未出欲界，曰「饒經八萬劫，總是落空亡」等語。雖不欲置辯，但試問今世佛教徒，除念「阿彌陀」求生西方而外，尚有第二條路乎？較昔日科舉時代，胥天下英才盡束縛於八股圈套之中者，又何異耶？嗚呼！道光師非凡品矣。

又按 薛石遇合，在宋徽宗崇寧五年，卽民國紀元前八百零六年。考張紫陽傳道於石杏林，乃宋神宗時代，距徽宗時代，約有三十餘年。杏林未值道光，終日混跡市廛，卽幸授受得人，遂急脱身歸隱，方知前此所以不卽入山者，正欲求一可傳大道之人耳。三十年中，竟無遇合，最後始得毗陵禪師，以佛教之信徒，繼玄門之道脈，可見師尋弟子，亦非易事。今之傳道者，動輒曰普渡衆生，若非滑稽，卽妄語耳。

薛道光真人像

丁亥正月蒲建輝仿繪

陳泥丸仙師略傳

薛道光眞人之弟子，爲仙家南宗第四祖。

此篇參考道藏白瓊琯眞人集並古今圖書集成。

師姓陳，名楠，字南木，號翠虛，惠州博羅縣白水巖人，以盤櫳箍桶爲業，俗無知者。「櫳」字，亦可寫作「礱」，以堅木作齒，實土於其中，有上下二層。下層或用石作底，取其重而不搖。此物專作磨穀去殼之用，內地農家所必需者。師嘗作盤櫳之偈曰：「終日盤櫳圓有圓，中間一位土爲尊；磨來磨去知多少，箇裏全無斧鑿痕。」又箍桶偈曰：「有漏教無漏，如何水洩通；既能圓密了，內外一眞空。」其超詣如此。然當時師雖已悟性，仍復訪求金丹立命之術，誓以一身攬性命之全功。有志者事竟成，遂獲親受太乙刀圭火符秘訣於毗陵禪師，又得景霄大雷瑯書於黎姆山異人。遇疾苦者，撮土與之，隨手而愈，故人皆呼之爲「泥丸先生」。

政和中按政和乃宋徽宗年號，在民國紀元前八百年，任道院錄事。後歸羅浮，潛修密煉，道成法備，驅狐治病，鞭龍救旱，浮笠濟流，含汞成金，顯諸靈異，不可殫述。嘉定四年四月，赴鶴會於朝陽，執事者惡其垢穢，坐之户外。師起，至危橋，溺水而逝。時葛尉往湖南省親，又遇師於寧鄉，乃四月十四日也。說者謂是仙家之水解云。今考嘉定乃宋寧宗年號，在民國紀元前七百年，距政和時約百年，因知師壽當有一百數十歲。又考翠虛吟云「嘉定壬申八月秋，翠虛道人在羅浮；眼前萬事去如水，天地何異一浮漚。吾將脱形歸玉闕，遂以金丹火候訣；說與瓊山白玉蟾，使知深識造化骨。道光禪師薛紫賢，付我歸根復命篇；辛苦都來只十月，漸漸採取漸凝結。而今通身是白血，已覺四肢無寒熱」等語，此時分明尚有肉體存在。所謂壬申者，卽嘉定五年也。可知嘉定四年，相傳在朝陽墮橋溺水而死者，蓋遊戲神通耳。尸解之說，殆不足信也。有翠虛吟、紫庭經、丹基歸一論並金丹歌訣行世，是爲南宗第四祖。

攖寧按　盤櫳箍桶，賤業也；金丹雷訣，奇術也。秦皇漢武，挾天子之尊，畢世求神仙，尚不可得，而盤櫳箍桶之匠反優爲之。始信超凡入聖之事功，非富貴中人所能勝此大任，必也物色於風塵之外乎！

陳泥丸眞人像

丁亥正月蒲逵輝仿繪

白玉蟾仙師略傳

此篇參考瓊琯眞人全集、歷代仙史、古今圖書集成並各種府縣志編成。

師姓葛，名長庚，字如晦，南宋人，原籍閩清，因生於瓊州，故又字瓊琯。生時母夢一白物如蟾蜍，故別號白玉蟾。幼卽聰穎，豐姿秀拔。爲詩文，有奇氣，援筆立成。年未弱冠，卽棄家訪道，雲遊四方，備嘗艱阻。獲遇陳泥丸師於甬東海濱，遂相從之羅浮山參究金丹玄妙，九年不得其旨。宋寧宗嘉定五年壬申八月，泥丸師方作翠虛吟長篇歌訣一首授之。大義雖明，而微言未悉。後復於月夜侍泥丸師於巖阿松陰之下，乘機叩問，方了然於天水地三等仙階，上中下三成煉法，退而作修仙辨惑論，以述其問答之辭。乃癸酉秋間事也。然猶未能罄其蘊。更歷二載，始畢聞之。故瓊琯眞人集中謝仙師寄書詞有云：「三代感師恩，十年侍眞馭；說刀圭於癸酉秋月之夕，盡歸結於乙亥春雨之天。」蓋自壬申至此，已四年矣。

金丹口訣而外，復得傳洞元雷法。世有木郎祈雨咒，七言三十八句，每值大旱祈雨時，道士輩羣誦之，輒驗。但咒語奧僻，索解無從，而玉蟾師能每字爲之註釋，可見其授受有自來矣。生平尋仙海嶽，浪跡江湖，到處留題詠，人皆寶之。善篆隸草書，工畫梅竹。

性喜蓬頭跣足，衣敝衲，飲酒未嘗醉。博洽經史，話隱禪機，非徒以道術鳴也。嘉定中，詔徵赴闕，對稱旨，命館太乙宮，封紫清眞人。別號蠙庵、海瓊子、海南翁、雲外子、神霄散叟、三清選吏、武夷散人、瓊山道人、玉皇舉人，種種異名，不可勝數。古仙別號之多，以師爲最。仟世年齡，無可徵信，後於武夷山尸解。詩文全集，現存道藏中。各書紀師神異事，未及備錄。是爲南宗第五祖。

攖寧按　志書有謂白紫清眞人生於宋紹興甲寅三月十五日者。今考紹興甲寅，在嘉定癸酉之前八十年，而白師自作修仙辨惑論有云「自幼師事陳泥丸，忽已九年」，又所作謝仙師寄書詞有云「十年侍眞馭，說刀圭於癸酉秋月之夕」各等語。禮云：「人生十年曰幼。」可知其十歲時卽遇泥丸師，又相從十年，始得聞口訣，此時當不過二十歲左右。然則所謂甲寅者，恐非宋高宗紹興四年之甲寅，當是宋光宗紹熙五年之甲寅，因其距嘉定癸酉剛廿載耳。又觀蘇仲巖跋修仙辨惑論有云：「先生姓白，名玉蟾，自號海南翁，或號武夷翁，未詳何處人也。問之，則言十歲時師事陳泥丸九年，學煉金液神丹九還七返之道。」據此，則歷代仙史所云「年十二應童子科，年十六專思學仙，雲遊四方，備嘗辛苦。淳熙初，年四十三，游甬東海濱，遇翠虛陳師，事之九年，盡得其道」各等語，尚不能無疑。他書謂「父亡，母他適，因改姓白，師事泥丸陳翠虛於羅浮」云云，料其出家離俗之動機，或因環境所迫，幼年失其怙恃，不得已投於陳師門下爲一小道童耳。十九歲以前，閒居道觀中，所學皆世法，如詩文書畫、吹彈歌唱之類，像近代有名道觀中所常習者。十九歲以後，審其根器可造，方得傳道妙。以純乾未破之身，學清淨無爲之法，較悟眞篇之作用，大不同矣。後有識者，幸勿拘泥於一脈單傳，遂將紫清丹訣與紫陽悟眞相提並論也。

白玉蟾眞人像

丁亥正月蒲建輝仿繪

王重陽眞人事略

王重陽眞人，始名中孚，字允卿，世家咸陽，生於宋政和壬辰十二月二十二日。膂力拔俗，矢心報國，早通經史，晚習弓刀，因易名世雄，字德威。初試武舉，獲中甲科，乃獻賦春官，寓言其非，因忤旨而黜，時四十七。喟然歎曰：「孔子四十而不惑，孟子四十不動心，已過之矣，尚吞腥啄腐，紆紫懷金，不亦愚甚乎？」遂解組歸，棄妻屏子，拂衣塵外，類楚狂之放蕩焉。至甘河礄遇二道者，各被白毡，倏然而坐，煙霞態度，霄漢精神。趨揖與言，皆出世語，滌塵浣濁，斸膏剔髓，如醉而醒，如喑如嗚。因再拜求道，密授口訣，有詩曰「四十八上始逢師」之句。明年，復遇於醴泉觀，更授金丹眞旨，爲更名嚞，字知明。既而指東方曰：「汝何不觀之？」知明回首而望，見七朵金蓮結子。二師笑曰：「豈止如是，將有萬朵玉蓮房也。」知明拜求姓氏，曰正陽、純陽。曰：「時值九陽遇我，當號重陽，汝當立功累德，度世超凡。」二師去，乃穴居以修，名活死人墓。既而得心境大開，性光朗然。因更求二師指示虛空了當之旨。師曰：「小則獨善其身，大則兼善天下。」重陽感悟。聞朝廷棄川陝，乃出關東遊，接引度世，以應金蓮之兆。後又得鍾離之誡曰：「九轉成，入南京，得知友，赴蓬瀛。」重陽遂立願普化三洲，同歸五會：一曰平等，二曰金蓮，三曰玉華，四曰三光，五曰七寶。乃設一榜，隨在懸之。其文曰：「竊以平等者爲道德之祖，清淨之源，乃金蓮、玉華之本，三光、七寶之宗，普濟羣生，遍照世俗，銀焰充盈於八極，彩霞蒸滿於十方，人人願吐黃芽，比比不遊黑路。玉華者，氣之宗；金蓮者，神之祖。氣神相結，謂之神仙。心忘念慮，卽超欲界；心忘境緣，卽超色界；心不著空，卽超無色界：離此三界，神居仙聖之源，性在清虛之境矣。」有先輩雲遊者見之，歎曰：「願力弘深，眞旌陽再世。」重陽繼而至東萊武宮莊度劉處玄，登州傳道於譚處端、王處一、郝大通、馬丹陽、孫不二、邱長春，以足七朶金蓮之數。一日，忽召諸弟子曰：「昔祖師授我偈言云：『人當生於忠孝之世。』今上不行其道，我將赴約蓬瀛矣。」門人懼，乞遺世語，重陽曰：「三年前已題於壁矣，汝等猶未省乎？」復宣曰：「地肺重陽子，强呼王害風；來時隨日月，去處任西東。作伴雲和月，爲鄰虛與空；一靈眞性在，不逐世人同。」注 地肺，終南山名。誦畢，奄然返眞。白鶴翔空，青鸞繞漢，仙儀冉冉，高出雲端。士庶官僚，號呼瞻拜，靡不讚歎。師於昇遐之後，濬儀橋下談玄，誘藏老之心；劉蔣溪頭賜藥，愈張公之病；或舞蹈於昆明池右，或吟詠於終南境中：皆表其不死也。繼在文登縣作醮，於五色雲中見白黿甚大，皆有蓮花，師端坐於上，神變無窮，不能備錄。東海西秦，勸化道俗。其長歌長詠，殆十餘首，目之曰全眞前後集、韜光集、雲中錄集、分梨十化說，皆有刻本行世。

王重陽眞人像

丁亥正月蒲建輝仿繪

馬丹陽眞人事略

寧海馬鈺，號丹陽，字宜甫。其母初孕時，夢麻姑賜丹一粒吞之，覺而生焉。時金天會癸卯五月二十日。家富，號馬半州。童時常誦乘雲跨鶴之詩，李無夢見之曰：「額有三山，手垂過膝，眞大仙之材。」及長，里人孫顯忠妻以幼女。宜甫生三子，曰庭珍、庭瑞、庭珪。

宜甫題詩云：「抱元守一是工夫，懶漢如今一也無；終日啣盃暢神思，醉中却有那人扶。」兩試殿廷，不樂仕進。時年四十五，夢從老道士登天。適路遇重陽，云有宿契，因延之食瓜，從蒂起。宜甫怪問。曰：「香從臭裏出，甜向苦中來。」問：「來自何方？」曰：「不遠千里，特來扶醉人。」宜甫默念與前詩相合，異之，遂請歸師事。問：「何名道？」師曰：「五行不到處，父母未生前。」宜甫卽悟大略。

重陽欲挽其西遊崑崙之煙霞洞，未能悉棄家業，不能進行。重陽分梨送食，凡十次，每次有詩以導之。多方指點，猶未脫然。一日重陽大醉，徑造內宅，卧於孫氏寢室。孫責其非禮，怒鎖之門內，令僕呼夫歸。孫告之，宜甫曰：「師與余等談道，不離己席，寧有是事？」及開鎖，其室已空。同往道舍窺之，師睡正濃。乃益加敬信。

明年，以家事付三子，夫婦傾心學道。重陽曰：「捨家散財，積功累德，方成大器。」以金丹秘訣五篇並口訣，以授宜甫；以天符雲篆秘訣授孫氏，賜名不二。重陽遂去。不二與夫盡捨錙銖，同參妙旨，各居一處煉心。後宜甫道成，頂結三髻，以示不忘師恩，自號丹陽子，亦傳道於李大乘、趙蓬萊、韓清甫、宋披雲（披雲得師秘旨，乃先成道。）

一日，於寧海環堵中謂門人曰：「今日當有非常之喜。」輒歌舞自娛，俄聞空中樂聲，仰見不二乘雲而過。仙童玉女，旌節儀仗，擁導前後。俯謂丹陽曰：「先歸蓬萊待君。」丹陽與弟子叙談，二鼓風雷大雨震動，遂東首枕肱而化。是夜，酒稅監郭復中聞有叩門者，啟視，乃丹陽索筆書頌，云：「長年七十一，在世無人識；烈雷吼一聲，浩浩隨風逸。」擲筆而出曰：「吾聞北人能崇儒好道，將歸東海之濱，以觀其盛焉。」比曉，聞丹陽已逝，方悟所見是陽神也。

其所著金玉集、漸悟集、精微集及十化三寶語錄等集，貫通三教，囊括五行，酬今和古，託物喻人，玄學珍之。

馬丹陽眞人像

丁亥正月蒲建輝仿繪

孫不二仙姑事略

孫仙姑，名不二，號清靜散人，寧海縣忠翊幼女寧海屬今山東登州府，非浙江省之寧海。金太祖天輔二年生，稟性聰慧柔淑，父以配馬宜甫，生三子。宜甫卽北七眞中所稱爲丹陽眞人是也。丹陽旣師事王重陽，故仙姑亦因重陽祖師之種種方便勸化，遂遠離三子，屏絕萬緣，詣金蓮堂祈度，密受道要。數年後，師挽丹陽西遊，居崑崙煙霞洞，姑獨留於家，勤修不倦。金世宗大定十五年，往洛陽，依風仙姑，居其下洞，後六年道成。時當大定二十二年十二月十九日，忽沐浴更衣，問弟子天氣卓午，援筆書頌云：「三千功滿超三界，跳出陰陽包裹外；隱顯縱橫得自由，醉魂不復歸寧海。」書畢，趺坐而化，香風瑞氣，竟日不散。元至元己巳，賜號清靜淵眞順德眞人，道派名清靜派。

以上採自續文獻通考及登州府志，並他種紀錄，若欲知其詳，須閱道藏中關於北七眞一派之記傳專集年譜諸書。

孫不二仙姑像

丁亥正月蒲建輝仿繪

劉長生眞人事略

東萊武宮莊有劉處玄者，字通妙，金皇統丁卯七月十二日生，立誓不婚不宦，清淨固守。既得道，自號長生子。常乞食煉形，離人遠物，退藏於天。時韓侂胄「侂」音「託」加封太師，聞福州劉處玄講解經義，欲往問其道。時處玄道成，定力圓滿，天光發明，於二月六日鳴鼓集眾告曰：「韓了殺機正熾，豈聞道者耶？吾欲赴仙師之約，爾等勿懈眞修，勤行功德。」遂曲肱翛然而解。著有仙樂、太虛、盤陽、安閒、修眞集六卷，及道德註、陰符演、黃庭述留於世。門人禮葬之，時長春、披雲、靈陽等俱來會葬，後分投化度。侂胄遇長春問曰：「人與仙一死耳，何見修爲？」長春曰：「噫！人死爲鬼，人皆懼之；鬼死爲聻，鬼見憚之。聻有罪則滅跡無形，謂之還空，卽頑空矣。仙者神氣歸根，身心復命，超出三界，與道合眞，謂之眞空，而登天堂矣，豈同凡夫之死哉？」侂胄稍省，奏處玄羽化，請謚賜號輔化眞人。其派爲白鶴派。

謹按 七眞傳載劉眞人因鑒於許眞君之徒張世萬、張世千二人之事，遂入勾欄院與眾妓厮混，實行煉心工作，以做到色卽是空的地位。據說他做功夫後得到的效驗，能够在他大腹上燒茶煮飯，冷水能變沸水。這當然是火候已純，眞陽充足的緣故，所以能令禪宗初祖達摩祖師心悅誠服的甘拜下風，遂致開一花五葉之教外別傳，明修棧道，暗渡陳倉之事。雖然，眞人若在這箇時代，恐怕就辦不到了。因爲在昔我們中國的妓女，尚没有傳染到普遍流行的性交病。今時的人，倘也要如泡製，非但心不能煉好，而一身的梅毒是可以保險的，如横痃白濁下疳等等的花柳症候，也自然有分的。非但工夫不能做好，而犧牲性命却是意中之事。故劉眞人入院煉心，於今實不可爲訓。要知道彼一時也，此一時也，爲學道之人所宜注意，而因地制宜，隨機應變，不可膠柱鼓瑟，尤爲學者之所宜深長思也。

劉長生眞人像

丁亥正月蒲建輝仿繪

王玉陽眞人事略

王玉陽眞人，名處一，號全陽子，金皇統壬戌三月初十日生，受道於重陽，居雲光洞修眞，志行堅固。道成大著靈異，度人逐鬼，踣盜碎石，出神入夢，召雨憾峯，烹雞降鶴，起死噓枯，不可殫述。至是應召至燕，金主試其術，大副宸衷，隆禮加遇。嫉者飲之以鴆，乃歸寓入水，池涸而不死，辭歸隱去。著有雲光集、靈異錄授於徒，傳其派者爲崳山派。

王玉陽真人像

丁亥正月蒲建輝仿繪

丘長春眞人事略

登州棲霞縣，有丘處機者，字通密，戊辰年正月十九日生。自幼好道誠切，無書不覽。方二十歲猶爲童眞，遇重陽於濱都鄉，拜求道要。重陽識爲道器，卽授以丹訣，賜號符陽。金太子允恭有病，遍求醫治不效，聞龍門山丘處機有道，住召。辭不赴。重陽至山謂處機曰：「子之道業，當爲諸子冠，然行道濟時，廊廟更易，言行之間，福及羣生。自後有召，勿却可也。」處機領命，重陽遂回寧海。

處機初得師傳，二十七歲入蟠溪，穴居修道，戰睡魔，袪雜慮，斬三尸，滅九蟲，脅不至席。至三十歲，復居隴州龍門，苦行潛修，虛無妙合，始得道成，自號長春子。金主復聘處機至燕問道，對以仁民愛物，修德敬天。金主設館敬禮，處機苦行工夫仍如蟠溪。乃言東牟王處一於金主，亦卽聘之。宋帝聞處機名召之，長春知火運已衰，力辭不至。鐵木眞聞丘處機名，俟取燕召之。

處機於嘉定初，與其徒及黃房等，復遊於燕，金主仍賜居萬寧宮。每遊崆峒諸山。而玉泉之西湖，環十里，荷蒲菱芡，水禽沙鳥隱映雲霞中。大房山爲幽燕奧室，恒入其深處，數日不出。山東北有孔，水洞石窟，闊二丈許，深杳莫測。嘗有秉火浮舟探之，隱隱聞作樂聲，懼而返。至是忽見桃花流出人間，處機笑而不答。初遊夾谷迎祥觀，有柏已四百年，忽僵仆死。處機扶而摩之曰：「憐惜憐惜。」遂復活。

蒙古進圍燕，取涿州，召處機於房山，黃房與十八弟子爲之輔行。見於行營，首以清靜仁慈爲對，眞大喜。金人乞和，眞北還，處機辭曰：「不日當候駕於此。」眞笑應而去。

處機初住太極宮，禳災救旱，大顯玄風，爲北國輔相，贊翊諸人。至丁亥歲，太液池竭，處機曰：「其在我乎。」期於七月初九日作大慶會，升堂示衆，以生死事復勉之曰：「凡今之士，直以無爲，若只善其身，則功行何在？徒欲降世遊行，無益於民物，不如棲神崖谷，爲眞靜也。」聞當時者願輔宣斯言，拯拔沉溺，機怡然曰：「道德通玄靜，眞常守太清；一陽來復本，合教水圓明。」頌畢而逝。弟子殮葬於白雲觀右。後以頌言次第命名，爲龍門派。有蟠溪鳴道集、西遊記行世。其諸事蹟及策詩誦，詳見慶會錄。未幾有見之於房山，衣冠如故。楚材歷言其默相於朝。元太宗封爲長春演道主教大眞人，命立祠像於葬側，以酬其功。

按 北七眞中，各有傳薪，但後系均不甚發達，惟龍門一派，迄今盛行於世。蓋丘祖輔世救民，功隆德厚，故源遠流長，枝榮葉茂，迥非其他各派所能及也。

丘長春真人像

丁亥正月蒲建輝仿繪

郝太古真人像

丁亥正月蒲建輝仿繪

附：呂純陽祖師事略

仙道月報編者

呂祖師純陽者，其祖先家居東平，繼遷京川。曾祖延之，終浙東廉使；祖渭，終禮部侍郎；父讓，爲太子右庶子，有溫、良、恭、儉、讓，四兄遷海州刺史；母王夫人，於貞觀丙午四月十四日巳時，就褥林檎樹下，異香滿徑，天樂浮空，一白鴻似鶴，自天入懷而生，取名紹先，其狀鶴頂龜背，虎體龍腮，翠眉鳳眼，修頸露顴，左眉角有黑子如筯頭大，後變赤色，足紋隱如龜折。在襁褓，祖見之曰：「此兒骨格不凡，自是風塵表物，他時遇盧則居，見鍾則扣。」

呂子怡怡自得，天資穎敏。周歲卽能誦讀，知孝悌，親戚珍之。甫五歲，從外傅居，燈火三年，凡典墳百家無遺。年二十，命婚劉校尉女，雖結縭而未之近也。雖長身高八尺二寸，淡黃笑臉，微麻，三髭鬚，喜頂華陽巾，服爛衫，繫大皂縧，貌類張子房，又似太史公。三舉進士不第。

天授二年，已四十六歲，父母使赴試，乃至長安，憩酒肆中，慨然長歎曰：「何日得第，以慰親心？何日得道，以慰我心？」旁一老翁，聞而笑曰：「郎君亦有出塵之志耶？」觀其人青巾白袍，長髯秀目，手攜紫杖，腰懸大瓢，並題三絕於壁曰：「坐卧常攜酒一壺，不教雙眼識皇都；　乾坤許大無名姓，疏散人間一丈夫」；　「得道神仙不易逢，幾時歸去願相從；　自言住處連滄海，別是人間第一峯」；　「莫願追歡笑語頻，尋思離亂可傷神；　閒來屈指從頭數，得到清平有幾人」。呂祖拜問姓字，答曰姓鍾離名權字雲房。呂亦題一絕曰：　「生值儒家遇太平，懸纓重滯布衣輕；　誰能世上爭名利，臣事玉皇歸上清。」雲房見詩甚喜。時當飯，雲房自起執炊。呂祖忽困倦，伏案假寐，夢以舉子赴京，進士及第，始自州縣而擢郎署臺諫給舍翰苑秘閣，凡諸清要，無不備歷，升而復黜，黜而復升，幾四十年，後又獨相十年，權勢熏炙，偶被重罪，籍沒家資，妻孥分散，流於嶺表，一身孑然，窮苦憔悴，立馬風雪中。方興浩歎，恍然夢覺。雲房在旁微笑曰：　「黃粱猶未熟，一夢到華胥。」呂祖悚然曰：　「翁知我夢耶？」雲房曰：　「子適來升沉萬態，榮悴多端，五十年間，直頃刻耳。得不足喜，喪何足悲？　且有此大覺，而後知人世一大夢也。」呂祖感悟，再拜曰：　「先生非凡人也，願求度世術。」雲房曰：　「子尚有數年塵緣未了，再會乃可。」遂別去。呂祖恍惚如有所失，勉強赴春闈應試，竟名標雁塔，不禁啞然自笑曰：　「又入黃粱夢耶，愼毋忘立馬風雪中時。」此爲咸通元年己卯六十二歲之事。

至咸通三年辛巳六十四歲，出仕江州，授德化縣令。遊廬山避暑，復遇鍾離，偕坐林間，清談永日，別後遂致仕歸家，徒步入終南，三遇鍾離，十遭魔試，初心不變，大道圓成。

道成之後，即度八仙中之何仙姑、曹國舅及劉海蟾祖師、華陽李奇。又於邯鄲道上度盧生，其事與祖之遇鍾離翁相仿佛。蓋盧生名英，遇祖時，衣服垢敝，且歎曰：「大丈夫生世不諧，困苦至此。」祖問之，生曰：「士之生世，當建功立業，出將入相，以適其志。吾常勤學，自謂青紫可拾，今已四十，尚落魄不偶，非困而何？」言訖思臥。時旅店方炊黍，祖以青磁枕授之，夢與祖同。夢至被罪下獄，曰：「吾家有良田五頃，足禦饑寒，何苦求官，以至於此。今而後再欲穿敝褐，乘青馬行邯鄲道中，不可得也。」夢由少至老，歷盡窮達而醒，主人炊黍未熟。祖曰：「可適意否？」生歎曰：「寵辱之遭，窮通之運，得喪之理，生死之情，盡知之矣。先生所以窒吾慾也。」遂再拜求度。

今按　呂祖之在神仙中，可謂最熱心度世者。考呂祖全書中，則祖所度之人，殊不可勝計。故今人若提及「呂純陽」三字，幾無人不知。唐宋以來之神仙，其願力之宏深，慈心之迫切者，殆不能出呂祖之右矣。

附：沈永良眞人事略

陳攖寧

沈永良眞人，浙省黃巖縣人也。幼孤貧，母命習工匠業，鬱鬱不得志。母歿，遂棄本業，投身行伍中，亦非所願，亡何復棄去，竟至天台桐柏宮，受道於金教善師。後遍遊名區，得傳南嶽高士內丹心法，從此佯狂玩世。飲必醉，語必顛，因自號醉顛。眾則以「沈魔頭」呼之，彼未嘗稍愠也。終歲一衲，不知寒暑；城市深山，隨緣棲止。又好與羣兒戲，人問之，曰：「吾以全吾天耳。」初不讀書，而談言微中，搢紳先生以是樂接之。壽逾古稀，無老態。清同治五年丙寅秋七月七日，尸解於洪家埸水邊，翹一足作鶴立狀而逝。有舊交池達庵者，時署江蘇太倉州知州，中秋節偶赴錢塘觀潮，路逢數童子作劇，用稻草繩牽眞人過橋，邂逅達庵，歡然叙契闊如平日。是年冬，達庵返里嫁妹，眞人忽造訪，未及通報而去，事後遍覓不見。詢知其羽化實在七月間，方悟八月武林橋畔所遇，及冬季降臨者，乃陽神而非肉體也。池君慨歎久之，遂遷其遺蛻歸葬於羽山之陰，俾勝蹟與仙蹤共垂不朽焉。

攖寧子曰　黃巖沈眞人奇聞軼事，見於記載者甚夥，其詳情自有縣志、山志等書以顯揚之，非余拙筆所能爲役，兹篇止以應蔣君之命耳。惟同治丙寅距今歲庚辰，不過七十餘年，故老猶存者，尚能追憶兒時與沈魔頭共嬉戲事，然則近代無仙之說，殆不足信也。或疑沈固仙矣，而以顛著，何耶？抑知品格超凡謂之仙，舉動異常謂之顛。既已超凡，欲不異者，奚可乎？且世以俗眼觀仙，無有不顛者，酒中仙如唐之張顛，佛中仙如宋之濟顛，丐中仙如明之周顛，皆顛也，又何怪沈氏之號醉顛哉？

附：閔小艮眞人傳

陳攖寧

今世學道之士，讀古書隱樓藏書者頗多，對於閔眞人事蹟，則知者甚少，常有來函詢其始末者。茲篇見於上海位中善堂覺雲壇道統薪傳中，叙述詳明，特將其鈔登本報（按：指仙道月報），以示海内外諸同志。

閔大宗師，派名一得，原名苕旉，字補之，一字小艮，自號懶雲子，吳興世家。父大夏，舉於鄉，授河南息縣令，後改教諭餘杭。閔師幼聰穎，體素弱，九歲卽奉道，後謁東籬高師於桐柏山，遂皈龍門宗派，命名一得，受服食撟引法，未幾病愈體充，資性過人。父命歸讀書，不爲科舉業。比壯，有經世志，援例入選雲南州司馬。以父喪歸，不復仕。出訪名勝，歷吳、楚、燕、趙，足跡半天下。先後遇金懷懷、白馬李、李蓬頭龍門道士輩，皆龍門西竺心宗諸師也。相與講論，多所契合。

乾隆五十五年庚戌，閔師攜大戒書，往雲南謁雞足道者。道者來自月支國，休於滇南雞足山，無姓名字號，自稱野怛婆闍，華言求道士也，所精惟斗法。順治十六年庚子，始至京師，觀光演鉢，崐陽王祖贈姓曰黃，命名守中，且曰：「汝但住世一百三十秋，大戒自得。」遂囑返。仍持斗秘，精勤不懈。迨乾隆庚戌，閔師攜大戒書往謁時，距順治庚子，正一百三十年也。道者見而喜之，遂以西竺斗法付師，易大戒書，懸王祖像，泣拜而受。顧閔師曰：「西竺至寶，汝已易得，善護正宗，戒虧則力薄。」師亦拜而受之。歸纂大梵先天梵音斗法，凡十部，計十一卷，刊傳於世。

有沈輕雲律師，爲東籬首座弟子，學綜三教，得東籬眞傳。東籬宗師示化時，師年纔踰弱冠，復從沈學，以師禮事之，遵高師命也。其及門諸子，皆瑩卓一時，師獨得其法。後沈師羽化，金蓋山純陽宮師遂主之。閉關修道，憫其法嗣凌替，屋宇傾頹，慨然思振其緒，於是修葺增壯，拓其規模，啟方便法門，俾三教同修。儒者讀書窮理，治國齊家；釋者參禪悟道，見性明心；道者修身寡過，利物濟人。至律、法、宗、教四宗，及居家出仕，入山修道，尋師訪友，蓄髮易服，均任有志者自然而行，總不外五倫八箴爲體用，故曰龍門派中之方便法門也。自是學者日進，當代名公卿相，緇流羽士，以至胥吏僕輿，欽其道範，納交受業者，實繁有徒。入室者雖不多，而誘掖奬勵，因其言而自新者亦不少，咸稱爲「補之先生」焉。

師朗若秋月，和若春風，定則如山，虛則如谷，中年學已貫徹，晚境更臻純粹，語默無非至道，起居純是天機。至於樂善好施，精神强固，猶其小焉者也。其教人也，有體有用，有本有末，篤於實行，不事神奇。嘗憫丹經邪正混淆，流弊滋多，爰取平日聞於師友，及四方好道人所藏之本，讎校勘訂，屏斥邪說，悉歸中正。所著金蓋心燈八卷，沿流溯源，發潛闡幽。古書隱樓藏書二十八種，及還源篇闡微，以儒釋之精華，詮道家之玄妙，言言口訣，字字心傳，俾有志者循序漸進，自有爲以造無爲，不至昧厥旨歸。石照山人謂其能集玄學之大成，周梯霞謂其篤實輝光，清虛恢漠，足以承先啟後，洵不誣也。

嘗冬夜遇一故人，衣薄見其寒色，師卽解身裘衣之。族中停柩數十，貧不能舉，師爲擇地營葬。其惠澤及人多類此。所得雞足道者黃律師、輕雲沈律師秘傳諸法，因時而用，無不立應如神。繼其傳者，至今尚有人在。

歲乙未，年七十有八，就養於家。踰年冬，偶染微疾，倏然長逝。曾自擬身後楹聯曰：「修道只爲求己志，著書未盡度人心。」又集孟子語曰：「善養浩然之氣，不失其赤子之心。」卽此數語，其生平可概見矣。

師生於乾隆戊寅十二月初二日，卒於道光丙申十一月初十日，住世七十有九歲，葬於金蓋山之東麓。

吴興　卽浙江省吴興縣。

教諭餘杭　明、清兩朝，凡縣學皆置學官，有教諭與訓導二種名稱，其地位僅次於縣令。餘杭卽浙江省餘杭縣。

桐柏山　乃浙江省天台縣天台山之桐柏宮道觀，非河南省桐柏縣之桐柏山。

龍門派　乃道教中之一派，始創於元朝邱長春眞人，今日惟此派最盛，其他各派，人數不多。龍門派原有一百字，可以傳一百代下去。從元朝開國至今，將近六百七十年，龍門派僅傳到第三十代左右。

西竺心宗　此派乃雞足道者所傳。道者生於宋，至清乾隆壬子，閔眞人復遇道者時，年已五百餘歲，而面貌若六十許人。因其皈依龍門，爲第八代傳「守」字派，故又稱龍門西竺心宗。其派下異人甚多，詳載金蓋心燈第六卷，茲不具錄。

王崐陽眞人　派名常月，號崐陽，山西潞安人，乃龍門派中之傑出者。生於明嘉靖元年，化於清康熙十九年，住世一百五十九年。揚善半月刊第九十九期圓嶠眞逸詩鈔有宗陽宮詠王崐陽詩云：「七代單傳衍北宗，眞詮賴有闡揚功；龍門共仰靈光殿，鶴駕曾棲德壽宮。命學端須參性學，元風原不異儒風；一編碧苑壇經在，三戒明明日正中。」蓋道教以三大戒公開普渡者，始於崐陽眞人，以前皆秘授也。

沈輕雲律師　此處所謂律師，謂已經受過玄門正式戒律者，非今日辦理訴訟案件之律師，切勿誤會。沈名一炳，乃龍門第十一代，本與閔眞人同皈依高東籬眞人門下，高羽化後，閔復拜沈爲師，較昔日邱長春眞人之拜馬丹陽眞人故事，如出一轍。

服食撟引法　服食者以藥餌養生，撟引者以按摩導引治病。

月支國　月支即月氏，其國土在印度恒河流域及葱嶺等地。

雞足山　在雲南賓川縣西北，山形如雞爪，故名。相傳佛弟子迦葉在此山石洞中入定，等候彌勒降生。

大戒書　覺雲道統薪傳云：「閔祖之大戒書，得之於第八代譚心月祖師，派名守誠，自雲南太和宮寄與冠山陶某者。乾隆四十八年，閔祖遊冠山得見譚祖之戒律三册，其尾頁另署四十六字云：『眞人有命，青律傳孫，乃交黑兔，爰托文門，金果一得，龍樹載騣，黃中通律，懷之好音。守誠恭承師命敬題。』閔祖遽悟曰：『黑兔者，今年癸卯也；文門，閔字也；金果，金鼓洞有金果泉，我師派上承杭州金鼓洞也；一得者，我名也。』因告山眾，拜而受之。及閔祖攜大戒書至雲南奉授雞足道者黃守中，則後三句亦悉應，可知事在百三十年前預定也。」

大梵先天梵音斗法　覺雲道統薪傳云：「自閔祖以大戒書易得西竺斗法，歸纂大梵先天梵音斗法，傳之費撥雲師，費傳周抑凡、凌曉湖、陳牧齋三師，陳傳卞鼎三師，卞傳陸淇園師，師師相傳，淵源一貫，迄今斗法禱之輒應，靈異卓著。」

皖江陳攖寧 著 胡海牙 審定 蒲團子 校訂

復興道教計劃書

世界人類爲戰爭所苦，希望和平，亦已久已矣。宗教者，和平之母也。吾人果欲實現和平，自不能不弘揚宗教。道、儒、釋、耶、回五教之宗旨，無非勸人爲善，誡人作惡，務使天下億兆生靈咸涵育於慈風惠澤之中，彼此皆能互助合作，而不相侵害，然後人類社會，方得維持。國家治安，庶幾長保。此宗教精神所以偉大也。

道教之在中國，本爲五大宗教之一，發源於始祖軒轅黃帝，集成於道祖太上老君即李老子；儒教孔子，比較老子，算是後輩；釋迦牟尼，雖與孔子同時，而佛教則到東漢時代方傳入中國；耶、回二教，更在儒、釋之後。可知五教中首推道教爲最古。我輩既屬黃帝子孫，對於此種古教，當然要特別愛護，努力弘揚，抱樸素之胸懷，倡不爭之道德，秉弘深之願力，祈世界之和平。雖志欲存古，而不背於潮流；雖功在崇玄，而不妨於客教。凡關於玄門一切事項，當興者卽興，當革者卽革，總以發揮道教眞義，而又適合於現代心理爲原則。茲擬復興道教辦法大綱九條，並加以說明，以供海內奉道諸君子之參考。如能聯絡同志，籌備基金，斟酌緩急，依次舉辦，化除界限，合方內方外爲一家，造就人才，融入世出世爲一貫，則社會民眾，實受其福利，又豈僅玄門之幸哉！

復興道教大綱

一 道教講經壇
二 道學研究院
三 道教月報社
四 道教圖書館
五 道書流通處
六 道教救濟會
七 道功修養院
八 道士農林化
九 科儀模範班

大綱要旨說明

一、道教講經壇

凡是正式宗教，無不首重講經者。在儒教則講四書五經，在耶教則講新舊約聖經，在回教則講古蘭經，在釋教所講大小經典，更是名目繁多，不可勝計。惟獨道教歷年以來未聞有講經之事。人皆爭先，我獨落後，因此各教之優點與特長，容易使大眾了解，而道教的好處何在，人皆茫然，莫知所云。近代坊間所出版之道教書籍，雖有幾種，惜其內容淺薄，不能爲道教增光。社會上偶有一二名人演講道教，聽眾亦未必因此有何感化。蓋以編輯道書者，及演講道教者，皆是普通文墨之士，而非專誠信仰道教之人故耳。今欲矯正此弊，應當從演講道經並宣傳道教眞義入手。其辦法如左。

第一條　地點選擇　佛教講經，向來是在各處寺廟之中。耶教講經，是在各處教堂之內。彼等不須要選擇地點。惟道教講經，尚屬創舉，向來未曾有過，故應當選擇地點。總以交通便利，房屋寬舒，最少能容納百人以上座位者爲合格。一切布置，皆要清靜而莊嚴，庶足以壯觀瞻而保榮譽。

第二條　聽眾限制　各處耶穌教堂，每逢星期日講道理，婦人孺子，勞動苦力，目不識字者，以及頗有學問者，擠滿一堂。佛教叢林講經，聽眾雖稍爲齊整，然其中程度亦復高低不等。譬如小學生與大學生同在一堂聽講，同用一種課本，程度高者，每厭聞淺近之言，程度低者，又不識精微之義，講師往往顧此失彼，殊非良法。將來道教講經時，凡聽講者，當憑聽講券入場，無券概不招待。聽講券發出時，必須確知其人恰好合於聽講之資格，始贈給之，切勿濫發。講玄妙的道理，聽講券須給程度高的人；講普通的道理，聽講券須給程度低的人。

第三條　演講材料　全部道藏數千卷，内容極其複雜，況且外面尚有許多道書，未曾收入道藏者，亦不下千餘種。試問應該從何處講起？故不能不擬定一箇標準如左。

（甲）老子道德經。此經乃道教聖典，大用之，可以治國平天下；小用之，可以修身養性，了脱生死。漢唐宋明歷代皇帝，皆崇拜此經，與四書五經並重。故此經在道教中之尊貴，等於耶穌教之新、舊約。有道德經，然後有道教；無道德經，則道教無所憑藉，亦不能成立。歷代註釋此經者，有幾百家之多，可以想見其價值。將來若要講經，當從此經始。

（乙）諸子經書。如莊子南華眞經、關尹子文始眞經、列子沖虛眞經、文子通玄眞經、庚桑子洞靈眞經以及淮南子、抱朴子、譚子化書、周子太極圖說之類，皆可作爲演講材料。但須提要鉤玄，擇其有益於國家社會之理論，或修養身心之方法，善爲說辭，以教世俗。不必徒事考據，搬弄陳言。

（丙）歷代道教名人言行錄。教外之人，不識道教眞面目，每每輕視道教，認爲歷代道教皆是巫覡方士之集合體，不足以言教。而教内之人，又終年忙碌於誦經禮懺，拜斗放煉，亦無暇稱述前輩之遺徽，以作後學之模範。致將已往諸賢組織道教之苦心孤詣淹没而不彰。今日若欲提倡道教，宜從廿四史及各省府縣志中，選擇歷代道教先賢所行所言足爲後世法者，編作講義，分期演講，以挽末俗而正人心，則道教對於社會利益良多，復興之望，可計日而待。

（丁）各種勸善格言。如孝弟忠信禮義廉耻一切做人的道德，皆包括在内。但舊式善書，有許多不合於現代人之思想，宜愼重選擇，免招物議。

第四條　演講時期　按滬地情形而論，每逢星期日，最宜於演講，因星期日聽衆皆有閒暇，若星期一至星期六各日，則宜在晚飯後七點至九點之間爲適當。

凡宗教演講，不是短時期所能發生功效，須要繼續不斷，方爲有益。並要普遍散布各處，則效力更宏。

奈道教演講人才，今日難以多得。若有經費，可先就上海試辦一處，俟人才足够分派時，再推廣於各處。設若自己沒有固定的場所，只好暫時不辦。切勿徒慕虛聲，姑借某公共場所，做短期演講，大登廣告，鬨動許多男婦老少，來看熱鬧，等於話劇一樣，人己兩方，皆無利益，止有勞神傷財而已。

二、道學研究院

道是何物？道教眞義何在？道教對於人類社會有何利益？此等問題，非但教外人難以了解，雖教内人，亦往往不能回答，因爲缺少一番研究工夫之故。如果希望道教將來能與他教有同樣的發展，不落後塵，必先從研究道學入手。今試擬辦法數條，以供採擇。

第一條　本院以研究中國古代道學，預備將來弘揚道教，利益國家社會爲宗旨。其性質頗似前清各省用地方公款所設立之書院，與現時普通學校性質不同，與道功修養院專重箇人修養者亦不同。

第二條　地點不宜在冷僻之區，亦不宜處繁華之境。如杭州西湖之城市山林，頗屬相宜。本院乃道教中的文化機關，只可供奉黃帝、老子、孔子三聖牌位。其他神像不便供奉。

第三條　本院課目如下：（一）道教眞義；（二）道教源流；（三）道教清規；（四）道教名人列傳；（五）道教應用文章；（六）儒、釋、耶、回各教大義；（七）諸子百家精華；（八）中外歷史地理；（九）普通科學常識。

第四條　初次試辦，止開一班，以四十名爲滿額，三年畢業，卽可算是道教基本人才。第一期畢業後，第二期是否繼續開辦，須看將來情形如何，再行酌定。

第五條　畢業後之出路，由本院盡力介紹到各省道教大叢林中，擔任講師之職。平均分派，每省不過二人，只患人少，不怕人多，出路一層，可以無憂。

第六條　入學資格，年齡二十五歲以外，四十歲以內，國文清通，腦筋靈敏，身體健康，無一切嗜好，無室家之累，對於將來弘揚道教，具有熱心宏願者，爲合格。方內方外兼收。

第七條　考取入院之後，凡膳宿書籍講義紙筆等項，皆由院中供給，概不取費。假使本院經濟力量尚欠充實，卽不收方內學員，而專收方外學員。由各省有名道觀選擇合格之道友，保送入院肄業，並由該道觀貼補本院學費及膳宿費。畢業後不受限制，聽其回到原來道觀自由服務。

第八條　凡有志入院研究者，在預備投考之前，須有介紹人一位，否則不能應試。考取及格以後，除原有介紹人外，須再另覓保證人一位，否則不能入院。入院時須塡寫志願書，言明畢業以後弘道爲終身義務，並不許半途退學，將來該學人若違犯院規，介紹人與保證人，當連帶負責。若是出家道士，志願入學者，由各大道觀住持作介紹及保證。

第九條　本院設院長一席，請方外年高有德之人擔任，或創辦人自己擔任亦可。須要常年住院，管理院務。若院長因他事不能到院時，得請相當之代理人。又聘請正副主任教師二位，常年住院，每日授課。助教師二位，不住院。又書記兼司帳一人，又廚房一人，門房一人，雜役一人或二人。伙食淨素，禁止葷腥。

第十條　本院開支各項：院長辦公費、教師薪金、傭人工資、師生膳費、講義書籍等費、房屋裝修器具設備等費、日用必需一切雜費。

三、道教月報社

抗戰以前，國內各處佛教定期刊物最盛，日刊、週刊、旬刊、半月刊、月刊等，並其他不定期刊物，共有幾十種之多。又如耶教、回教、理教各種定期不定期出版物，亦風起雲湧。

惟專門道教刊物，獨付缺如。八年抗戰期内，各教所出刊物，多已停止。勝利以後，世界大局安定，各教原有刊物，必將繼續出版，以爭取民眾之信仰心。此時道教若再無所舉動，無所表示，恐又不免落後矣。設聘請普通學校出身之人，來做道教文章，辦道教刊物，彼等對於道教認識不清，或者要弄出笑話。而本教内長於筆墨之人才，頗嫌太少，難以應用。道學研究院，今日果能創辦，則三年畢業以後，講經的人才、傳教的人才、編輯的人才，皆綽然有餘。假使目前急於要辦道教刊物，則總編輯之人，最關重要。必須先得其人，然後月報方可出版。若無其人，只好緩辦。

四、道教圖書館

徐家匯天主教圖書館，頗有名氣，裏面藏書甚多，並且有一部道藏。往年聞北佛教居士林，亦有佛學圖書館，内容尚佳，惜爲戰爭炮火所毀。道教圖書館從來未曾有過，假使能夠成立，眞可以稱得起道門中偉大的事業。在往日承平時代，搜羅道書，已非容易。況又經過多年兵燹之災，版本喪失者，不可勝計。將來信道、奉道、慕道、學道之人，要想看古本道書，恐無問津之處。聽說杭州玉皇山所藏道書並經史子集不少，第一步，宜先請專家，分門別類，編一部目錄，並註明每部卷數册數，作者姓名朝代，版本新舊樣式。第二步，宜設法在葛嶺上面建設一所道教圖書館。將玉皇山所藏道書擇其要者，陳列於葛嶺圖書館中，託老成可靠的道友管理之，以便遊客參觀，兼售閱書券及茶資，以貼補零碎開支。如此長久下去，則西湖葛嶺道教圖書館之名，可與湖山共垂不朽矣。道學研究院最好與圖書館相近，彼此皆有便利。

五、道書流通處

耶教書籍，各教會中皆可購得，定價甚廉，等於半賣半送。佛教書籍，各大城市亦有專售之處，價雖不廉，但因其流通甚廣，觸目皆是，學佛之士，可以自由選購。伊等喜其便利，故亦不嫌價昂。惟獨道書在市面流通者甚少，得之不易。全國學道之士，感受困難，常有半途改變宗旨，弃道學佛者。因爲佛教的好處，在經典上說得明明白白，使人樂於信從。道教的好處，在佛教書中是一句不肯說的，即在雜書中，亦尋不出道教的好處何在。偶有論及道教之事，大多是遊戲諷刺一類的文章。而道教專門書籍，普通人又看不見，買不到，自然他們都傾向別一方面去了。上海書店雖多，惜專門出售道書之店缺乏。往年上海南市翼化堂書局，頗有志於此，曾由各省搜羅許多稀罕之道書出售，學道者頗稱便利。後以城内市場破壞冷落，該書局遂致停頓。現在雖已復業，不知各省道書尚能源源而來否？上海如此之大，人口數百萬之眾，不能不有一處專門流通道書之機關，以爲學道的羣眾謀便利。但此事乃商業性質，與圖書館性質不同，非有多年經驗的熟手，不能辦理此事。將來若要流通道書，用何法進行，方不至於虧本，不妨先與翼化堂辦事人一商，因伊等對於此事頗有經驗。

六、道教救濟會

宗教家原以濟世度人爲本務。所以耶穌教、天主教最熱心於辦醫院、開學校一類的工作。彼教人才甚多，凡醫院學校中，院長校長，醫師教師，以及其餘職業人等，皆由本教信徒擔任，故能諸事順手，上下齊心。道教人才缺乏，若亦要辦醫院、開學校，則大小職務都要請道教以外的人擔任，未免諸事掣肘，勞而無功，況且常年經費亦不易籌募。但若對於社會救濟事業概不過問，似非宗教家應有之態度。今擬先從近處做起，俟有成效，再行擴充。因普通救濟事業，已有各慈善機關專門辦理，其範圍甚廣。道教救濟會，初次創辦，範圍應有限制，方易於着手。限制的意思，就是有錢者出錢，無錢者出力，急難者受惠。凡出錢、出力及受惠者，皆以信仰道教之人爲限，而不涉及教外。並且只能救急難，不能救貧窮。大意如此，詳細辦法臨時再議。

七、道功修養院

佛教居士林，早已有過。道功修養院，至今尚未見有人發起，一般好道之士，皆認爲此種組織今日甚爲需要，兹試言其概略如左。

第一條　道功修養院宗旨，在脱離塵俗，修養身心，不應酬經懺，亦不招待香客，以示與普通道院有别。

第二條　本院宜設於山水名勝區域，不宜在城市中。

第三條　本院創辦人，無論方内方外均可，或方内與方外合辦亦可。

第四條　創辦人照像及生平事蹟，永遠供奉於本院内以留紀念。

第五條　設若本院由在家人與出家人合辦時，經濟負擔如何分派，辦事權限如何劃清，當由彼此商量同意，載於文據之上。

第六條　大殿只須一間，供奉三清聖像已足。其他諸神像，一概不供。

第七條　單人住宿的小房間，宜多做幾間備用。凡是有志於修養者，皆喜清静，不願數人同住一室，妨礙其用功。

第八條　初次試辦，暫不建設女道友宿舍。將來看情形如何，再議辦法。

第九條　除道友宿舍而外，如飯廳、講堂、會客室、閱書室、管理室、儲藏室、門房、傭人房、廚房、浴室、便所，皆要齊全。

第十條　住院道友，禁止吸煙、飲酒及葷腥肉食。

第十一條　本院宜多備各種修養書籍，以供諸道友閱覽。遇有機會，或可延聘修養專家指導下手用功之法。

第十二條　道學研究院注重研究學問，弘揚道教，是以利人爲宗旨，故凡來就學者，應當免費；道功修養院，注重身心修養，却病延年，是以自利爲宗旨，故凡來住修者，應當酌收月費或年費，按最低數目計算。

八、道士農林化

道教全眞派本旨，重在修行。既要修行，必須先能解決生活問題。然專靠募化，實不足以維持生活。若兼做經懺，雖可以暫顧目前，亦非長久之計。而且於全眞注重清修之本旨，頗有妨礙。況社會情形，日趨改革之勢，經懺事業，根基是否穩固，亦有問題。全眞派既是講究清修，似宜遠離塵俗，退居山林，靠山喫山，靠水喫水，不靠化緣與經懺謀生，方是正理。所謂農林化者，卽是以農業生產，並森林種植，維持道糧，自食其力，不必求人。然後品格清高，方不致被外人所輕視。農業不限定耕田種地，收穫米麥，凡植物可以充饑、藥草可以療病者，皆在農業範圍之內；森林不限定松柏大樹，凡是茶葉、竹筍、棉花、桐子以及各種菓木，只看土地相宜，皆不妨試種。各處荒山未曾開闢者，不計其數，正需人去經營。近來出家人，多半和俗家混居繁華都市之中，除了誦經拜懺而外，無事可做。凡俗家所能做的職業，出家人一概無分，反落得一箇不事生產之名。何如隱居山林，自食其力，爲上策耶。

九、科儀模範班

古代道教眞義，入世則治國安邦，出世則成仙了道，本無所謂經懺科儀。自魏晋以降，天師派道教，始着重經懺齋醮等事，而全眞派仍貴清修。全眞道士，派別甚多，其中以龍門一派爲最盛。考龍門始祖邱大眞人，前半生在山中苦修苦煉，住洞坐圜，披簑乞食；後半生則長途奔走，立功濟世，傳教度人。故全眞道衆，龍門子孫，應當以邱祖爲法。如能入山清靜，道成行化，最合於全眞派家風。設若久居都市之中，自不能不從事於經懺。無論何種宗教，皆注重祈禱。所謂祈禱者，就是以人的精誠，感動神的靈力。祈禱之儀式，雖各有專門，祈禱之原理，彼此實無二致。原理如何，卽在乎至誠感應。故誦經禮懺，焚香上表，鐘鼓音樂，皆是一種儀式。而最關重要者，還是正心誠意，然後方有靈感可言。科儀模範班者，其目的在訓練一班經懺人才，免除時下種種習氣，務必法事認眞，精神貫注，衣冠整潔，態度莊嚴，處處遵照科儀，絲毫不苟，足以爲道門之模範，而博得社會之好評。果能如此，則經懺事業，自然可以永久存在，而不至於逐漸衰落。

附啟

此稿作於民國三十一年，彼時國內情形，與現在大不相同。今爲民國三十六年，上海市道教會正式成立，會中辦事諸君欲將此稿付印流通。愚見認爲，事隔六年，原稿已不適用，需要修改之處頗多，遂倉卒作第二次修改後，再付手民。但此稿僅言大綱，未免簡略，恐不足以應用，將來若要實行時，其中細則，須妥爲審訂，仍有賴於本會辦事諸君之深謀遠慮，斟酌盡善。拙稿止能作爲參考而已。

歲次丁亥清明節陳攖寧寫於滬上

三一音符

崆峒道人張心籟 作
陳攖寧 删訂
胡海牙 審定
蒲團子 整理

攖寧按 此書文辭欠佳，而鈔寫錯誤之處又不少，更加難讀。余費了七日工夫，修改其文辭，校正其錯誤，圈點其字句，劃分其段落，方臻完善。後之學者，便利多矣。

又按 此書名甚爲特別，人多不解，余今闡明其義如後：三者合一，曰「三一」；三教聖人所說的圓音妙諦，皆相符合，故曰「音符」。此書以儒家之易經、中庸，佛家之大乘經義，和道家之老莊學說及金丹口訣相貫通，會三歸一，故名爲「三一音符」。

三一音符目錄 原目

上卷

蘧蘧子像

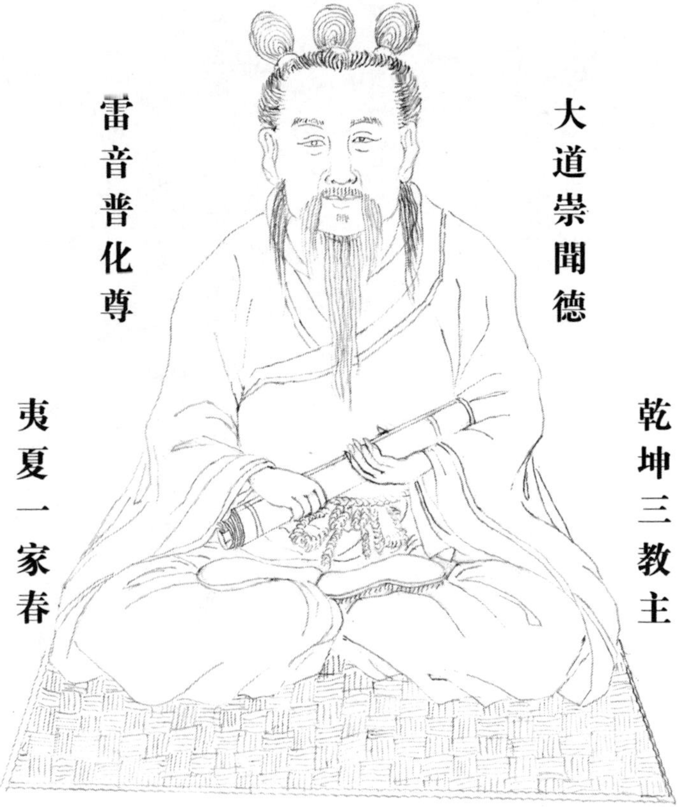
大道崇聞德
乾坤三教主
雷音普化尊
夷夏一家春

傳燈宗派二十字

大道崇聞德，雷音普化尊；乾坤三教主，夷夏一家春。

師姓張，名聞沖，字心籟，號韶陽，別號蘧蘧子。陳攖寧按　作者不知爲何時人，惜無年代可考，余疑此君和龍沙派有關係，來自崆峒山，遨遊海上者三十餘年，貌偉爽，聲洪大，靜如止山，動若雲從。蓬頭披衲，飄飄然不帶人間煙火氣，恬默若愚。至其談及三氏陳攖寧按　三氏，指儒、釋、道三家而言，則吐詞滾滾，令人駭異驚奇，罔測底蘊。

師有傳燈宗派二十字，因圖其像，書於兩旁，以便來學者以派受教耳。

後學聽五子謹識

蒲團子按　原書蘧蘧子畫像，攖寧先生評曰：「此圖畫得不成樣子，若要付印出版，必須從新再畫一幅，或將其取消。」今特請家父蒲建輝先生仿原意重繪之。

三一　音符上卷

進修節要十三篇。

悟生死第一

一晝一夜，天道之自然；一生一死，人道之自然。神聖知晝夜生死皆幻妄，而非眞常，故黜聰明，去私欲，忘晝夜，外生死，超常見之自然，法大道之自然。故能宇宙在手，萬化生身，德合天地，明並日月，無量劫中，不生不滅也。

因欲開示後學，故說經遺教，使人知大道惟有一門，捨此一門，餘皆旁門外道。此一門爲何？即道德經云：「出生入死，生之徒十有三；死之徒十有三；人之生，動之死地，亦十有三。」此十三者，乃生我之門，死我之户，出生入死，皆由此門。但百姓隨流順化，是以動入死户，不知回頭便是生門。

夫十三者何？一切萬有，咸藉水、火、土而生化，三者歸一，則既濟而爲生門；三者異途，則未濟而爲死户。水數一，火數二，合而爲三。水火不能自合，藉坎離中先天戊己眞土，擒眞鉛而制眞汞，則水火方濟而生。陽土五，陰土五，合爲十數。與水一、火二、土十共合爲十三也。一生一死，在此十三一順一逆之間耳。陳攖寧按 此解雖不是老子的本意，若專就丹道而論，亦可算是上乘。

普通羣眾，已生更求生，則三者分離，卽死户也；大修行人，未死先學死，則三者集合，卽生門也。求生則心火外炎，不能內温腎水，水寒不能化氣。火上炎則水下漏，故名曰未濟，此「死之徒十有三」也。是以太上立此十三生死之門，使知水、火、土歸一之元，反身而誠陳攖寧按 「反身而誠」見論語中，則三者互濟於中，此「生之徒十有三」也。嗟乎！世人惟知圖名利，恣情慾，迷而不悟，水火兩分，動入死地而不知，故曰「人之生，動之死地，亦十有三」也。陰符經曰「生者死之根，死者生之根；恩生於害，害生於恩」，同此義也。故鍾離祖曰：「生我之門死我户，幾箇惺惺幾箇悟；夜來鐵漢細思量，長生不死由人做。」此詩重在「鐵漢」二字，若非鐵漢，焉能下死工夫而實證長生之道耶？

下根劣見之流，每指婦女下竅爲生死門户，不啻毁謗聖道，余因畫既濟、未濟、生門、死户之圖，以俟智者觀之耳。

未濟死户人心之圖

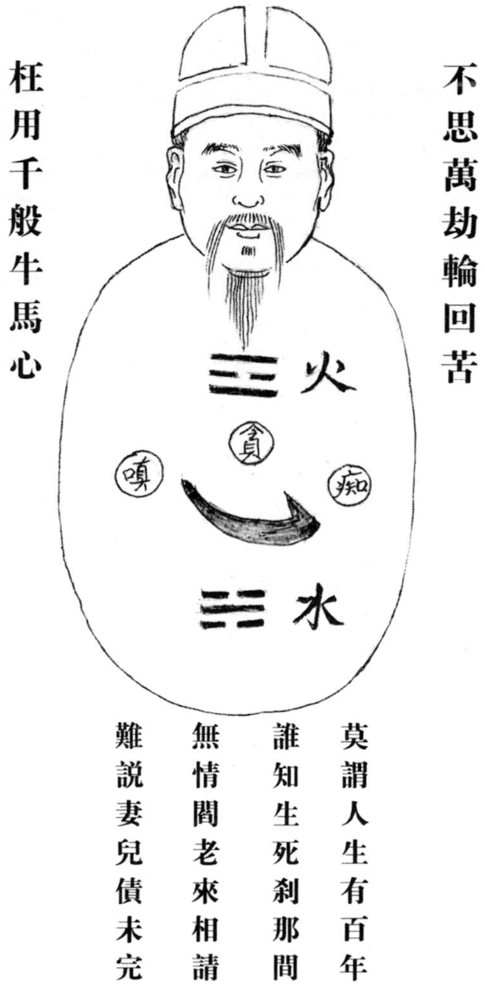

聯曰：不思萬劫輪迴苦，枉用千般牛馬心。

詩云：莫謂人生有百年，誰知生死剎那間；無情閻老來相請，難說妻兒債未完。

蒲團子按　攖寧先生云：「此二圖亦不好，若把兩箇人頭像除掉，只畫中間一段，就容易畫好。」胡海牙老師言：「此二圖，雖不甚美觀，然內具妙義，而頭像則有關鍵存乎其中，或攖師當日未曾注意於此。」今依師旨，亦請家父將二圖重繪之，以存其妙義。

後有生門，前有死户，尋死路，縱意向前；求活計，休心退步。即此地獄天堂，由你從心做去。

既濟生門道心之圖

得來驚覺浮生夢

晝夜清音滿洞天

心經本來絕字
大道自古無文
六根解脫一真歸
如鷄抱卵常聽
能於死中求活
自然害裏生恩
方知無我亦無人
祖祖口傳心印

聯曰：得來驚覺浮生夢，晝夜清音滿洞天。陳攖寧按 此二句是邱祖所作的青天歌中語。青天歌共三十二句，此是末尾二句。

詞云：心經本來絕字，大道自古無文，六根解脱一眞歸，如雞抱卵常聽；能於死中求活，自然害裏生恩，方知無我亦無人，祖祖口傳心印。陳攖寧按 這首詞我在別種道書上已見過，最要緊的是第四句。

蓋以人之形體，本因父母情動，精血交媾而成。胎在母腹中，如菓在樹，藉樹之氣而長育；及乎十月氣足胎完，如菓熟自落；一出母腹，離母氣，方接天地之氣而呼吸，如菓離樹而入土，則自本自根，得天地之氣而自生者也。

再論壽夭之理。菓在樹時，受氣有餘者，久而不腐；受氣不足者，不久卽腐。嬰兒在胎中亦然。受母氣不足者，出腹卽死，或生後數歲而夭；受氣足者，則健康而壽。然苟不知修，雖有壽亦終歸於盡耳。

人生之初，天命陳攖寧按 中庸所謂天命，卽老子所謂道；中庸所謂性，卽老子所謂德。道爲宇宙萬物所共由之路，德乃箇人所獨得乃乾陽，形色乃坤陰。形與性初合，陰陽未判，意識未生，猶然一太極，此道生一也；及囡陳攖寧按 囡，音卧，嬰兒初出胎時之哭聲地一聲，一卽分而爲二，一氣寄於腎而爲坎、屬水，一靈寓於心而爲離、屬火，此一生二也；二者之中，卽生一意，哭罷便能轉頭求乳，此二生三也；由此一意，漸漸幻成千知萬識，此三生萬物也。陳攖寧按 老子所謂「道生一，一生二，二生三，三生萬物」，不是如此解釋，此乃借題發揮。自此愈長，而心君爲羣識所誘，迷不知返，故有生必有死。倘能窮生死之根，明反覆之用，返本還元，則一身無極眞機自見，而能自造自化，更能三歸二，二歸一，一歸無，我命由我不由天矣。

立大志第二

成大事者，宜先定大志。志不立定，而欲圖成，難矣。欲超凡入聖，成仙作佛，古今事莫大於斯。

試觀虞舜之孝，比干之忠，苟無大志，焉能外忘形體，內忘私欲，而成古今大孝大忠之領袖歟？故眞君陳攖寧按　眞君，卽許旌陽。後世奉許眞君之教者，皆稱龍沙派，此派以「淨明忠孝」四字立教遺教，以淨明忠孝爲先，使學道者必發大忠大孝之志而入門。

奮志如秋，而情乃絕；灰心如冬，而神乃全。死中求活，而無涯之業識冰消；絕後重蘇，而萬劫之輪迴永息。功圓行滿，足報親恩，詎非孝之至大者乎？匡扶國運，普渡羣迷，詎非忠之至大者乎？然非天下第一等丈夫，惡能立此大志以成大事哉！

事明師第三

道卽心也陳攖寧按　此心是道心，不是人心，有明師而心體方明。故學道者，必擇明師而事之，庶不被旁門誘入火坑也。又當知三教本同，而經文各別。中國之經，言簡而意該；佛之經文，則一經各立一義，種種經有種種義，故必普會諸經，方能圓通佛義。學者固宜多看經書，但不宜執著語言文字。若能明此一心，則諸佛妙義悉明。故六祖雖不識字，獨能傳五祖心印，當時一般老僧宿學，咸得六祖開示，而獲頓悟。

釋典中常謂依經解義，三世佛寃；離經一字，便同魔說。不即不離之義深矣。愚不惜饒舌，略陳佛經差別先後之義，使學佛者知何經爲入門之首要，何經爲解脱之極果。佛義窮，而三教悉窮矣**陳攖寧按** 此「窮」字，是通達之意，不是理屈辭窮，勿誤會。

當知一入楞嚴之門，便發金剛堅固之志，則四相空而心無所住，二障除而智慧圓覺，此金剛、圓覺二經之名所由來也。志剛覺圓，則自性卽佛，如蓮從泥水中透出，而不沾泥水，故經名妙法蓮華。蓮華既從妙法而生，不假莊嚴，而自然莊嚴，故經名華嚴。維摩一經，乃果熟解脱之義，能窮其義，則卽境離境，不被萬緣之染；居塵出塵，不怕六賊之魔。雖歷酒肆淫房，而正法眼藏，涅槃妙心，常樂我淨，無入而不自得也。

然經義雖分先後，而心體實無始終。故心體猶醍醐也，經義猶糟粕也。醍醐既得，則糟粕當棄。**蒲團子按** 原書此處尚有「醍醐未就之先，必須炊米作飯，飯熟而後下缸，而後有醍醐也。既得醍醐，而米成糟粕矣。故經乃糟粕也，米乃經義也，心乃醍醐也」云云。陳攖寧先生云：「醍醐是牛乳做成，不是米飯做成，此說弄錯。」故陳攖寧先生將此錯誤之處删去。此心一明，則經義皆剩物耳。

但三教經書，粗淺者易知，精微者莫測，若不逢出世明師，則心體終不能明，而經中奧義，亦無從索解。所以學者如牛毛，成者如麟角，可慨也夫！

辨眞僞第四

道無形相，眞僞何以辨耶？曰：辨之於心而已。不先破僞，何以顯其眞？如或有搬運呼吸者；或嚥津納氣而息息歸臍者；或閉息者；或辟穀者；或運氣過尾閭，升夾脊，至泥丸，復降重樓，過絳宮，入丹田，謂之肘後飛金精者；或以舌下爲「華池神水頻吞嚥」者；或以口鼻爲玄牝者；或以心腎爲坎離者；或朝守頂門，暮守臍輪，爲雙修性命者；或執臍後腎前之中爲守中者；或認臍上一竅、臍下一竅爲坎離，復以二竅之氣合爲金木併者；或以兩目爲左龍右虎者；或守眉心一竅者；或觀鼻端白者；或坐向天罡前一位，而欲奪天地造化者；或以陽舉爲活子時，而返精補腦者；或以夜半爲陽生，而採先天者；或以初三月出庚方，爲採藥之時者；或執符定爻，而行卦候者。旁門三千六百門，數之不盡。

又有一種邪師，謂男子外陽而内陰，爲離；女子外陰而内陽，爲坎。若不採彼陰中之陽，塡我離中之陰，必難成道。或强兵戰勝而形交者；或上中下三進而氣交者；或彼此對視而神交者；或用乳加紅鉛作服食者。嗚呼！迷自己一性一命之眞同類，而妄以女鼎爲同類。故悟眞篇云：「貧人衣中珠，本是圓明好；不會自尋求，却數他人寶。數他寶，嗟何益？只是教君空費力。」白祖云：「薄福癡人不斷淫，尾閭閉了採他陰；元精搖動無牆壁，錯把黃泥認作金。」此二眞人，力破邪妄，最爲明懇。

陳攖寧按 以上列舉各種旁門，若行之得法，亦可却病延年，但不能大成耳。惟女鼎是造業之事，萬不可行，未見有好結果者。世間尚有迷信此事的人，都是自討苦吃。等到業報臨頭時，後悔已來不及。

然則何爲不生不滅之眞心耶？曰：水火既濟之元，卽眞心發現之玄牝也。問：從何門而入，方得既濟耶？曰：從聞思門修入，則眞心立見，而水火立濟矣。水火交而永不老矣！此心一明，則三教經文無不貫通，故曰「得訣歸來好看書，方知我心卽聖心」也。聖心卽經，經卽吾心。以心證師，則眞僞立判矣。

然師有四不參：檢藏師、講法師、坐關師、化主師。此四者，參之無益也。

知下手第五

夫下手者，當知性汞好飛，命鉛好走，故古仙有「左手擒住青龍頭，右手提住白虎尾」

之說。以心喻硃砂，以性喻砂中之汞，認得眞硃砂，砂中卽有汞。故下手之先，要明心爲本。然砂中之汞，若非鉛中之金制伏，終好飛揚而不死，又必須先識眞鉛。故曰：「養砂先要識眞鉛，汞見眞鉛兩意堅；得類自然情性合，還須眞土爲良緣。」陳攖寧按 此四句本是外丹黄白術中之要旨，因内外丹法之理相通，故不妨借用於此。汞必配鉛而不飛，鉛因土制而會汞，則鉛情見於土釜，汞性伏於黃房，此之謂「三家相見結嬰兒」也。

當知，外丹硃砂不死，汞不乾；內丹人心不死，命不立。須知三家相見，則眞土自然擒眞鉛而歸於中，眞鉛自然制眞汞而死於中，不患嬰兒不結於中。此之謂眞下手也。勿謂今年姑待來年，今日還有明日。人命無常一息間，下手速修猶太遲也。

明三寶第六

玉皇心印經云：「上藥三品，神與氣精；恍恍惚惚，杳杳冥冥；存無守有，頃刻而成。」道有先天三寶，人有後天三寶。心印經乃言先天三寶也，是以恍惚杳冥而不可測，非言日用之識神、呼吸之空氣、交感之濁精之後天三寶也。然後天非先天不生，先天非後天不存，清依濁，濁賴清，兩相依賴而不離者也。

先天本來無修證，有修證者，後天也。故曰：「說到先天一字無，後天須要着工夫。」

蓋精氣以神爲主，但能妙合虛無，順其自然，則精氣自然服從神用。四大三寶，純乎其神，而神自然莫測矣，故名爲神仙。世上豈有精仙、氣仙哉？何必錯用工夫於煉精煉氣，以致徒勞而無功耶？**陳攖寧按** 精滿則氣足，氣足則神全；精虧則氣虛，氣虛則神散。年輕人可依此法做去，不必多費工夫。年老者又當別論。

貴精專第七

純一不雜，謂之精；須臾不離，謂之專。必無人無我、無私無欲、無纖毫念慮，方謂之精；必無年無月、無日無時、無一刻間斷，方謂之專。如天地日月星辰，無一刻不健行。故曰：「天行健，君子以自强不息。」出類君子，當念生死事大，無常迅速，必須奮志專精，勿貪睡眠，以致間斷。間斷則無成矣。**陳攖寧按** 此專指坐功而言，睡功另是一事。 故白眞人云：「若不如此修行，卽是無此福份。」虛靜眞人曰：「縱然悟了不專行。」是以千人萬人學，畢竟終無一二成。勉之哉！

決頓漸第八

道本一途，教有頓漸者，何也？蓋本來無我，因執身爲我，故幻成種種私情業識，障蔽性天。既能知身爲幻，悟識爲妄，當如快刀斬亂絲，一斷一切斷。從前私識，無一絲牽罣，則性體立全，非頓而何？

然性一而已，而又有性命之分者，緣天命，乾陽也；形色，坤陰也。天命陷入有情坤體之中，則坤實而成坎，乾虛而成離，故曰「同出而異名」。今欲使後天坎離返還先天純乾，而復歸於一，必假聖師直指所迷之元，漸次進修，方獲圓證。所謂「功夫不到不方圓」，非漸而何？此命賴師傳謂之漸，性由自悟謂之頓也。故文始經曰：「道雖虎變，事若鱉行。」虎變非頓乎？鱉行非漸乎？**陳攖寧按** 鱉行甚慢，故曰漸。

先煉己第九

呂祖曰：「七返還丹，在人先須煉己待時。」**陳攖寧按** 此二句見於呂祖所作沁園春詞，有人讀爲六字一句，如「七返還丹在人，先須煉己待時」，是讀錯了。照詞的句法，應當第一句爲四箇字，第二句爲八箇字。悟眞云：「若要修成九轉，先須煉己持心。」**按** 「持心」原作「待時」，攖寧先生謂：「悟眞原文是『煉己持心』，不是『待時』。」故煉己乃七返九還大丹之首要。

夫煉己者，卽是克己復禮，亦卽是修西方淨土。己卽是土，復卽是「坤復見天心」之「復」，禮卽是眞心。故心屬火，禮亦屬火。一切有知有識之私欲心，乃未濟之人心；黜聰明，去私欲，方復既濟之道心。因未濟則違天背元，故曰非禮；既濟則人心復合天心，故曰復禮。

性天止水，本來清靜無塵，因六根幻出六塵，則性被塵蒙，故曰迷也。由是而克己煉己，遂有淨土之名。土乃離宮中所含之先天己土，因六根幻己土爲塵，故淨土化爲飛揚穢濁之塵。當知一切妄識皆塵也，必須先克去私欲之塵根，根息則復還淨土矣。土既淨，則能生金，故曰「眞土擒眞鉛」。汞見鉛，則汞立死，故曰「眞鉛制眞汞」。蓋以先天乾陽之金，陷於坎，先天坎卦位居西，故喻爲修西方。淨土，亦指先天而說。釋家以先天名佛，常人不諳此義，遂誤解爲死後生西見佛。

陳攖寧按　此說不合淨土宗的本旨，佛教徒一定要反對。卽如柳華陽的慧命經，亦同樣犯了這種錯誤。世間道書，如此者甚多，張平叔的悟眞篇爲始作俑者，皆不足信。

須知，所謂克己者，爲欲復得坎中先天之乾金；取坎塡離，返還最初純乾之體，卽是復禮，亦卽是到了西方。六祖所謂「教諸人目前就見西方」，乃煉己功成之候也。

審藥物第十

藥物者，先天乾中之氣也。乾與坤交，中氣入於坤而成坎。因世人迷此先天，不知求復，乃有生有死。若能捨身家，事明師，指出所迷之因，勤而修之，反而復之，則坤雷一震（陳攖寧按：地雷復卦䷗。），寒谷回春，自能度生老病死一切苦厄，故名藥；因其無中生有，故名物。老子云「有物混成，先天地生」，蓋謂此也。此藥物人人俱備，藏在坎宮，其名爲鉛。學者先當窮「用鈆不用鈆」之妙義，更當知「須向鈆中作」之權宜。

陳攖寧按：古外丹經云：「用鉛不用鉛，須向鉛中作；及至用鉛時，用鉛還是錯。」後世道書將「鉛」字改寫作「鈆」，蓋取鉛爲金公之義。若汞，則稱爲木母。

執著鉛而搬弄之固非，離了鉛而別尋藥物，亦不可得。玄之又玄，正是此訣耳。

莊子人間世篇，孔子告顏回曰：「無聽之以耳，而聽之以心；無聽之以心，而聽之以氣。聽止於耳，心止於符。氣也者，虛而待物者也。惟道集虛。虛者，心齋也。」此說即是「用鈆不用鈆，須向鈆中作」之眞實下手工夫，古今註莊子者皆未能體會到此。

蒲團子按：此段後原有二百餘字，乃作者引證赤脚眞人性天底蘊中一段論得藥早遲與仙鬼之分的文字，以勸勉學人及早修行。攖寧先生曰：「此段大意，乃勸人及早修行，但理論不圓滿。雖然加以刪改，仍覺不妥。假使巳時已經得藥，午時決不會死；若巳時人就死了，更談不到午時方能得藥。這箇譬喻，實在欠通，最好把此段取消，免得許多疑問。」故今不錄。

明火候第十一

火候乃自本自根之心密，時文時武之要機也。有入門、下手、升堂、入室次第之玄微，有後天、先天、盡性、至命始終之妙旨。故曰：「莫將火候爲兒戲，須共神仙仔細論。」陳攖寧按 此句不對，要改正。悟眞篇云：「契論經歌講至眞，不將火候著於文；要知口訣通玄處，須共神仙仔細論。」明火候之始終，則煉己有繩墨，採取知昏曉，丹始結而骨可仙矣。

要知火候雖有種種之殊，咸不外身心性命自然之效驗，非有作有爲者也。性天中本具此造化，若非明師抉破，則遇陽生而不知採取之候，聞雷震而反起恐怖之心，時至疑生，藥產復耗矣。

修煉家火候一到，聰明立成懵懂，氣與神合，神與虛合，虛極靜篤，而身心、性命、魂魄、意識，總歸於無何有之鄉。天地混沌，人我俱空，不辨是非，不知美惡，有若木雞然。陳攖寧按 「木雞」二字，見於莊子。如是七日來復，忽然夜半三更，木雞報曉，自然海底龍吟，山頭虎嘯。陳攖寧按 悟眞篇云：「華嶽山頭雄虎嘯，扶桑海底牝龍吟；黃婆自解相媒合，遣作夫妻共一心」。那時「嬰兒跨虎中宵去，姹女乘龍向曉歸；丁公引入黃婆舍，混沌神房永唱隨」陳攖寧按 嬰兒，金鉛；姹女，木汞；丁公，火；黃婆，土，修煉家前半段之大事了矣。

蒲團子按 原鈔本此章結尾，作者謂「蓮華會上親聞佛旨之徒，言及一大事因緣，尚有五千退席，況碌碌者乎？若非鐵漢，難退這紅爐」云云。攖寧先生曰：「佛經上所謂一大事因緣，未必就是這件事，不可附會其說。」故陳攖寧先生更爲「修煉家前半段大事了矣」。

養道胎第十二

黃庭經曰「仙胎」；楞嚴經曰「道胎」；白玉蟾祖師曰「男兒今日也懷胎」陳攖寧按　白紫清眞人全集云：「怪事教人笑幾回，男兒今日也懷胎；自家精血自交媾，身裏夫妻眞妙哉」。道胎、凡胎，同而異，異而同。凡胎因父母情動性迷而有，故有形有相；仙胎因自己忘情性寂而凝，故非色非空。至於一時播種，十月養胎，二者均無異也。故金丹四百字序云：「三百日內，日日要施工；三萬刻中陳攖寧按　三萬刻，卽是三百日，刻刻要用事。若有一刻差違，則藥材消耗。故毫髮差殊不作丹。」此卽「道不可須臾離」之義也。

師曰：三百日內，只是一箇呼吸到底不離之妙。陳攖寧按　一箇呼吸到底，就是心息相依，一直到底，如此做去，中間不可停止。並非只許一箇呼吸，不許兩箇、三箇、千箇、萬箇呼吸。丹經云「火記六百篇，篇篇相似」者，亦喻一箇呼吸到底也。文雖別而義則同。胡可執文泥卦，以辭害意，因一日兩卦之說乃執卦行道，因一箇呼吸之說乃著意行氣？種種偏執，以致昧於身心合一、無修無證之自然妙化。但若不洞明以上十二篇之密義，而遽言「道本自然，無修無證」者，則又墮於自然外道矣陳攖寧按　佛家有「自然外道」之名。

證圓通第十三

證者，躬行心得之實驗也；　性全命立，造道之極，謂之圓；　形神俱妙，千百億化，謂之通。從有修至於無修，自凡夫至於聖位，聖而不可知，之謂神；　神化不測，斯謂之證圓通也。但君子之道，則闇然潛修而不露，故能造圓通之域而日彰也；　小人之道，則的然好露而自衒，故卒墮羣魔之境而日亡也。陳攖寧按　儒書云：「君子之道，闇然而日彰；　小人之道，的然而日亡」。是故陰符經曰：「君子得之固躬，小人得之輕命。」蓋謂羣生自無始習染種種業根，惟色根、利根、名根最爲難斷，若有一根不斷，必墮一業之魔，焉得實證圓通而眞符妙化哉？

三一音符下卷

贅言或問

蘧蘧子燕坐，有或人進而問曰：克己復禮，雖已聞命矣，但何謂「爲仁」？

曰：喜怒哀樂未發之中，即本來面目，名曰道心，如核中未發枝葉時，生意未露，先天也，故喻曰仁；生機一萌，卽後天人心矣，人心因種種情欲，日喪本來，如核中之仁，發出千枝萬葉，生機盡洩，而仁已矣。仁者，人也。因仁已，故不能同天地之悠久，而生死無常。是以聖人教民克去自己的私欲，則仁全而天德復完。故以「克己復禮」名曰「爲仁」。

夫仁是天命之性，性本無情，如仁處核中，本無枝葉，情識一萌，則私欲日熾，而性天迷矣。故將核中未發之仁喻天性，已發之枝葉喻有情的人心。華嚴經云「善財智圓差別」，亦於「未發」二字悟入無生法忍，故曰「善財參遍後，黑豆未生芽」。豆未生芽，卽仁未發枝葉之喻。不言白豆、黃豆，而言黑豆者，知白守黑之義也。

或曰：「一日克己，天下歸仁」，何其速也？

曰：人心若與天心合，顛倒乾坤只片時。汝尚以一日爲速耶！

或曰：道有旁正之分，譬如一宅之中，旁門正門皆可升堂入室，又何必分別旁正耶？

曰：豈不聞「同類易施功，非種難爲巧」乎？人之一性一命，是眞同類，故明性命雙修者爲正門，不明性命雙修者爲旁門。使民必由正門而入。以性喻嘉賓，命喻眞主人。性乃先天一靈，命乃先大一炁，因二物皆屬先天，故名同類。由正門入者，嘉賓也，嘉賓乃眞主之同類，故性一全，命卽立矣。若不先從明心見性而入者，皆旁門也，先天終不可得，命終不可立者也。且旁門乃小人出入之門，小人非眞主同類，焉得見眞主乎？

或曰：然則惟有雙修一門，餘二皆非眞矣。何以楞嚴「二十五行門」皆證菩提？

曰：嗟夫，學佛者不窮楞嚴全文大義，而各執一節中之偏見，是以聞正法而反生疑。佛憫人墮偏見，故假阿難名，設爲問答，以顯圓通之教無出一心。首則七處徵心，次則八還辨見，使人知已上七心八見，咸乃有生有滅之妄識，非不生不滅之眞心；又援六結，以示六根之妄結必從中心方可解；又使叩鐘，以明聲塵有生滅而聞性無生滅。千譬百喻，直至山窮水盡，阿難方求佛開示入門秘密。佛尚不直指，乃令二十五聖各言初從何行門入。二十五聖奉旨，次第各言行門已，佛又不自判優劣，復命文殊說偈，以示大眾及阿難，二十五行，孰是孰非，後學從何方便門入，得易成就。文殊奉旨說偈，乃明判二十四行門咸不可獲圓通，惟觀世音從聞思修入，方獲圓通。且深讚聞思門曰：「此是微塵佛，一路涅槃門。」此言古今成佛者，雖微塵之多，皆從聞思修入而至涅槃之極。又曰：「過去諸如來，此門已成就；現在諸菩薩，今各入圓通。未來諸學人，當依如是法；我亦從中證，非惟觀世音。」可見過去現在諸佛菩薩，莫不由是門而修證，並無第二門，何必多生疑惑，而違背經義？

或曰：敢問「朝聞道」何謂「夕死可矣」？

曰：此重在一「聞」字上。聞者，非謂耳聞聖人之言，乃楞嚴「反聞聞自性」也。性本無生，是以無滅，朝聞天性，而暮悟無生無滅，則心死神方活，故曰「可矣」。夫死者，死有生之心；聞者，聞無生之性。蓋謂朝得聞無生之性，夕可死有生之心。故文始經曰：「聞道於朝，可死於夕。」又曰：「能知眞死者，可以遊太上之京。」二聖言同一義，則知是死心而非死身矣。蓋眞聞，卽生生之主；眞死，卽無生之心。有生之心，非生生之主不能死；無生之性，非眞死之心不能聞。子路不先窮生生之主，而遽乃問死，故夫子答以「未知生，焉知死」。子貢曰：「夫子之文章，可得而聞也；夫子言性與天道，不可得而聞也。」文章與性天，均出夫子之口，均入子貢之耳，何有可聞與不可聞者？此乃示聲聞非性聞也。

或曰：易從何道以盡性致命？

曰：天地未判，混沌未分以前，惟二氣囫圇而已，故名太極。自兩儀判而萬物生，天地不知有萬物，萬物亦不知有天地。惟人爲萬物之靈，方知覆者是天，載者是地。而人中之至神至聖者，更知天地人皆太極所判，天地人各得太極之一，故稱天地人爲三才。併畫三爻爲一卦，曰乾，以象天；天必以地配，陽必以陰配，故又畫三斷爻爲一卦，曰坤，以象地。乾坤互交，而生六子，合成八卦，以象先天；又將八卦方位移動，以象後天。又合先天後天共六爻成卦，以先天居上爲外卦三爻，後天居下爲內卦三爻，以六爻的上二爻爲天之一陰一陽，以六爻的下二爻爲地之一陰一陽，以六爻的中二爻爲人之一陰一陽。明三才各具一陰一陽，故六爻亦三才也。

就人一身而言之，則外卦三爻表天性，內卦三爻喻形色，必受天性爲爲一身之主，而後成人。但惜億兆順生順死，而不知逆反，故聖人畫卦以示象，使人盡性致命，窮神知化，明一身之乾坤闔闢，則易道在我，可以贊天地而同悠久矣。百姓隨流順化而無常，故曰「數往者順」；大人逆旋化機而入聖，故曰「知來者逆」。所謂「易，逆數」也。百姓逆天而順人，大人逆人而順天，則大人雖逆於眾，實順乎天地也。

或曰：　敢問每卦六爻，何以乾卦之六爻中，初九、九二、九五、上九此四爻咸稱「龍」，獨九三、九四兩爻不稱「龍」，何也？

曰：　六爻者，亦三才也。初九、九二兩爻，乃地之一陰一陽；　九三、九四兩爻，乃人之一陰一陽；　九五、上九兩爻，乃天之一陰一陽。龍之飛潛，乃喻先天一炁之升降。因先天一炁無形無象，恍惚杳冥不可測，故權以龍喻之耳。**陳攖寧按**　此行十二箇圈子，是原來有的，不是我所加。此君大概已經做過這種工夫，確能識得這件事，所以加圈之處甚爲扼要。　且先天炁升，則龍亦飛；　先天炁降，則龍亦潛。

初九乃地之下爻，故名「潛龍」；　九二乃地之上爻，龍既出地之上，則見於田矣，故曰「在田」。九五乃天位也，龍必飛騰而上於九五之天，方能利澤一切。上九乃九天之極處，故曰「亢龍」；　陽極則陰生，陽主生，陰主死，故曰「有悔」。是皆以龍喻進修之大人。九二乃內卦中爻，九五乃外卦中爻，易以中爲尊，喻大人德尊，居中位也。

九三、九四乃後天先天內外交合之鄉，形色天性後先輻輳之位，爲人道之一陰一陽，居一卦之中，如人一身之中位也，正是君子進修道德之地。九三曰「君子終日乾乾，夕惕若」者，以九三雖居內卦之上爻，猶未離於形色，故當以乾乾不息之天性，克去形色中有情之私欲也。九四雖居外卦之下爻，已離形色而進乎天性，私欲克盡，天性初全，已神化矣，故曰「或躍」； 但九四雖出內卦之上，猶居外卦之下，故曰「在淵」。 此皆形容先天一炁，或恍惚而在上，或杳冥而在下。 **陳攖寧按** 「恍惚」「杳冥」四箇字旁邊四箇圈子，是原來有的。 此加圈之人是已得訣者，所以別處不圈，只圈這四箇字。 此二爻以內外卦言之，乃內卦之上，外卦之下也； 以一卦六爻言之，乃名中位也； 以互卦言之，或可以爲內互卦之上二爻，或可以爲外互卦之下二爻。 上也，下也，或可上，或可下，或可言人道之中，此九三、九四二爻，上中下皆恍惚不定，正是「中無定位」「允執厥中」之心傳。 故不言龍，而獨明君子自修之道。 此聖人立象畫卦之妙用，寓意深矣。

或曰： 坤卦六爻何如？

曰： 在天地，則乾爲天，坤爲地，坤主靜而隨順，乾主動而健運； 在日月，則日爲天之元神，月爲地之元精，月受日化，生明於坤方庚位，故初三月出庚方而「西南得朋」也。 乾與坤爲同類，故曰「乃與類行」； 月行至艮，則晦而純陰，故「東北喪明」。 在人則心屬乾，身屬坤。 性乃心之神，命乃身之精。 每卦六爻，喻人之六根。 乾卦六爻，連而不斷，喻初生之嬰兒，六根雖具，尚完固無漏； 坤卦六爻，斷而不連，喻羣迷汩沒塵情，故六根俱漏也。

乾陽主生，坤陰主死。 順百姓之日用，則乾 **陳攖寧按** 四月乾䷀巳而姤 **陳攖寧按** 五月姤䷫午，姤而遯**陳攖寧按**　六月遯䷠未，遯而否**陳攖寧按**　七月否䷋申，否而觀**陳攖寧按**　八月觀䷓酉，觀而剥**陳攖寧按**　九月剥䷖戌，剥而純陰**陳攖寧按**　十月坤䷁亥，陽盡陰純，終歸於死矣；逆百姓之日用，則坤而復**陳攖寧按**　十一月復䷗子，復而臨**陳攖寧按**　十二月臨䷒丑，臨而泰**陳攖寧按**　正月泰䷊寅，泰而大壯**陳攖寧按**　二月大壯䷡卯，大壯而夬**陳攖寧按**　三月夬䷪辰，夬而純陽**陳攖寧按**　四月乾䷀巳，陰盡陽純，而長生矣。所謂「原始反終，故知死生之説」也。**陳攖寧按**　丹法所謂周天運用，不能出以上十二卦的範圍。一般人只曉得後升前降爲周天，不免將大道變成小術，因此終身做門外漢。六十四卦，咸屬乾門坤户，一姤一復、一顛一倒而生，故「乾坤者，易之門户，衆卦之父母」也。

以治世之道言之，則以乾陽喻君子，坤陰喻小人。自乾至坤，則君子退而小人進，天下所以亂也；自坤至乾，則小人退而君子進，天下所以治也。因易道包括天地萬物之理，及内修外治之道，故謂「通天地人曰儒」。然易道者，性命之道也，自修爲本，治人爲末耳。

或曰：敢問六十四卦之中，惟坎卦之上加一箇「習」字，餘卦皆無，何也？前賢以「習」字解作「重」字，言坎卦内外皆險，故以習坎爲重險。竊以八卦各有内外，則離可曰重明，乾可曰重健，坤可曰重順，震可曰重動，巽可曰重入，艮可曰重止，兑可曰重悦矣。何獨以「習」字加於坎卦乎？

曰：大矣哉，是問也。夫易爲性命而設，因百姓迷於日用而莫知反，縱悟而欲反，亦無門可入。是故聖人畫易，以乾坤喻身心，以坎離喻性命，使民知有生之初，乾與坤交，而乾中先天陽明之德，陷入有情坤體之中，坤腹實而成坎，乾中虛而成離，乃各正性命。當知坎位正是先天明德所陷之地，乃命根也，四大坤體，藉此一息之陽，爲一身生生之德。因凡民昧此明德，故聖人於六十四卦中，直示斯民當速反外炎之離火而時習坎，則水火濟而性命合，明德明而凡可聖矣。故坎位乃易道入門首要，原始反終之密機。業儒者因昧其首入之門，無下手處，故終身學易，竟不知易爲何事也。

陳攖寧按 此說未必就是坎卦的本義，但專講修養之道，亦能自圓其說。

坎中先天陽明之德，爲一身萬化之主 **陳攖寧按** 坎，卽水也。靈源大道歌所謂神水，卽此義，感悲則化淚，感風則化涕，感熱則化汗，感酸則化津，感情則化精。精竭人亡，故以坎爲險要之地，乃修身治國之重地也。修身者，知一身當重險之地，慮險防危，而時習 **陳攖寧按** 習，就是做工夫 之，則身乃固；治國者，知一國當重險之地，設險據要而恒守之，則國乃固。習於坎，則先天陽明之德自明。德復明，則險自固矣。此之謂在德不在險也。

習坎正學易所重之地 **蒲團子按** 原鈔本此下尚有五六十字，就「學而時習之」、「傳不習乎」亦「日省」，而言「習於坎」。攖寧先生修改後按云：「此是附會之說，非孔子、曾子之本意。世間傳道的先生們最喜强人就己，不管其說是否能通得過，以致被人輕視，連其眞訣亦不相信，可謂笨拙。」又攖寧子乙未陽曆四月底補記云：「此一段刪去，免得招人批評。」今刪，後世儒家修養工夫所以絕傳，正爲「習坎」誤解作重險之故耳。故「重」字當作去聲讀，若作平聲讀，則易道所當重則者何在？而無門可入矣。

或曰：易道既重習坎，敢問仙佛之道所重者何處？

曰：佛經重在楞嚴之聞思，仙經重在南華之心齋，儒經重在易道之習坎。**陳攖寧按**

楞嚴工夫，重在耳根圓通；心齋工夫，重在聽止於耳。易經卦象，坎爲耳。丹法以心爲離，腎爲坎；火爲離，水爲坎；神爲離，炁爲坎；汞爲離，鉛爲坎；日爲離，月爲坎；陽中之陰爲離，陰中之陽爲坎；乾破而爲離，坤實而爲坎。離火是病，坎水是藥。醫家謂：「腎開竅於耳。」

或曰：既言三教同一，何以所重各別？

曰：千古無二道，萬聖同一心，其文雖殊，其義則一。所入之門，若有毫釐之差，則仙非仙，佛非佛，聖非聖矣。

當知聞思卽習坎，習坎卽心齋，心齋卽聞思。三教文殊義同之妙，若非眞師密印，欲於文字言語廣聞博學求明，徒自苦耳。

眞儒、眞釋、眞道，果能窮一教之理，自然能了徹萬卷，洞明三教，眞知熾見而無疑矣。若不遇眞師口傳密旨，不免臆度思議，遂至因聞思而執聞思，因習坎而執習坎，因心齋而執心齋，執身、執心、執內、執外。不執有爲，卽墮頑空；因執種種偏見，遂將三教不二之法門，幻作千門萬法。志道君子，反離之中，習坎之中，則坎水自升，離火自降，會歸於一身天地之正中，三中混一，故名和。於是天地位而萬物育焉。**陳攖寧按** 中庸云：「致中和，天地位焉，萬物育焉。」故聞思者，聞於中，而空谷自傳聲矣；習坎者，習於中，而天籟自和鳴矣；心齋者，齋於中，而太音聲正希矣。**陳攖寧按** 此書所以取名「三一音符」，大概就是這箇意思。此文殊義合，秘授密傳之玄旨。泥其文則三教各別，會其中則六律和同。佛仙之道豈外易？易豈外仙佛之道哉！故魏伯陽仙師借周易卦象以作參同契。佛教華嚴經八十一卷，卷末各有四十二字母，四十二字母上各畫一太極之象，此明四十字爲八十一卷之母，太極又爲四十二字之母。**陳攖寧按** 華嚴字母上所畫之圓形圈子，不是太極圖，此說又嫌附會，最好把這一段刪去，庶免受佛教徒之批評。**胡海牙按** 愚見若刪去此段，則與上下文有失銜接；若不刪去，又將受佛教徒之譏評。故今惟有先將鈔本之原文照錄，並將先師攖寧先生之按語附之，讀者自行取捨可也。可知太極乃三教諸經之宗祖，順化則自太極而判羣經，逆修則混三教而歸一極，正乃萬法歸一之道也。洞明太極順逆之機，則華嚴之義了，而易道之宗昭矣。

或問：有了華嚴之義，而昭易道之宗者麼？

咦！白雲一片橫谷口，幾多歸鳥盡迷巢。或者聞已，俄失所在，愚亦恍然若夢之方覺，不知或者問愚乎？愚問或者乎？噫！覺者衆，則知愚之所言者道也；夢者衆，則反以愚爲說夢矣。然莊周之與蝴蝶，其有分耶？其無分耶？讀者當自得之。

陳攖寧按　此篇所講的道理，於修養工夫大有關係，必須細心研究，方能領會。如果徹底明白，依法做去，則大事已了。

心易　五言律詩八首

易冠五經首，卦含性命宗；一形一太極，六畫六根通。一性被六漏，六塵迷一聰；
羣生隨漏盡，順化鮮能中。**陳攖寧按**　「鮮能」二字，見於中庸。

中爲三教主，還一咸用中；一默凡齊聖，多言數必窮。守中時習坎，習坎日重蒙；
蒙極坤方復，一還義自同。**陳攖寧按**　「多言數窮」是老子語，但老子原文「數」字作「屢」字解，此詩「數」字作「義」字解；老子「數」字讀入聲，此詩「數」字讀去聲。

卦用六十四，惟坎加習字；只爲離汞飛，故將坎鉛制。既知性命玄，方得水火濟；
用土先擒鉛，鉛來汞自至。

元始一太極，包裹諸萬有；河洛運五十，陰陽迭奇偶。絪緼品彙醇，主宰天地久；
心易自心求，吉凶皆芻狗。

一極判八卦，六十四乃定；乾坤喻身心，坎離言性命。屯蒙既未凡，未既蒙屯聖；

六十卦周天，聖凡分逆順。陳攖寧按 屯蒙既未，順行也； 未既蒙屯，逆行也。

乾坤易門户，順逆司動靜； 乾順坤則凡，坤旋乾乃聖。 一機昭闔闢，六用示悔吝；
君子固厥躬，小人輕其命。陳攖寧按 乾順者，乾變姤也； 坤旋者，坤變復也。

易窮性命理，辭爲吉凶言； 本立末自得，情忘機乃玄。 乾坤歸掌握，造化任斡旋；
吾命既由我，榮枯不必占。

儒教易爲本，貫通天地人； 道宗天設教，釋法地化民。 崇釋免地獄，得道乘天雲；
眞儒三才備，缺一學未純。

雜詠 七言律詩三首。

蒲團子按 此篇原鈔本名曰「三教同源律詩九首，以符九轉還丹之義。」陳攖寧先生針對前四首詩云：「這四首詩，本底子毛病太多，無法可改，縱改亦改不好，只得把它取消。」針對後二首詩則曰：「這二首也無深意，可以取消。」又曰：「律詩九首，只留三首。」又三首詩次序爲陳攖寧先生調整，詩題乃攖寧先生所加。

老釋同源第一 造物無私本至公，含靈一性總相同； 休分南北諸方派，都在乾坤大化中。 天命洪纖齊稟賦，華夷授受互傳宗； 青牛西渡胡牛白陳攖寧按 楞嚴經云：「雪山有大白牛。」，佛法東流道法通。

金丹成就第二　立志追尋世外蹤，百般心事付鴻濛；　珠沉赤水光潛曜，藥熟丹爐火有功。慧劍自應忘利鈍，仙胎何必辨雌雄？　出山礦石金銅雜，煉到金鈍弗見銅。蒲團子按　此詩原鈔本作「默察知音不易逢，一腔造化向誰窮？　珠潛赤水人無識，藥熟丹爐火有功。劍就自應忘利鈍，人前無必辨雌雄；　龍沙有識金剛雜，煉到金存弗見銅。」攖寧先生云：「此書中『窮』字最多，有幾處用得很恰當，有幾用得勉强，若此處之『窮』字韻，更覺不妥。」故其删改者頗多。

知音難遇第三　亘古輪迴未到家，只因錯走徑途斜；　不覩淡泊澄潭水，偏逐飄零墮溷花。天籟希聲誰解聽，巴歌俚耳儘堪誇；　趙州許會西來意，有問先教去喫茶。陳攖寧按　古代禪和子，常有一句問語：「如何是祖師西來意？」趙州禪師每逢學人來參問，總是叫他喫茶去。此是無上的禪機。

醒迷玄籟 三套。崑板。

第一套

黄鶯兒四首　道學講中庸，口言中，心昧中，此長彼短如談夢。執不偏是中，執不易是庸，誰知玄妙天機用。靜歸中，靜中生動，動處便爲庸。　中體卽鴻濛，混三才，一大空，良醫因病隨宜用。恨庸醫失中，妄將人病攻，徒教健體成虛腫。瞽傳聾，聾將瞽治，瞽復治人聾。　太極本來中，判三才，作化工，羣生順化迷眞種。聖人知本中，教生民反中，逆旋斗柄庸爲用。復童蒙，還源返本，依舊入鴻濛。　萬化一身中，反而誠陳攖寧按儒家有「反身而誠」之說，合聖功，待看坤復其陽動。地天交泰運，實塡虛竅中，乾坤離坎依然共。復歸中，屯蒙旣未，十月始而終。**陳攖寧按** 以上四段，皆就「中」字而言。

琥珀猫兒墜　一勾兩點，億兆失其中，昧却中間一點紅，幾希禽獸異而同。似夢，可憐萬古，竟如長夜蒙蒙。　人家雞犬，放且覓其蹤，何不收回一點紅？　歸來喚醒九淵龍。休縱，早參心易，飛騰脫出樊籠。

尾聲　玄珠一粒生生種，加入羣迷兩點中，卽此爲萬化中。

陳攖寧按 以上三段，皆指「心」字而言。

詩曰　聖人功化寓中庸，誰解忘言象外窮；　旣昧此心中一點，不由彼此不相攻。

第二套

新水令　英雄回首臭因循，百年期，短修難定。浮雲輕富貴**陳攖寧按** 孔子云：「富貴於我如浮雲」，洗耳薄爲君**陳攖寧按** 「洗耳」，是巢父故事；「薄爲君」之意，就是看不起皇帝的尊貴。野鶴孤雲，野鶴孤雲，信步在峯前直進。

步步嬌　周蝶從來無憑準，過隙駒馳迅。風燈易明滅，死户生門，早向明師問。凝虛聽籟鳴，聲聲喚醒浮生夢。

折桂令　任人間鼠嚇蝸爭，猛回頭，把虎伏龍馴。混沌乾坤，雷走電轟，一霎時，看仙槎穩駕，逆度崑崙。黃婆須臾匹配，立丹基，百日功靈。霜飛十月，剥盡羣陰。三萬刻，自綿綿不息；天行健，度盡了無量劫自性眾生。**陳攖寧按** 「鼠嚇蝸爭」，說見莊子；易云「天行健，君以自強不息」。

江兒水　靜極神機動，春潮振海音。多生幻夢從驚醒，醒來自把刀圭飲。飲餘謾唱陽春韻，我是誰人，便把青天來問。

雁兒落　歎玄兒，似牛毛，少悟眞；笑禪關，鬧機鋒，早失西來印；憫儒家，不通權，空辜尼父心。錯認了六根門入爲眞性；有誰地逢雷復**陳攖寧按** 地雷復䷗見天根**陳攖寧按** 邵子詩云：「乾遇巽時觀月窟，地逢雷處見天根」。師恩山高共水深，指出渾茫中天月一輪。

僥僥令　流水高山弦外聲，非子期，枉費心。不遇作家休下手，考宮商，審五音。考宮商，審五音。

收江南　呀！若不是箇大英雄豪傑。呀！誰敢向此中行列。轟！**陳攖寧按** 「轟」音「橫」，俗音「烘」，不協韻。一怒扶搖九萬里，那管他籬鷃笑紛紛。塵淨時鏡明，冰泮時水清，端的是生中轉殺害中恩。

園林好　教分三，聖無兩心。不肖輩，他卑我尊；迷祖性，妄分人我。搖利舌，鼓鋒唇。搖利舌，鼓鋒唇。

沽美酒　道人心，道人心，似海深，能容百川下爲根**陳攖寧按**　大海能容百川，以其在下也，一任他親疎恩怨總無分。能自利，利他人；先自覺，覺衆生。印心燈，燈燈明淨；谷傳聲，聲聲相應。我呵，把天言，言著明，但願得人同此心。呀！勸賢良及時猛省。

清江引　草木衣食隨緣混，鷗鳥忘機盡，壺内有乾坤，世上無名姓。宇宙間一箇大閒人，誰能並？

陳攖寧按　以上十段，尚可留存。

詩曰　無弦琴奏龍吟水，没孔簫鳴鳳下空；曲罷飲餘壺内酒，歸家笑指白雲中。

第三套　**陳攖寧按**　以下四段，可留可去，無足輕重。

普天樂　掛單瓢，天涯際，摶鵬翼在空濶裏。眞瀟灑，眞瀟灑，無剩無餘，只落得一粒心珠。呀！把秋蟾來自比，月尚有盈虧，這珠兒圓無缺，晝夜光輝。

錦纏道　大丈夫，悟浮生繁華總虚夢，醒自蘧蘧。笑空囊，惟存三五文兒，酤一壺倒乾坤顛日月的醍醐。飲餘興來時，御青風，獨自凌虚。這袖裏有誰知那短景兒的光陰幾許。且高歌，信步歸，向白雲深處自頣。

古輪臺　自甘愚，身披百衲任人嗤。笑看滿風波裏，他貪名圖利，愛子憐孫，全不想人生百歲，壽夭也難知。無常到了悔嫌遲，疾忙回首莫狐疑。何必躊躕，青春不再，眼前的恩愛，不須留戀，終有日相離。悟追省，一刀兩斷是男兒。

尾聲　此生難得休輕覷，一息離君萬劫迷，早早回頭不用遲。

觀蓮吟

盤根錯節淤泥中，固柢長生道亦同；外面頭頭甘委曲，內心竅竅自圓通。珠凝華蓋隨風落，子結虛房帶露濃；吩咐採蓮人仔細，莫教驚動主人翁。**蒲團子按**　「固柢長生道亦同」，原作「固蒂深淵養不同」，攖寧先生曰「第二句不妥，必改正」，遂據老子「是謂深根固柢長生久視之道」之意改之；「子結虛房帶露濃」，原作「子紅丹房半夜紅」，攖寧先生曰「蓮蓬只可稱蓮房，不能叫做丹房」，遂改之。

陳攖寧按　第二聯，比喻大修行人混俗和光之作用，辭意均佳。第三聯比喻煉內丹之法象，不及上聯之自然，頗嫌牽强湊拍。蓮花之紅，人眼可見；蓮子之紅，人不能見，何況在半夜裏。余所改者，較爲妥帖，而且合於丹法。華蓋在上，比喻泥丸宮；風比喻呼吸之氣；落者，即所謂「一點落黃庭」也；蓮蓬中間，鬆而且空，故曰「虛房」，人身黃庭部位亦是虛的，莊子云「惟道集虛」，又云「虛室生白」，結丹必在虛處，即是此義；露者，比喻陰符所化之神水，大藥非此則不能凝結；濃者，言其密集濃厚也。黃庭者，又名黃房。

懺心文

羣居閉户，靜坐觀心。諸妄全息，幻體非眞。坦坦蕩蕩，養虛育神。了無可了，獨露圓明。

跋

二十年前，有某同志，在舊書店購得此書，轉而贈我。當時無暇細看，遂藏於箱中。今日檢出，從頭到尾，讀過五遍，並改正其錯誤，再加以圈點，以便他人之觀覽。

世間各種修煉書籍，我自十六歲開始閱讀，至今已歷六十年。不論正道、旁門、小法、邪術，過目者將近萬卷。此書可列入正道中，姑且保存。不可因其文辭不好而加以輕視。

此書講道理理論雖有不圓滿處，但於大體無礙者，可姑存其說；其中過分欠通及附會得太離奇者，皆已修改處甚多，言口訣處頗少，學者觀之，容易忽略過去。須知凡是上乘有價值的修養書，都注重理論，不談呆板的口訣，因其訣已包含在理論之中。只有中下乘的書，才侈談法訣，學者依法做去，每每無效，甚至於弄出病來，是皆不明原理之咎也。

此書將儒家之易經、佛家之楞嚴經、道家之老莊哲學、仙家之煉丹工夫融合在一處，而提出其共同要旨，以開示學人，等於畫龍點睛，比較中下兩乘的死口訣高出百倍。後之學者，若肯用心研究，徹底了解，則生死大事已不成問題。

惜乎原書文辭尚欠修飾，鈔寫又多筆誤，而且句逗不清，使讀者莫明其妙。余不得而已，破費幾日工夫，徹底删改，並加圈點，方能卒讀。惟讀者平素對於易經、佛經及道德、南華諸經雖未能深入，亦須粗知大義，再讀此書，方能參悟玄機，實修實證。否則，不免味同嚼蠟矣。世間俗學，尚要費數十載工夫研究，何況出世間性命之學，没有三教經典作基礎，竟欲憑空建立樓閣，豈非夢想乎？

著道書是一件困難的事，明道法的人，大半不會做文章；會做文章的人，又不懂修煉之法。因此世間道書雖多，可以使人信仰者很少。余當初得此書時，嫌其文辭不佳，讀未終卷，卽束之高閣，亦不識其中好處何在。近日檢出，本擬抛棄，偶爾發現書中有幾句精義，遂耐心從頭到尾細讀一遍，方知其眞價值。經余删改之後，雖未臻十分完善，已大概可觀。否則幾乎埋没矣。

一九五五年陳攖寧記

曉山先生 著

神氣性命坎離圖解
邵子月窟天根詩解

讀曉山兄邵子月窟天根詩解跋

曉山先生，予密友也，名某，川北南部縣人。中道光庚子鄉試。品學兼優，尤長於詩。咸豐丁巳歲，與予先後署果郡府縣儒學事，一見如故，相得甚歡。與予聯宗，隔面無三日焉。往往談及此事，輒至夜深。及詢所自來，始悉先生昔年未第時，習舉子業，用工甚苦，縣試兩列榜首，始獲游泮。以故採芹後旋即攀桂。然而嘔出心肝，癯形如鶴矣。三入南宮，薦而未售，大挑二等，以廣文用。

方先生之留京師也，有識先生病者，謂衣破布補，此病非醫藥可療，惟講求方外，庶可益命延齡。先生乃遍訪天涯，所遇皆旁門外道，言多背謬，不足儅先生之胸。歸而閉門靜坐，默想元微，足不出户者三年，忽感天仙下降，搦管急書，無非妙諦，並授口訣。先生勤而習之，在南充時，年甫四旬，已燒丹矣。

戊午春暮，予任滿回嘉，先生不久卸事，選鹽源教諭。因謁郡伯李公，見其慈祥愛士，善政宜民。先生感激知己，急於圖報，爲著太極圖解及邵子月窟天根詩解，原原本本，暢發天人，誠道學之津梁、元學之秘密也。公亦知其非尋常文字，而一時志不及此。偶因司馬徐公可言道，而出以相示，公可卽爲鈔寫，以藏行篋，復授段君子振，予始獲覩焉。見夫匯三教於一原，條分縷晰，凡一切丹經所含糊影響、藏頭露尾者，皆爲指出，大中至正，無微不顯。有緣得見者，照此修持，希賢希聖，一以貫之矣。

嗟乎！予與曉山別，迄今十載，每當落月停雲，春花冬雪，猶想見當年尊酒談心時也，不禁爲之低徊往復云。

時同治七年歲次戊辰暮春吉月坡泉氏拜跋

人身方位圖

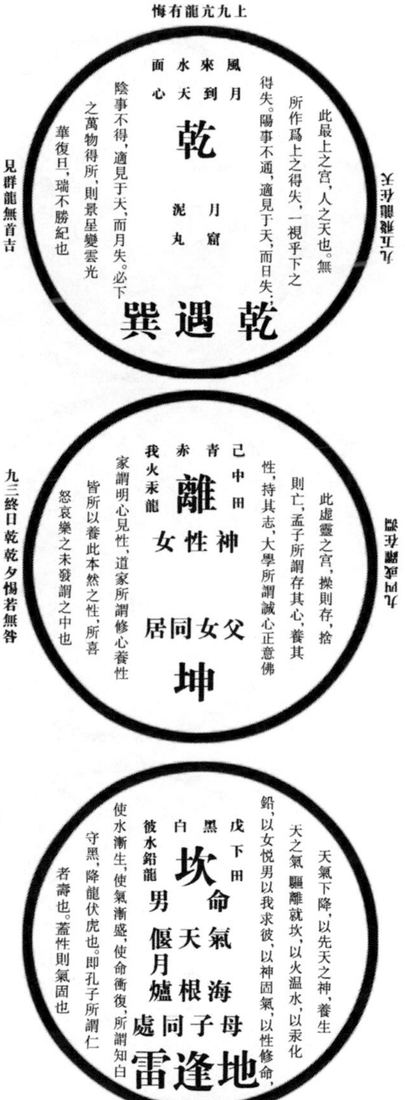
上九亢龍有悔
九五飛龍在天
此最上之宮，人之天也。無所作爲上之得失，一視乎下之得失。陽事不通，適見于天，而日失；陰事不得，適見于天，而月失。必下之萬物得所，則景星變雲光華復旦，瑞不勝紀也
風月到
來天
水心
面
乾
月窟
泥丸
乾遇巽
見群龍無首吉
九四或躍在淵
此虛靈之宮，操則存，捨則亡，孟子所謂存其心，養其性，持其志，大學所謂誠心正意佛家謂明心見性，道家所謂修心養性皆所以養此本然之性，所喜怒哀樂之未發謂之中也
己中田
青
赤
我火汞龍
離
神性女
父女同居
坤
九三終日乾乾夕惕若無咎
天氣下降，以先天之神，養生天之氣 驅離就坎，以火温水，以汞化鉛，以女悦男以我求彼，以神固氣，以性修命，使水漸生，使氣漸盛，使命衡復，所謂知白守黑，降龍伏虎也。即孔子所謂仁者壽也。蓋性則氣固也
戊下田
黑
白
彼水鉛龍
坎
命
男
氣海
天根
偃月爐
母子同處
地逢雷

水火既濟圖

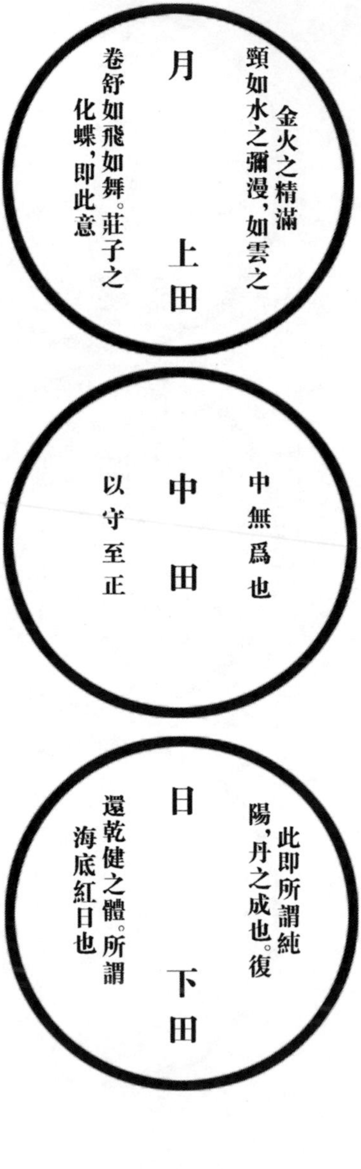
金火之精滿
頸如水之彌漫，如雲之
月
上田
卷舒如飛如舞。莊子之
化蝶，即此意
中無爲也
中田
以守至正
此即所謂純
陽，丹之成也。復
日
下田
還乾健之體。所謂
海底紅日也

地天交泰圖

按：此圖前所未有，今創爲之，萃聖賢仙佛之至理，合而闡天地造化之密機，恐有干造物之忌。如人有至寶，强而出之，則必怒；人有隱處，逼而觀之，則不悦。天心，即人心也，惟傳之得人，雖翻天倒地，轉移造化，益命延年，非以福澤，妄予匪人，庶於天心無背，但不可輕洩，以褻至道。河洛易象之精，乾坤翕闢之故，盡寓於此，幸爲珍重。

神氣性命坎離圖解附：龍虎鉛汞戊己彼我諸説

神者，心中之知覺也，以其靈明，故謂之神。而神有先後天之分元神極其清明，故靈；識神奪於氣血，故雜。分神之先後天。

先天之神，元神也。神卽性也。所論先天之性卽神、神卽性，皆爲理之精切處，透徹之至。蓋神爲心中之知覺，而性卽心中至善之理。其始，渾於一原，有生之初知覺，從性分而出，如孩提知愛所謂「人之初，性本善，性相近」也；稍長，知敬。知，卽神也；愛敬，卽性也。見神卽以見性，神於性未嘗分也。此爲先天之神。此卽乾得於坤之中爻，而爲離。所謂地二生火之眞陰也。蓋人之有心，於五行屬火，於卦爲離。火外明而內暗。外明者，以離有乾之二陽在外，陽故明也；內暗者，以離有坤之一陰在內，陰故暗也。然坤德至靜，靜則生慧。渾然在中之陰，寂然不動，與上下二陽相安於靜，二陽明在外，一陰靜於內，則天理渾於其中，靈明裕於其中。外陽等於乾父，內陰同於坤母，陰陽皆太初之本體，是以爲先天之元神。

性原不在神外也，自蔽於私欲，而神失其初矣，性亦爲神所蔽矣。神之所發，常與性反反則不能率性矣，安所謂道？卽聖賢養性功夫，此爲後天之神。蓋失其天而起於後焉者也。先天之神靜；後天之神動。先天之神完；後天之神虧。先天之神明；後天之神昏。先天之神，神與性合；後天之神，神與性離。指出性命根源，非模糊影響之談可比也。道之修性，去其蔽性之私，絕其牿性之欲，寂之又寂，歸於至靜，洗其心於此清，滌其慮於至淨，道所以有清淨因也。所謂修性者，卽養此先天之神而已。先天神而性寓焉，離象亦見。孟子所謂「存心養性」者，卽養心中至善之理也，而亦所以養其元神也

氣者體之充也，人所受之以生者也。而氣亦有先後天之分。

先天之氣，元氣也。氣卽命也。命者何？天以陰陽五行之氣生人，人受此元氣以生，承天之命也。故守此天命而不捨，以爲此天之命我，而我當鄭重愛惜之以爲命，此命之所以名也。此卽坤所得於乾之中爻而爲坎，所謂天一生水之眞陽也。蓋人之有腎，於五行爲水，於卦爲坎。水外暗而內明。外暗者，以坎之上下二陰，坤之體也；內明者，以坎之中陽，乾之精也。坎居至陰之北，陰極而陽生，此天之一數，從此而生。天有此一陽之復，而氣回；地有此一陽之復，而物生；人得此一陽以爲命，是爲先天之氣。先天者何？蓋此氣爲太極之氣，先乎天地而有者也。未有天地，先有此氣，有此氣然後有天地，故曰先天。人雖得氣於天地，實得此先乎天地之氣也。天地至冬令，上下二氣均亦閉塞，一交子月，

陽氣復矣。往來不息者，此也。此所以先乎天地也。先天炁，而命寓焉。坎象亦見。有此氣則生，無此氣則死。是氣也，卽人之命也。人欲固命，不可不固此氣。

而氣有後天者何？呼吸之氣是也。呼吸者，元氣之門戶也。有元氣，而後開呼吸之竅，是之謂後天之氣。蓋以受天之氣而有於後焉者也。先天之氣，本也；後天之氣，末也。先天之氣，源也；後天之氣，流也。先天之氣，絲竹也；後天之氣，持絲竹之音而已。絲竹壞，而音杳矣。先天之氣，蘭桂也；後天之氣，持蘭桂之香而已。蘭桂凋，而香杳矣。氣之先後分得清楚如此，詳人所略。人恐斷此呼吸之氣，不可不培養本原以固此太極之元氣。培養本原，以固元氣，尤爲修者喫緊處。

此神氣性命之辨也。

大抵道之言性命神氣，與儒有同異。儒之言命，有主理言者，有兼氣言者，有指數言者，而道則專指爲先天之氣。儒以兼善天下爲用，道以獨善其身爲用，用有廣狹之分也。至言性之善，道與儒同。而道之修性與儒之盡性又有異。儒之盡性有實功，道之修性爲靜境。儒之言神則聖，而不可知之境也，而道則以養神爲始基。儒之言氣，集義而生；道之言氣，養氣而生。儒者養成之氣，塞乎天地，功在一世；道者養成之氣，亦塞乎天地，功在一身。其論不同，其用各別。四者總論，論道與儒同而不同之處，將功用本末抉發無遺。而要皆各有至當不易之理。蓋儒之道，大道之經捷；　儒之理，醇道之理眞。儒之道及於人，道之功成於己，此不可以强同者也。

道以養先天之神，謂之修性；　以養先天之氣，謂之修命。仍歸入正，論道一邊。所謂性命雙修者，惟在此神氣二者而已。而修煉之家，又嘗以精與神、氣配說。至叩其何者爲精，則茫無以應。卽諸書亦有言精者，然其詞恍惚，並無確據。間有執交媾之精對者，至叩以此精藏於何所，則又茫無以應。不知此持後天有形之精，非元精也。元精無形，見到之言，千古不易。證論云：「炁在精中。」是精仍有形，又涉及後天矣，尚得爲元精乎？　元精無形，卽寓於神氣之中，貫乎耳目百體，而無可指。夫精者，粗之對也。如日者陽之精，月者陰之精。先天之神，爲離中之眞陰，則元神卽陰之精也；　先天之氣，爲坎中之眞陽，則元氣卽陽之精也。又如髓者，骨之精也；　脂者，肉之精也。而尤有貫乎髓與脂之內者。髓與脂乃滋而日息，潤而不枯，則所謂元精者，卽元神、元氣釀流行之精華也。臟腑配五行之氣，陰陽寓焉。濁氣爲粗，清氣爲精。鑿喪身體者，讀至此節，能不惕然汗下耶？　所謂二五之精也，而坎離之神氣卽寓於其內，則五官百骸，皆元神、元氣之所統，亦卽皆元精之所貫，則但言神氣，可不必言精矣。卽如交媾之精，乃神與氣感化通體無形之精，徐而成形以出者也。如養神於靜，精無由洩矣。此段是由後天而返乎先天，所謂七返是也。　倘神與氣交感而動，而獨責精以不走，能乎不能，則所謂精者，無可著力，惟加意於神氣而已矣。元神爲陰之精，卽離卦之中爻；元氣爲陽之精，卽坎卦之中爻。然皆無形可指，故名曰精。近讀各書，言精氣神者多矣。但只言元精，而未明其所以然之理，令人無從著手。惟柳華陽言之鑿。其此公示柳公之派歟？神氣何以養？神有知，氣無知，無知之氣，必賴有知之神以養之。然後天紛然之神，必不能養先天渾然之氣。何也？心不靜則神不定，心不清則神不明，心不正則神不足。惟其不定，則甫爲凝神於氣，神忽散而他往矣；惟其不明，則强爲注神於氣，神以昏然入夢矣；惟其不足，則勉爲納神於氣，神終漠不相關矣。而究何益於氣？此後天之神，斷不可用也。故欲養氣，先養神；欲養神，先養心。孟子曰：「養心莫善於寡欲。」必將一切私欲掃除淨盡，如大學所謂「先正其心」「先誠其意」。大學最□□者，莫如「自天子以至於庶人，一是皆以修身爲本」二句。惜少時囫圇讀過，並未身體力行，殊可惜也。務使心如明鏡，絕無塵埃，此喜怒哀樂之未發，謂之中也。此卽所謂先天之神。斯時之神，始可用之於氣矣。且用神於氣之時，凡視聽言動，不但非禮者勿之，卽是禮者，亦當勿之，以其有損於神氣也。此節功夫，不可間斷，一有間斷，則有走失之患。所以其功在於靜坐。

靜坐之功，必俟內念不萌，外感不接內念不萌，外感不接，則心自正。亦大學正心必本貴誠也，此心如停雲止水，然後凝神而注於下田，合耳目與心，皆交併於其間，如猫捕鼠，視於斯，聽於斯，結念於斯。此段論詳論凝神工夫，然仍不離乎清心寡欲。此道家之顧諟，天之明命也。其所以然者，何哉？蓋坎中之一陽，爲人身之太極，卽邵子所謂天根也。人受此氣以生，自孩提以至成立，皆賴此一陽之滋長，自男女交，而此氣損矣。旦旦伐之，而此氣愈損矣。伐之不已，久之而陽漸微，久之而水漸涸。坎宮日虛，水冷金寒，地道不能上行，天道因不能下濟，上乾下坤，天地不交，此否之象也；火日炎於上而不能下，水日潤於下而不能上，水火不融，心腎不交，上離下坎，此未濟之象也。否卦䷋。否極則病，未濟則死矣。未濟卦䷿。此大易六十四卦所以未濟終也。人身有此二卦之象，生機日微，百病皆作矣。道者，知其然也，以先天之神，凝而注於先天之氣，是使天道下濟也。孟子曰：「志氣之帥也。」孟子所謂「志至焉，氣次焉」。所謂神者，當爲志之所注也。將帥既從天而下，卒徒必隨而俱下，是以乾照坤也，是以火溫水也，是卽所謂「金竈初開火」也。竈因火而名。金者，指坎中一陽得於乾金者也。火初開者，初得乾陽離火之下照也。是以離之上下二陽煖坎之上下二陰，以離中之眞陰養坎中之眞陽，以中女而畜中男也。中女中男，是指坎離卦體而言，非實指人體，不可悮作邪說。其所以然者，又何哉？蓋陽性易動，動則易洩，惟陰可以畜陽，故男之性，見女則悅，得女則留，此小畜、大畜皆取以陰畜陽之義也。況前以乾坤一交，乾之中爻入於坤而爲坎，坤之中爻入於乾而爲離，是夫婦之情投意洽，陰陽互易也。今以離中坤，入於乾之陰下，而求坎中乾，入於坤之陽，是再世重逢之眞夫婦也。兩情相悅，可以畜眞陽，而不使之洩，孤陰不生，孤陽不長，有此眞陰，以養此眞陽，一動一靜，互爲之根，仍可以回既損之元氣，使潛滋暗長於極陰之地，以冀七日來復也。此神能煉氣之秘機也。世傳性命諸書，從未有如此透發。卽以神煉氣，亦多爲隱語，如龍虎鉛汞諸説是也。仍將種種喻言切實指出，包揮一切假托名目，障礙爲之一空。

龍者，靈物也，變化莫測，喻離中眞陰之神。以火生於木，木色青，故或云青龍；火色赤，又或云赤龍。虎者，猛物也，喻坎中眞陽之氣。此氣純陽，陽則易動，有若虎之難防；此氣最剛，剛是性烈，有若虎之難制。惟龍之下降，可以伏此虎也。

汞者，水銀也，活潑靈動，無微不入，喻眞陰之神；鉛者，黑錫也，其色黑，有似坎中之水，其體堅金，有似坎中之金，以喻眞陽之氣。且鉛非汞不能化，亦猶氣非神不能化。而鉛又可以乾汞，氣又可以化神，故以爲喻。又老子所謂抱一者，皆是也。白者，金之色；黑者，水之色。知坎有乾金之白，故守坎内坤水之黑。守黑者，正以守黑中之白也。所守者，氣也；守之者，神也。

又有云戊己者，云彼我者。戊己屬土，以坎中有戊土，離中有己土。五行分配四時，分配臟腑，而惟土則旺於四時之季，統乎臟腑之全。故人之六脈皆取有胃氣則生，以萬物發生於土也。故河洛之數，一與六同宗，二與七同道，三與八爲朋，四與九爲友，皆以中隔五數。陰陽皆能相生，而又以五、十居中，蓋天地之數皆不離乎五，是皆有土之義焉。惟人亦然，所以坎有陽土之戊，離有陰土之己也。五數屬土，蓋天五生土也。故洪範五行亦以五爲土。洛書之數與河圖無異。故人身有陰陽，而土之陰陽亦寓之。以己合戊，亦指降神於氣也。彼者，指坎中之陽也；我者，謂離中之陰也。氣無知，神有知，以有知之神，求無知之氣，則神爲主而氣爲賓。主者我之，賓者彼之也。「彼我」二字，貽誤後世，無窮無盡，兹特指明，可謂度世金針。彼以男女誤解者，其注意焉。

凡此，皆以神煉氣之隱語也，本無關於精義，而諸書以此拒人，好異者驚爲奇談，甚且謬解而入於邪說。特破之，以釋其疑。總之，因天地不交而否，欲由否而轉泰，不得不恭敬以禮下。因水火相隔而未濟，欲自未濟而求濟，不得不降心以相從。此以神煉氣之由來也。煉之久，而水漸生，氣漸復，積而至於一陽萌動，所謂「地逢雷」也。此卽天根之發見也。然陽氣尚微，動而仍伏，正宜培養而不可恃，此易所謂「初九，潛龍，勿用」也。積而至於陽氣漸長，己有反骨之勢，顯然可覩，卽易所謂「九二，見龍在田」也。積而至於陽氣愈長，逆行骨中，計程已得其半，然不安於下，又不能卽上，更宜日夜培養，兢而不可忽，卽易所謂「九三，君子終日乾乾，夕惕若」也。積而至於陽氣彌長，進而愈上，且其下不時震動因陽氣能躍，躍則震動矣，此佳兆也，卽易所謂「九四，或躍在淵，无咎」也。積而至於陽氣已盛，衝霄而上，不可過，抑卽易所謂「九五，飛龍在天」也，卽莊子喻言「摶扶搖羊角而上者」是也。積而至於陽氣已極，月到天心，三五而盈盈，則聽其自虧，所謂「乾遇巽」也，卽邵子所謂「月窟」也。倘盈極而不虧，卽易所謂「上九，亢龍，有悔」也。盈而卽虧，使之下降，卽易所謂「見羣龍無首，吉」也。至降而復升，升而復降，流而不息，是則天地交，萬物通，此人身之泰也。月窟天根，自此可以閒來往矣。此亦可謂九轉丹成矣。九者，陽也；轉者，陽氣逆而輪轉也；丹者，指坎中之一陽，上蟠下際，生息無窮，長生之大藥，亦可謂之小成矣。此丹道之初功也。下學上達，入妙通神，皆由此始，然行之，有自然之機，而不可一毫勉强。

老子曰：「一生二，二生三，三生自然。」言此三數之生，由一而二、而三，皆陰陽自然之機也。河洛之數，天一生水，地六成之。天，陽也；地，陰也。六數陰極，而陽之一自然而生也。地二生火，天七成之。七數陽極，而陰之二自然而生也。天三生木，地八成之。八數陰衰，而陽之三自然而長也。陽生陰成，陰生陽成，陰陽生長之機，何一而非自然者？其陽之動也，靜之極而自動也；陽之轉也，氣之盛而自轉也；陽之靜也，動之極而自靜也。行乎其所不得不行，而不可或止；止乎其所不得不止，而不可或行：卽孟子所謂「心勿忘勿助長」也。忘則失養之道，助則揠長之機矣。

世言運氣則謬甚。氣可養而不可運，養而俟其自動，則氣自坎生，所謂「源頭活水來」也；運而迫之使行，則氣從坎出，無殊火牛入燕壘也，是與揠苗之宋人何以異？知長不可助，而動靜一聽其自然，則不至以養人者害人矣。闢運氣之謬，確有至理在，並指其弊，更爲精妙。

老子曰：「元之又元，眾妙之門。」妙難悉數，姑以益人之妙言之。其始也，以神煉氣，至氣之逆而輪轉，則坎中之一陽，時過而化離中之一陰，化之日久，眞陰得眞陽之照，如月之得日光而明，則離變爲乾，内外通明，所謂「至誠之道，可以前知」也。一者，誠也。離中之二變爲一，則誠矣。誠則心愈清，神愈明，所謂「誠精故明」者，此也。此所謂以氣化神也。但神煉氣出於有心，氣化神安於無意。煉必凝乎其神，如火之煉夫頑金也；化惟聽之於氣，如物之化於時雨也。至全體一氣相通，翻天倒地，反骨洗髓，陰陽團爲一氣，五行併爲一途，鳶飛魚躍之機，常靜觀而自得，雷動風行之象，非外人所及知，行雲流水，別有天地，時見道之上下察也。此元之妙也。過此以往，日久功深，更有妙之又妙者，然無關於人事，談之徒駭聽聞，功至自知，不可預言。

邵子月窟天根詩解

邵子詩

耳目聰明男子身，洪鈞賦予不爲貧；須探月窟方知物，未躡天根豈識人？乾遇巽時爲月窟，地逢雷處見天根；天根月窟閒來往，三十六宮都是春。

此詩發透天人陰陽消長之理，但必細爲解釋，其理乃明，非淺者能道，並非淺者能悟，幸勿令淺者見。

邵子月窟天根詩解

天根者，天一生水之根也。天者，陽也。陽之一數生於水，蓋指坎中之一陽也。此一陽乃先天之氣，於人爲命，於天爲太極極者，樞紐根底之名。渾然之元氣，乃天下大樞紐、大根底，故曰太極。此氣先乎天地，故曰先天之氣，在天地爲萬物發生之根本，在人爲百體資生之根本。其氣在人，其原出於天，是以爲之根，而惟本於天也。

月者，金水之精。人身之月，指坎水也。坎有水而無金，何以名月？不知坎中之一陽，得乾之中爻，是以爲中男。乾爲金，此爻卽金精也。金與水俱，是以謂之月。窟者何？月虧而有窟也。人身之月窟安在？在乎泥丸。蓋坎中眞陽發動，上貫頭頂，如滿月然。乾爲首、爲天，金水之精，團聚於斯，所謂「月到天心」也。精氣之盛，活活潑潑，狀如風之來於水面，此月之盈也。盈極則虧，而有窟矣。不言月滿，而言月窟者，言虧以徵其盈之極也。況盈則必虧，虧則又有所往，天機原無一息之停，此所以狀月之盈而言窟也。

天根何以躡？躡乎此，乃識人之所以爲人，其根在是。月窟何以探？以心探之也。「躡」從「足」，「探」從「手」。天根在下，故言「躡」；月窟在上，故言「探」。一心照乎月窟，如手摩囊物，顯然可指，是以爲之探。探乎此，方知物之有是妙物，其窟最明。

乾遇巽者，天風姤也䷫姤卦。蓋坎中之陽精，升而滿乎泥丸，陽極陰生，一陰伏五陽之下，是乾之遇巽也，是卽月窟之驗於上田也。地逢雷者，地雷復也䷗復卦。蓋坎中之陽精，積而動乎丹田，陰極而陽生，一陽起於五陰之下，是地之逢雷也，是卽天根之萌於下田也。邵子明示人以月窟、天根之所在也。來往者，陽動於下，升而上乎泥丸，是天根往乎月窟也；精滿於上，降而下乎丹田，是月窟來於天根也。來而復往，往而復來，輪轉不息，所謂「上下與天地同流」也，所謂「直養無害，則塞乎天地之間」也。謂之閒者，有自然發動之機，有從容不迫之意，所謂「此日中流自在行」也，卽孟子所謂「心勿忘勿助長」也。

三十六宮者，腹之臟腑及包絡經，其數十有二，背之骨節，其數二十有四，合之三十有六宮。「三十六宮」，解者頗多，惟此就人身言，乃覺確當不易。 都是春者，皆爲陽和之氣，布濩充周，生意盎然也。

邵子之詩，意蓋如此。所以然者，人得天地陰陽之氣以生，欲延生機，其運行當與天地等耳。天地自然之運行，一刻如此，終古如此，所以悠久也。 天地之所以時行物生，萬古不敝者，亦以天根月窟妙於往來也。天地之月窟安在？ 上下皆乾，四月純陽之卦乾䷀，至五月則陽極陰生，一陰伏五陽之下，是乾之遇巽䷸也，是夏至卽天地之月窟也； 上下皆坤，十月純陽之卦，至冬月則陰極陽生，一陽起五陰之下，是地逢雷也，是冬至卽天地之天根也。自冬至一陽之復䷗，而二陽臨䷒，三陽泰䷊，四陽大壯䷡，五陽夬䷪，六陽乾䷀。陽極而陰復生，是天地之天根。七月而往乎月窟。往何閒也？ 自夏至一陰之姤䷫，而二陰遯䷠，三陰否䷋，四陰觀䷓，五陰剝䷖，六陰坤䷁。陰極而陽復生，是天地之月窟。七日而來於天根。來何閒也？ 此所謂「七日來復見天心」也。寒來暑往，暑來寒往，陰陽迭爲消長，流而不息，而一歲三百有六旬，生機不已，亦猶人身之三十有六宮，得月窟天根之來往，而生意不息也。言一歲之來往不息也。　且月窟天根，豈特歲月然哉？　惟月亦然。　月之初三，一陽生於下，是地逢雷也，是月之天根也。　月之十六，一陰生於下，是乾遇巽也，是月之月窟也。　一來一往，而成一月之生機焉。言一月之來往不息也。　又豈特月有然哉？　惟時亦然。　巳時陽極，時之四月也，午時則一陰生矣，是午卽時之月窟也；　亥時陰極，時之十月也，子時則一陽生矣，是子卽時之天根也。　一來一往而成晝夜之生機焉。此就一日之來往不息云。　是則積時而日，積日而月，積月而歲，皆賴此月窟天根之來往，故運行而不息。　人欲長存於天地，以歷歲、月、日、時之久，不默法天地歲、月、日、時陰陽消長之機，烏乎可於斯二者而來往之？　易所謂：「法天行健。」陰符經亦云：「執天之道，法天之行，盡矣。」孟子曰：「所過者化，所存者神，上下於天地同流，豈曰小補之哉？」可以會矣。　是之謂伐毛，是之謂反骨，是之謂洗髓，是之謂還丹。　伐毛者，眞陽之氣攻伐毛竅之陰邪也；　反骨者，眞陽逆行乎骨中，自頂至踵，如水銀瀉地，無微不入，一氣貫注，通體之骨節皆靈，陰氣消除，通體之骨節皆健，故又謂之換骨；　洗髓者，卽眞陽洗滌骨中之陰髓也；　還丹者，還其既失之丹也。　丹以藥而得名，藥以治病。坎中之一陽乃先天之祖氣，卽人身之太極。此祖氣爲人身徹始徹終之物，卽爲此身可死可生之本，亦卽爲此道最要最切之關係。培之而成，失之則敗，世人其知之乎？　此長生之大藥也，故謂之丹。　以得於乾金，故謂之金丹。人得此氣，以成形而生，則此丹爲與生俱來之物。自男女交，而此氣失其初矣。牿之反復，而此氣愈覺其微矣。至此氣絕，而坎變爲坤，則命氣絕矣。天根拔而月窟空矣。後天呼吸之氣，亦須臾而與之俱盡。知人之所以死，以無此氣，卽知人之所以生，不可不急培此氣。孔子曰：「未知生，焉知死。」是明言知其所以生，卽知其所以死。是教以求死之理於生之理，斯知之矣。淺者不察，若擬聖人不明乎生死之理也，不大謬哉？人能以既失之丹，正心誠意以採之，養性立命以培之，使天根動而往乎月窟，月窟滿而來於天根，一動一靜，互爲其根，則固有之元氣，返之於身，如久客歸家，如故物重逢，是以謂之還。

誦邵子之詩，復參以愚說，天人一貫之理，可以窺其底蘊，丹道初功，已得其大本矣。然不過以其人之道治其人之身耳。彼秦皇漢武，求丹於海外，是不能明乎聖賢之理，不能窺乎天地之妙。世謂吞日精月華以求長生者，是欲速死於外感，其愚更可笑也。無論第吞其氣，縱使納日月於腹中，試問能長生否乎？有不頃刻立斃者乎？世之左道多矣，服氣餐霞辟穀之說，舉無關於性命，不惟無益，而有害之矣。竊願忠孝之人，有志延年，當以邵子之論爲確，卽有志成眞，亦必自邵子之論爲始。

三才大易

张玄光　著

此書是講修養工大，共有十篇，明朝天啟二年公元一六二二張玄光作，辭句簡潔可喜，但非普通學道之人所能領會。

公元一九六〇年攖寧記

三才大易體道還丹原序

蓋聞天覆地載，草昧初開，人生其中，是謂三才。又聞上古有眞人者，提挈天地，把握陰陽，呼吸精氣，運用神光，壽同天地而不計春秋，道冠古今而無有終始。故上聖仰觀俯察，近取諸身，遠取諸物，括陰陽之妙，參造化之權，以五行八卦借顯天機，創爲丹訣，期於度世度人，使至貴至靈之體，不致與草木同其腐朽。獨惜志道之士，不揣其本，不探其原，止求養生之小端，未識修身之大道，遂使輪迴墮落，妙諦塵封。其於一本萬殊之至理，明心見性之實功，未能動合機宜，幾至隔靴搔癢。余自通玄後，遍閱丹經，歷參道友，因知人身自有天地，寸心自具爐錘，於是備細闡明，創爲十論，俾超凡入聖之訣，藉以常存，而於上聖度人度世之婆心，不無所補也。

時天啟二年歲次壬戌小陽月問渠子張玄光序

三才論

天位乎上，地位乎下，人位乎中。三才有天、地、人之分，定位有上、中、下之別，抑知丹田三處，乃性命之根蒂，實生死之門户，亦分天、地、人，上、中、下乎？夫人既得天地之正氣以生，當思參贊天地，調燮陰陽，爲宇宙不可少之人，爲古今不能壞之身。然非夙有善根，未易語此。第苦海茫茫，回頭是岸，故太上垂教，歷劫度人，誠能滌慮洗心，立身修道。行由規，動由矩，以一心通二氣之玄；困而學，習而安，自一身備三才之妙。故易曰：「易簡而天下之理得，天下之理得而成位乎其中矣。」可見易理在天地，天地在我心。學道者當求易理於吾身，不必求易於天地矣。可不勉乎？

訣曰：三才定位，聖人成能；開來繼往，遇化存神。由動入靜，攝妄歸眞；下學上達，與道爲鄰。

陰陽水火卦象論

太極之先，始於無極，聖人開闢，其畫惟一。一者，數之始也。由是而百、而千、而萬，皆由此而推。一者，又象之奇也。由是而兩儀、而四象、而八卦、而六十四卦、而三百八十四爻，皆由此而出，有奇有偶，分陰分陽。離卦二陽一陰而中虛，火中有水；坎卦二偶一奇而中滿，陰中有陽。他如乾遇巽而成姤，地逢雷而爲復，乾盡午中，坤盡子中，離盡卯中，坎盡酉中，陰陽交變而運動生焉，水火旣濟而爐鼎立焉。只要隨時採取，便得配合，由此窮流溯源，乃是吾宗眷屬。

訣曰：庖羲治世，一畫開天；陽奇陰偶，乃分坤乾。水能下潤，火能上炎；水火旣濟，變化出焉。生生不已，天分後先；流通百脈，灌溉三田。先天對待，後天左旋；交易變易，玄而又玄。

先天圖

先天對待
乾南坤北

後天圖

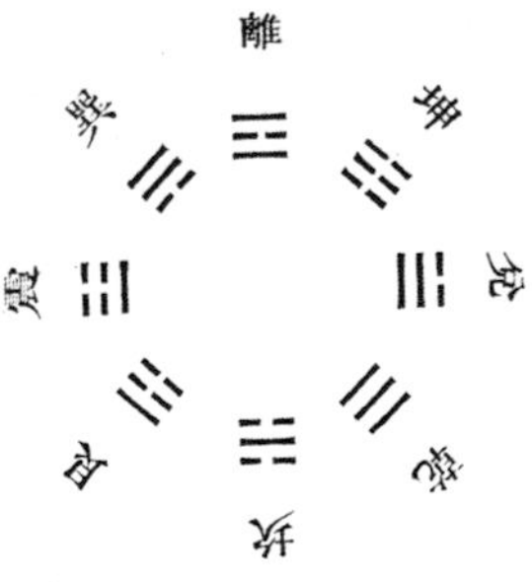

後天左旋
乾在西北

乾坤圖

☰乾，陽也，奇也。

☷坤，陰也，偶也。

坎离图

☵坎，水也，陰中有陽也。

☲離，火也，陽中有陰也。

既濟圖

䷾水火相交，各得其用，六爻之位，各得其正。水火濟而陰陽和，所謂交易也。

復姤圖

䷖剥　䷇比　䷏豫　䷎謙　䷆師　䷗復

䷪夬　䷍大有　䷈小畜　䷉履　䷌同人　䷫姤

一陽五陰之卦，自復而來；一陰五陽之卦，自姤而來：所謂變易也。而二陰二陽、三陰三陽可類推矣。

正心論

孔子曰：「欲修其身，先正其心。」老子曰：「若欲修道，先觀其心。」明乎心者身之主，而道之所從出者也。人自受生感氣之初，稟天地一點元陽，化生此竅，以藏元神。其體至虛至靈，其用至玄至妙，乃人身之主宰，眞所謂「得之則生，失之則死」者。奈世人捨近求遠，捨易求難，遂使七情牽擾，昧其固有之天良；六欲朋從，失其本來之面目。未能融會五行，安能超出三界？所以下手工夫，先將此心撿拾，立其志，愼其行，遷其善，改其過，人事盡於下，天心眷於上，汲汲焉如有求而弗得，皇皇焉幾欲罷而不能。心合於道，道卽在心，心既常存，道不外是。立之監，佐之史，見先哲於羹牆；質在上，臨在旁，愼獨知於衾影。久之又久，純而益純，泰然心清，浩然氣暢，凝然不動，寂然無爲，自然知慧日生，精神朗澈。學者細心參之，方有大受用處。

訣曰：唯天生人，心有七竅；爲身之主，參道之妙。物交於前，見異思遷；欲收意馬，當鎖心猿。制外養中，朝乾夕惕；以神馭炁，以炁定息。對境不迷，悟心成道；攝境歸心，乃臻玄奧。

修性立命論

先天混混沌沌，陰陽未分，氣與理附，乃無極也。太極判而兩儀生，氣爲形，理爲性，由一而二，由化而生，其中無巨無細，萬萬千千，莫不皆有性命。易曰：「各正性命。」下一「正」字，有多少妙處。此時急把性命捉住，入門一日，便求一日工夫，勿計已往之久暫，勿計將來之遲速，以一心而參至妙至玄之理，以一身而備三才萬化之機，道法雙修，體用不悖。理明而志定，既得於有生之初；性修而命立，復全於有生之後。於此而有「苗而不秀，秀而不實」者，吾不信也。

訣曰：氣以成形，理以成性；秉於生初，謂之天命。率其自然，功以漸進；性善同歸，超凡入聖。

定志論

修眞者，當從道上得箇眞體用，方有進境。天道本無朕無名，備於太極一心耳。虛靈者，體也；妙應者，用也。若夫半信半疑，或作或輟，朝得夕失，今是來非，終悞自家大事。故志有定而貴於理明，心不外馳，自然氣足。以形負氣，以精會神，勇往直前，志願堅大，可以造道奥，可以通玄關。知而修之，不成不已；修而明之，不已卽成。人事盡而天理昭，後天全而先天見，則宇宙由我轉，萬物由我用，至簡至易，其庶幾乎。書曰：「知止而後有定。」又曰：「匹夫不可奪志也。」此之謂歟！

訣曰：吾道雙修，有眞種子；學者得之，何以不化。立志宜專，知止有定；其道維何，曰性曰命。性功不渝，氣與理俱；精隨氣足，神自安舒。體用兼備，陰陽定位；不息自強，繹之爲貴。

立功論

太上立德，其次立功。德原於天，功在於己。闡道者，千言萬語，從此衍來；得道者，先聖前賢，從此出去。故力行造詣，功之所致，驗卽至之。修身先要正心，明心乃能見性；築基須宜養氣，煉氣須要存神；入藥當鉛汞均調，結胎期水火相濟：皆自無而入有。貴卽始而見終，審其機朕以進工，窺其奧竅而取藥。不慮今日之修無將來之果，正慮今日不修將來有何好處。由是此身惟有此心，此心惟有此神，得心而身可忘，得神心可忘，身心合一，神氣歸元，斷未有胎仙不結、聖功不就者也。人其勉之。

訣曰：天無私親，惟德是與；功高行備，中規合矩。初哉始基，由漸而入；爰立爐鼎，藥苗須識。鉛汞交融，既烹且煉；火候無差，胎仙乃現。

訣法論

工夫要自得，專向陳言求訣，按圖索驥之流，終爲有識者所笑。須用古聖丹經，印我心中妙用，若合符節，便是得師。吾道先悟後訣者頗多，後悟先訣者益衆。未悟而得訣者宜早悟，徒悟而少訣者終少成。抑知自家性命，不假外求，但能由外入内，借假修眞。養氣煉氣存神之功，卽爲却病延年養身之徑。中間採取、配合、烹煉種種作用，皆有自然景象。正如瓜熟蒂落，水到渠成。若能體而行之，則身心俱爽，神氣交融，其妙自見。

訣曰：天不愛道，地不愛寶；古聖丹經，彰彰可考。言以闡道，訣以代言；仍須意會，方得其玄。心心相印，收視返聽；天理常存，人欲斯淨。修煉金丹，綱舉目張；功無間斷，自得大還。

採藥安爐論

吾道妙用，見性明心。性不獨存，所附者形。然形不止於五臟六腑血肉肌膚，而在乎精氣。故以神馭氣，以炁煉精，精炁會合，自然成眞。是爲匡廓，是爲胞胎，是眞金鼎，是眞藥材。能得此者，號曰胎仙。重生命蒂，數不由天。從此進步，習定養神，安凝入鼎，漸調漸親，一旦功夫純熟，自然元神飛躍，如在冰壺，如登霄漢，六合歸於一粟，萬物備於一靈。此靈在，則運動生焉，智覺出焉；此靈亡，則髮膚朽焉，見聞滅焉。是以知此者，多捨形而求靈；昧此者，多貪形而喪靈。此靈若亡，形將安附？而人反捨近求遠、捨本逐末也。哀哉！

訣曰：以人載道，因物賦形；一靈不昧，惟精炁神。是爲內景，藥物三品；水火升降，須用爐鼎。混融二氣，鼓鑄五行；神凝氣結，九轉丹成。

火候論

道本具足，返求可得，不失其時，火候乃熟。夫採時之謂藥，藥之中有火焉；煉時之謂火，火之中有藥焉。以火煉藥而成丹，以神馭氣而成道。神卽氣而凝，氣以神而住。神定以合乎氣，氣和以合乎神。小則配坎離之造化，大則同乾坤之功用。故水火升降，金木混融，陽火既極，陰符施功，嬰兒姹女，匹配黃宮，雲收風靜，龍虎潛蹤，黍珠呈象，光照虛宮，百日基固，十月聖功。念不起則火不炎，意不散則火冷。金鼎之湯常煖，玉爐之火頻添。綿綿相續，息息相關，全然赤子之心，自得忘言之妙。丹經云「聖人傳藥不傳火」，學者須細參之。

訣曰：　既識鼎爐，須明火候；　陰陽調和，坎離交姤。煉精化氣，煉炁化神；　煉神合道，乃全其眞。漸凝漸結，漸採漸煉；　功夫純熟，融成一片。動靜交養，時哉弗失；指日丹圓，是爲永得。

金液還丹論

萬聖一道，千古一心，心眞道顯，妙緒可尋。故可得而知者，識慮之神；　不可得而見者，神明之體。聞訣者必從道而求諸心，乃因心而至於道。修眞妙用，只借藥物三品，養成胚胎，凝後天之神，以見先天之性。感物象以明氣機，順天時而盡人事，陰陽升降，火候無差，神氣兩忘，身心合一。由是白雪滿空，黃芽遍地，神光返照，金液大還，自然身外生身，陽神出現。或飛遊太清，或沖舉上院。煉形合道，名登紫府之眞；　煉炁還虛，道契黃庭之妙。始於有作，終於無爲，身在環中，神游象外，此大丈夫出世之樂也。學者可不知所從事哉？

訣曰：　窮神知化，妙用因心；　上天下地，前古後今。心爲身主，其用至靈；　金丹玉液，妙契黃庭。物欲不撓，百體從令；　出入自然，天君泰定。無名無形，清靈之境；虛極靜篤，玄機默運。三才一體，有始有終；　命全性住，跳脱塵籠。寂然不動，有感皆通；　丈夫至此，名證仙宮。

金丹贅言

凡修斯道者，平日必忠君、孝親、敬兄、信友，多積陰功，廣行善事。如果樹德，方能載道。德爲道之基址，道是德之華實。欲修大道，先積陰功；欲傳大道，先考功德：此至理也。

欲下靜功，須備靜室，堅固門户，屏除雜念，備辦布帳，温厚坐褥，毋使風侵，身體舒暢。又必須閉目靜坐片時即調浮沉，俟氣稍平，心思寧謐，然後下手。又須將大道層次，逐節火候，一一考究，件件明晰，方下手。

凡大道，有一層秘訣，必有一層危險。遍訪明師，詳細諮詢，務使胸中了然，不令稍有疑惑，致臨時周章。否則遇有危險，不知隄防，以致鼎爐走失，極爲修士大害。少年丹走，尚有可待，老年陽衰，一經丹走，再起爐竈，未免艱難。與其事後追悔，何如當場詢明。此修士切要之關鍵也。兹於一節法則，指出一節火候，一層工夫，指出一層危險，草創是籍，願修者查核。

起手工夫法則

修道之士，入室靜坐，垂簾塞兑，回光返照，以鼻微微吸氣一口，下不衝腎，上不衝心，上下往來，舒舒徐徐，以心火下注丹田，用一意存於丹田，一意存於心上，此第一着起手之秘法也。如或鴻鵠賊心，意爲牽引，則一陽不旺，五氣不能朝元，此則起手之小有危險也。

次則加調息之功。其法，在眞如心內，分一意下注丹田，分一意上存心中，俟口鼻引有後天之氣來，用意接引，下注丹田，不可衝腎，隨順其勢，升送至心，不可衝心，以回光之兩目，上下循行，往來接引，微微鼓送，綿綿若存。後天之氣雖出口鼻，而意盤居氣中，似在心下腎上八寸四分之中，若未出口鼻也。息既調匀，陽氣自旺。雖年老人，於虛極靜篤之候，其活子時亦必來之多多矣。此調息興陽之秘法也。倘或以口鼻之後天氣直運至丹田，勢必勉强制伏，力爲默運，則必成疾。或致氣墜腎囊，腫其腎子，或冷氣下注，風傷丹田，小腹疼痛各疾。此調息不得法之危險也。

遇有俗事酬應，心如明鏡高懸，物來則照，物去則無，心地常靜，氣息常平，莫爲牽引，莫爲移動。後隨以又目下注丹田，提起精神，掃除雜念。如法調息，每夜如調至七百息，斯爲得矣。如或迷睡，一俟醒來，仍接數天機，則陽氣大旺，通身快暢。此酬應後之調息，亦卽經云築基之秘法也。如不知收攝心神，爲物所迷，則神外向；或神疲氣喪，睡魔來侵；或夢寐不安，以致錯誤活子時，或致偶爾遺漏。此卽不知收攝心神、酬應神疲之危險也。調息既久，身體無故或致震動，此係修功好景。百脈震動，藥產將至之景也，不可誤認爲病。或因調息功勤，腹内有聲，經云「黄芽出土，陰氣追散」，此係調息功驗，亦藥産之機也。

調藥之道，亦有危險，不可不知。如或陰神來侵，識神作怪，憑空想及夫婦房幃之私，頓起淫念，内攻心火，致動相火，亦能興陽。此係邪火妄攻，陽氣雖動，萬不可採。一經採回，將來必成幻丹，非長生之藥，是速死之事也。

採藥必認源頭清濁，如偶遇重濁之陽，及淫念興起之陽，卽刻提起正念，打起精神，猛加武火，鼓盪熏散，以免將來作祟。此驅邪淫之大法也，修士不可不知。亦邪陽既息，卽加意温養，以免將來危險也。

調息有步位，自心下至中黄三寸六分，自腎上至中黄亦三寸六分，其中丹田内只一寸二分，共計八寸四分。自天至地八萬四千里，人身自心至腎八寸四分，亦按天地之數，然亦有危險。於調息之時，不可執着，倘一經着相，則起邪火，以致成疾。此調息危險也。

起初打坐，不可拘執舊套，如或困倦，不妨坐睡片時。何也？使其神清氣爽，不致昏迷。此養神靜氣之法也。但於醒時接續調息，温温靜養，以保全元氣，則陽自旺矣。

調息既久，於虚極靜篤之時，一陽發生，氣奔陽關，卽施以口授天機之法，如法採回，加意招攝，不可睡迷。

採藥有地。從陰蹻内採回，逆申丹田。若不從陰蹻，藥不能採回，徒勞無益。此採藥之部位也。又不使散漫無着，如水之溝渠，旁涉埂壩，以息爲之，庶不致泛溢無歸，修士不可不知也。

採藥有時。如有藥來，或陽來，其時内或雜念叢生，不可採取。其念既雜，雖與淫念有間，其實體質重濁，採而煉之，亦只能成地仙。地仙者，因所採之藥，質本重濁，則所修之仙，不能離地故也。其與虛極靜篤之氣採而成天仙者，大相懸殊也。

以上各條，如果潛心體玩，詳細研究，不容一毫雜念在心，日積月累，元氣充足，天機發動，則長生之種至矣。

藥產景象

藥産有景，不可不知。如周身温和，精神爽快，一陣一陣温暖，四肢似乎沉重，周身筋骨自動，及心中意中事務，概行打掃乾淨，極力屏除，閉户入帳，寬衣獨坐，冥心默照，一塵不染，虛以應之，靜以待之，萬不可起念，亦不可起火。將見周身暖氣沖和，如沐浴之方起，手足似微麻木，骨節周身摇動，心内先天之氣如同解冰，腦後骨動，鼻内毛動，口内津湧，腎管毛動，雖有各樣景象，萬不可見景移情，並不可妄起雜念，亦不發大明覺，恐其神隨情轉，心向外馳。惟有意守規中，心地寂然，將見一陣一陣暖氣聚會，帶脈亦覺摇動，盡行聚於丹田之內，寂然不動，片時後，可用微意徐徐勾引，萬不可着相。如果不動，靜以俟之。再候片時，又用微意微微鼓動一二意。又靜以俟之。靜候既久，其氣旺相，其藥直奔陽關。此年老之人藥來遲滯也。蓋年老陽衰，神疲氣弱，故藥來性緩。若少年人，其氣溫養聚會在丹田，不過片刻卽奔陽關矣。

或是先天之氣先微而後旺，周身骨脈先稍動而後大動，百脈齊集於丹田一二時候，然後寂然不動，久之，其氣亦不奔陽關，卽此雲收雨散。此其故，係氣至而神未全，仍靜以待之。或是候久，或稍睡片時，而陽氣復興起矣。

採藥法則

藥來時，自知內裏清淨，的係眞藥，不可發大明覺，否則藥氣卽散，不能聚會。此眞藥來時之危險，不可不知也。

藥到陽關，用口授秘訣，必須名師口傳，徐徐採之，整頓精神，用力猛加招攝，以武火採取。一俟陽痿，是藥已採回，用口授歸爐之法、封固之法。工夫已完，稍停片刻，又用武火如法攻激數十息，俟丹田內精已鎔化，然後稍停武火，留神默照，用文火溫養。此臨時採藥之法也。

藥物老嫩須辨

藥物初至，其質尚嫩，不可採取。易云：「初九，潛龍勿用。」如或太盛之後，則藥物已老，其元氣已耗，亦不可採。採之將來力微，難於衝關，亦難於凝結，此太過、不及，均歸無用。必俟氣奔陽關，陽物甫堅之候，卽刻加意如法採取，不老不嫩，無過、不及，此衝關飛昇之妙法，白日羽翰之妙藥也。如藥來採取失候，歸爐封固失候，又或缺少攻激，藥不能鎔化，自不能存留，又將由熟路奔走矣。此係採藥缺少火候之大危險也。

如採藥一回，果係清虛之質，逐節工夫如法，火候不差，又能時刻留神温養，元氣日見充裕，不日又有景到，或五七日一至，或二三日一至，或一日一至，或一日數至，越採越多，其後藥來無數。斯時也，人既暢快，藥亦興旺，眞可謂之極樂景也。如前所採清虛之藥，逐節如法，自一步步直上天台。但恐偶不及檢，其間誤採邪火之藥，在内夾雜，將來必致並前清虛好藥而或一旦遺漏，前功盡廢。此誤採邪陽之藥，大有危險也。

自後藥來旺相，見藥卽採，遇火卽煉。如此行持既久，則元氣充實，丹田氣足，日夜温暖，四肢和暢，人如坐春風，又如酒醉，將見臍下田内，隱如藥墜，則是已經充足之元氣，未可久住丹田，其氣自然下注，或衝兩旁，或衝陽關，路不能通，或後鑽尾閭，斯時是要行小周天之景象也。卽用「一吸便提」之法，按照周天度數，一規一則，按時而申，以進陽火。到卯時沐浴，至午時亦稍有沐浴，用法下降陰符，一規一則，按而下至酉時，又須沐浴，仍歸下丹田。經所謂「起於虛危穴，止於虛危穴」者，此也。其中有口授天機，必須師傳，未敢形諸筆墨，恐洩天機，其咎匪輕也。

運周天，卯酉沐浴，子午亦小有沐浴，以象周天三百六十五度四分度之一也。自後藥來一運而周，藥來則運，藥止則止，運後只宜文火溫養，萬不可妄起武火，致有傷丹之危險也。

火急則焚身

運一周天之後，卽停陽火，住陰符，惟有溫養而已。倘或妄行武火，則火多必燥，通身發熱，眉目火炎。若不用法制之，則火旺而身自焚。其法，用意懸想眉間有黑毬如碗大，以天目之法，用神息一吸，吸下送至丹田，二三次吸，卽能解其大熱矣。此法名天目神法，是取神明眞水，用濟丹田眞火。不論時候，凡有火發，如法制之，無不神效。曾經屢驗。

火冷則丹散

藥產既多，須當時時温養，緒不可紊，功不可缺。或有事酬應，忘其神照久温養，則丹冷氣歇，移動他處。及至用神默照，而田内自覺空空無存，卽用救護之法，急爲找之尋之。其法，用我神明下照丹田，放下一場大靜，及至虛極靜篤之時，且看丹從何處去，現藏何處，用意靜觀細照其藏處，則用微微吸呼，送至丹田，用意仍從原路徐徐勾引，令其隨意回田。或一引，或數引，而後回爐，謂之「用意收丹」之秘法也。嗣後藥來則招攝回來，用法運小周天。如藥未來，則用神温照爐内。此卽長生不老之法也。修士行功，若果到此步位，則超出鬼仙，已到人仙，相離地仙不過幾希耳。至於止火景到，周天大運，來有大藥，十月入定出神乳哺，再容續記。兹因聞妙子出書以接引，又恐誤入危險，細詳指明，一俟做到純熟止火景到，再當詳加補書，以備查考。

玄宗集録

元陽有淫姤妄念，是淫精耗氣，不得長生妙訣。

陳虛白云：「大道先止念，念頭不止亦徒然。無念者，虛極靜篤未有念前，在杳冥中之元精，無念而遇，用法採之，是築基調藥之道。」

南嶽魏夫人云：「若抱淫慾之心，行上眞之道，青宮落名生籍，被考三官。宗道者貴無邪，棲眞者貴恬愉。」

白玉蟾云：「學人非難出塵，離慾爲甚難。」

王玉陽眞人云：「隨情流轉，定落空亡，更難成道。功難就，業難當。」

水源卽是藥源，源清眞是藥清眞，源濁不清眞是藥不清眞。長生仙道，必分別「源」字爲要。

神靜，是不着妄念。念不妄則神清，神清則氣亦清，是聖種；神動則氣動，原着妄而濁，是凡夫輪迴種。故先聖教人，辨此爲至急。

廣成子云：「靜則靜於神意，動則動於神機。」

抱一子曰：「耳不聽則坎水內澄，目不睹則離火內熒，口不言則兑金不鳴。三者既閉，則眞人優游於其中。修道者，百脈俱沉，形氣盡消，力弱不支，昏濁如醉，乃道之驗、德之柄也。昏者，明之基；濁者，清之源。自玆以往，圓明洞照，虛澈靈通，莫不自昏濁始矣。」

持其志，毋暴其氣，如嬰兒之柔弱，庶幾可以反本還原。

吉王問伍眞人曰：「辨清何爲？」沖虛眞人曰：「清氣者，天之體。欲爲天仙，必以清氣同天之本體，而後能與天合德。純陽祖師云：『煉氣方可升仙。』水雲集云：『今生若要登雲路，不合虛無不得仙。』言得同天之清氣，可必證天仙。若有一毫形不能妙，則同於重濁之地體，而止合於地德，止證地仙而已。吕祖云：『煉止於住世地仙，不能離地，可得百千萬億歲壽，不能升天。』」

精，一也，有元精、淫精之異。名是有主宰而致有異，豈自異哉？然元精在身中，靜篤時無形之精也，即元氣，即先天。

精氣要煉，雖能生諸後天有形，不得神宰，亦只於先天無形，而不自爲生。後天雖有形，久而不採，亦只成先天之散氣而已。當其隱於寂靜中，靜極而自動，曰生精。是天地自然循環之理如是也。故修丹者，由靜極而生之精，名曰精而實非精，故曰元精。未妄動而氣本自足，氣足則能成丹，轉運而胎神出神也。然煉丹不可用交感精。何故？以其觸目觸耳而生，或念妄而生，生不由靜。而氣不足者，原非丹本，即不能成丹以長生不死，彼又以將見精爲幸，不知見精其勢即爲後天之敗精而已，焉得有已敗之形苦氣盡者，而能復返爲先天入於無形之氣乎？故仙道與邪門之所以異者，必不用淫精也。

紫陽眞人云：「幻丹者，由未靜心田，遽稱一陽。陽非眞陽，神非元神，以慾念交會陽生，此幻丹採至臍，又無安頓處。後天敗精，蕩然而去，先天無主，此非長生之丹，乃促命之法。」此深示人以後天有形者必有敗也。

沖虛眞人云：「予有一詩，人當悟之。詩曰：『元精何故號先天，非象非形未判乾；太極靜純如有動，仙機靈竅在無前無形之前。夢回妙覺還須覺，識到眞玄便是玄；說與後來修道者，斯言不悟枉談仙。』」

妙用章

元陽禪師曰：「道之妙用，豈有他哉？惟知神氣而能自用者，至矣。但先必安其爐竈，明其橐籥，則不落於空亡，可以定爲規模。神息用時，而有所歸向；精神用時，而有鎔處。然後風煽火鎔。神氣之融，合而爲一，卽爲造化之根也。」

活子時來者，乃微陽之謂也，古曰冬至，今曰陽生，卽是氣至。奈氣之順而無所歸也，故斂其意以尋其窟，而攝其氣以歸其爐，是謂「採」也。欲氣之聚者，當知用其息，則散者自聚，蕩者自定，而丹爐內有妙藥之可煉可烹矣。若臨爐之法，其火候精而且微，在乎意之規察，念之明辨，以神爲元工，以時久爲妙法，精且化之，氣且融之，方名曰調藥也。藥則先天之苗，不待乎搜索，頓然而現，是謂玄關開路也。

天然問曰：「此時可取否？」「休妄動也，又不可昧也。斯時也，就也，定也，聽也，待也，卽謂修眞採藥之妙訣也。時至不假尋求，水到渠成，神氣脗合，無中生有，相機而運，注坎而取，乃造化自然之妙，安有穿鑿而可取得者哉？且藥之產者每易馳，易馳則易洩。欲氣之住者，使平其意，鼓乎風，氣纔有得有住也。至採封固，安其爐丹，立其斗柄，爲囊爲主，使藥爲皈亭之法也。然後丹爐內纔起火烹而煉之。煉火者，氣則旋而行矣。欲氣之運者，立乎其斗，鼓乎其息，氣纔有行焉。假如運行，接其度數，定其卯酉爲規則，平乎其藥，是爲均藥之法也，則任督之道，方纔鼓風吹而旋之。能如此法而周天者，亦自然而然也。」

天然問曰：「大藥可採者，有其息耶？無其息耶？」華陽曰：「有之屬於拘滯，藥則不生也；　無之火冷氣藏，藥亦不生也。當斯之時，不着意於息，亦不馳意於息，任息之自運，不落其無，則無限也。惟是息之別名者，周天火也。藥憑火之力，胎得其所補，神得其所養。初懷胎息火，時刻勤而行之，三寶相容，工夫不間，胎有所補也，神有所養也。故靈之微通，慧之增長，由火之補也，得氣之培也而化。凡夫一刼圓成大道者，是得妙用之所助者也。」

鍾祖曰：「法有十二科：　匹配陰陽第一，聚散水火第二，交媾龍虎第三，燒煉丹藥第四，肘後飛金晶第五，玉液還丹第六，玉液煉形第七，金液還丹第八，金液煉形第九，朝元煉氣第十，內觀交换第十一，超脱分形第十二。其時，則年中法天地陰陽升降之宜，月中法日月往來之數，日中有四正八卦十干十二支一百刻六千分，依法區分，自一日之後，證驗次序，以至脱體升仙，無差毫末。」

始也，淫邪盡罷，外行兼修；　凡采藥之次，金精充滿，心境自除，以殺陰鬼；　次，心經上湧，口吸甘液；　次，陰陽擊搏，腹中時聞風雷聲；　次，魂魄不定，夢寐多有恐怖境；　次，六腑四肢，或生微疾小病，不療而自愈；　次，丹田自暖，形容清秀；　次，居暗室自有神明；　次，夢中雄勇，物不能害，人不能欺，或如抱得嬰兒歸；　次，金闕玉鎖封固，絕無夢洩遺漏；　次，雷鳴通，關節連，驚汗四溢；　次，玉液噴漱成凝酥；　次，靈液成膏，漸畏腥羶以充口腹；　次，塵骨將輕而變，神寶出珍，奔走如飛；　次，對境無心，而絕嗜慾；　次，眞氣入物，可以療病；　次，內觀明朗而不暗昧；　次，雙目瞳人如點漆，皺臉重舒，紺髮再生，已老如童顏；　次，眞氣漸足，似常飽，所食不多，飲酒無量，終不見醉；　次，身體光澤，神氣秀媚，金丹成味，靈液透香，常在口鼻；　次，目視百步，能見秋毫；　次，身體舊痕殘靨消除，不見涕淚涎汗；　次，胎完氣足，以絕食飲；　次，內志清高合太虛，凡情愛自絕，下盡九蟲，上死三尸；　次，魂魄不遊，以絕夢寐，神清氣爽，更無晝夜，陽精成體，神府堅固，四體不畏寒暑；　次，生死不能相干，而坐忘內觀，以遊華胥神仙之國，女樂樓臺，繁華美麗，殆非人世所有也；　次，功滿行足，陰報應，密授三清眞籙，陰陽變化，預知人事，先見災福；　次，身外有身，是爲神聖；　次，眞氣純陽，吁呵可乾外汞。

玄關一竅，卽土釜黃庭也。呼之根，吸之蒂，此正玄牝也。婦人懷胎之處，臍後腎前，小腸之右，大腸之左，在中空一竅，陽舒陰慘，本無正形，但意到卽開，開合有時，此謂天地之根、結丹之處也。

寂無禪師 著

玄宗直指

第一步　煉精化氣

精乃先天至靈之化，一念而有我身，則我之至精，乃元陽也。今不知採而煉之，則元精爲後天所盜，而元精耗矣。旣耗，不能生氣，而氣餒矣。氣旣餒弱，不能生神，元神散而昏矣。是以生而必死。惟修者，認得一點元精在身中，爲坎中一畫眞陽，採之以化爲氣，充滿身中，必先立基，明此竅是元始之祖、萬物之根、太極之始、受氣之原。父母生我，先生此竅，卽根蒂基址也。於是知男女交姤，精入牝户，精中一點眞陽，生左腎，爲性，血中一點絳桃，生右腎，爲命。腎中伏，母呼吸。母臍中一氣往來，沖鼓靈胎，結成橐籥，卽有臍帶。臍帶通二腎中間一竅穴，卽爲立命之處，純陽子云「窮取身中受氣初」是也。前對臍，後對腎，中間爲玄關，其名眾多，不可悉數。能於二六時中，萬緣放下，凝神入此竅，則氣隨神往，自然歸於此處。工夫若不間斷，息息歸臍，則呼吸之氣不出鼻，然後口鼻呼吸，漸漸微少，以至於無。經云「氣歸根而爲息，神入氣而爲胎」，此卽謂之胎息。「調息須調眞息息」者，此也。如是，朝採暮煉，行到二七，腹中雷鳴不止，一身陰氣趕散，腹中陰蟲，悉從大便解出，自覺竅中，融融溫暖，氣從竅中緩緩上升，至中宮而止，又一氣從心降下，亦至中宮而止，此謂坎離交姤，名曰小周天。日日工夫不輟，至半月後，自覺和氣薰蒸，混融一塊，俱降此竅，陽氣滿足，自然上升。其氣初於尾閭穴欲撞而過，然尾閭覺痛，猶未能撞過，仍前工夫不斷，眞氣滿足，忽然尾閭一撞而過，挺然上升，一到中間，或有些小阻礙，不能上通，工夫仍前不放，則中關又過，至玉枕亦復如是。三關既過，自然氣升泥丸。此是初關景象，嗣後精氣神全。一靜之間，丹田温暖，卽一陽來復之時也。玉蟾曰：「妙在神全，夢覺時有緣若遇眞冬至，其藥生矣，急宜採之。口中津液滿口而生，其氣又下重樓，入絳宮，復至丹田。斯時也，夾脊如車輪，四肢如山峙，毛竅如沐浴方起，骨節如睡之正酣，精神如夫婦之歡欲，魂魄如母子之留戀，口鼻絕無氣出，乃自得境界見眞神之後，周而復始。但一陽萌蘖，卽當採而煉之。

第二步　煉氣化神

神卽性也，原初天地始劫以來，圓陀陀，光灼灼，先天地而不知其始，後天地而不知其終，至靈至妙，確然不壞，方我形軀初生落地時，一靈眞靈，卽元神也，從虛而來，投入顖中，歸於玄竅，性命合而爲一，此卽謂天地未判、鴻濛未分，卽金命木性合而無間，元始之初也。只爲生時，此眼一開，囫的一聲，氣從囟中分散，不能守胎中一息，性居頂，命居下，分而爲二，從此鉛汞異途，姹嬰各位，加之氣日以斵耗，神失其養，及年與歲長，六慾交攻，而眞性斵喪壞矣。修煉者，煉精化氣後，見藥卽採，見火卽煉，久久純熟，將見金木併情歸性，嬰姹交合，周天之氣在其內矣。但覺天地氣被我返來，久之，一氣自頂中，由明堂而降鼻柱，遍及周身，酥輭之狀，身如入泓清水中，渾然太極，其氣自升自降，宜用温養。眞藥自生口中津液，名曰玉液還丹。自此以後，一闔一闢，一往一來，一升一降，無有住息，如天道周旋，日月升降，星辰運動而不已也。天關地軸，河車自轉，初動稍爲用意，次則自然而然，雖我亦不能自主也。初則三五日一丹，次則二三日一丹，或一日一丹，後一日二三丹，一日五六丹，再後丹來無數，來時口中如彈丸大，甘如蜜，降下中宮，以意送中宮，非起初玄關之處，乃天地之正中也，謂之移爐換鼎，所謂「乾坤交姤罷，一點落黃庭」是也。大靜後，目前眉中現出一輪明月，不離印堂上，或有七日靜，或十四日靜。此時不可少縱念頭，倘少縱念，火冷丹流鼻柱而坐化矣，火大則火熾而燒身爲灰燼矣。工夫靜久，又見一輪紅日升起，入於目中，與月相併，工夫毋得疎漏，日月交會，成一圓明珠，卽眞鉛汞結一處，打成一片，日月合璧之妙也。少頃，湧泉穴有熱氣二道微痛，有三日之久，勿認作病。降於中宮，三華混一，嬰姹相見，伯陽曰「金來歸性初，乃得稱還丹」者，此也。此氣一交，又從尾閭過夾脊，上泥丸，補腦。腦有九竅，九竅完固，化爲金液，流入絳宮，至中黃庭而止，將前得之丹，皆化爲金液矣。此始云：「眞精既返黃庭室，一粒明珠永不離。」金珠一粒，大如黍米，在於中宮，光明赫奕，五臟玲瓏，百關透徹。嗣後骨節漸開，如拽風箱，有聲升頂。自此金丹附體，大藥成矣，嬰兒兆孕。此時得金丹爲胎，不可一刻失温養，如小龍養珠，如雞抱卵，念茲在茲。如此十月，丹卽神，神卽丹，嬰兒成象，瓜熟蒂落。移此嬰兒入泥丸，再加温養，然後調神出殼，忽然頂門如斧劈痛，勿認作病，或幾日，一聲頂門大開，嬰兒露象，不可在黃庭温養，終是陰神，下原屬陰故也。宜在頂養。頂乃陽之首，卽出者陽神也。亦謂之移爐換鼎，乃丹道不傳之秘。於丹熟火發燒身，急存想眉間有一黑毬，卽眞水也，收吸入鼎中，其熱自退。此是有無交入之場，工夫到此，則氣化神。夫神卽我之元神，得金液點化，温養十月，氣足神靈，脱出神胎，身外有身，聚成形，散成氣，隱顯莫測，風雨莫出門，饑飽莫失時，喜怒要有節，擇吉辰，萬里無雲，肝出青雲心出紅，脾出黃雲肺出白，腎出黑雲，頂門擁出，結華蓋，托定嬰兒。若要行步，須漸漸而進，至千萬還歸本舍，然其升至空中，離凡體四五尺，勿得驚懼。若見諸神仙天宮一切景象，切勿染着交談共語，忽然一輪紅光如車輪，不必疑惑，急存正念，一靈眞神就到光前，如一寸三分，一吸其光隨神而入丹田，此乃金液成就。自後操持純熟三年，方任其自然。更有向上一着，煉神還虛，必入名山洞府，面壁行之，不可妄傳。

第三步　煉神還虛

神原來從無入有，以有爲無，與虛空同體，妙不可測。只爲有此幻身，知誘物化，着於色相，將此幻身沾染，把此無形無象原來一箇本來靈通妙用之神，被後知覺業識攻奪，流浪生死，永劫喪亡，見種種物卽生種種心，不能離種種際遇，滯礙而不得受變化，故不能返虛無爲形神眞妙耳。惟到嬰兒成象，又加面壁忘神合虛，將煉純之陽神收入泥丸，不饑不渴，不寒不暑，超赴三界外，須有象煉至無象，千變萬化，虛空粉碎，與道合眞矣。

最上一乘無極妙道
天仙眞源直指秘錄

叙

禪怕頑空，道怕旁門。大道出於自然，旁門出於使然。大道至簡至易，難遇而易成；旁門有作有爲，易遇而難成。此直指秘訣一書，洩盡天機，無有遺蘊。仔細參詳，熟讀玩味，前後貫徹，理性圓融，略無滯礙，方可下手。有不解者，莫恥下問，勿謂不曉而生退志，勿謂易得而輕妄洩。祖師暗中時時鑒照，若肯志心體究，自然明白洞達。切莫因旁人一言，而流於搬運存想、摩按導引區區旁門小法，以誤萬劫大事。全要道念堅固，永不退轉，盤桓日久，則自然得箇快活。至囑至囑，珍重珍重，非人勿示，天戒甚嚴。是爲序。

第一章

人欲求仙，先須煉己。己有一分未淨，卽仙有一分難成。故儒宗以正心誠意爲明德之本。釋家以五蘊皆空爲見性之原，良有以也。

煉己之法，總在收心。心爲嗜欲所紛，名利所擾，所以妄事馳逐，使神不守宅，志氣昏迷。若能天目高張，看破世情都皆幻跡，惟此神仙事業萬劫長存，發勇往心，斷絕人事，將心反到混沌無極之始，則自然清明在躬，志氣如神。從此煉藥而藥物清眞，從此養胎而胎元穩固，從此出神而神通廣大矣。自非然者，精氣消忘，魔根日長，世壽尚難長保，尚望希仙哉？

第二章

「昔日逢師傳口訣，只要凝神入氣穴。」「凝神入氣穴」五字，眞長生妙諦。蓋人之所以得生者，氣耳。氣歸於穴，則日長日滋；氣散於外，則日耗日折。日長日滋，則民安國富；日耗日折，則國滅家亡：蓋生死關頭也。其穴在腎前臍後，中間一處，名曰中宮。神凝於中，則氣自歸；神馳於外，則氣必散。但凝神之法，只宜勿助勿忘，以神馭氣，切不可着意調攝，以致氣反役神。初下手時，但收反視聽，回光入内，微微見我呼吸起止，便覺身心靜定，氣息調勻，我只照定其處，任其升降，此爲柔上剛下、水火旣濟之象。久之息不出喉，只於穴中上下，一七二七，偶覺二腎火蒸，腰間煖盛，中宮劈劈跳躍，電火閃灼，乃爲眞氣已生之候。然後按定時刻，以神攢轉尾閭，撞破三關，而反中宮，爲一周天。

第三章

眞氣已生至中宮，劈劈跳躍，便是一陽初動不老不嫩之景矣。此時宜起火採之，不使其化精而洩。其起火之法，卽從一陽初動之際，爲眞子時，挺胸仰頭，緊撮穀道，用神逆轉尾閭，調定呼吸，默數刻漏，自子時至巳時，每時三十六息，以吸爲主，令其升起，遇卯停息凝照，亦約略三十六息；自午時至亥時，每時二十四息，以呼爲主，令其降下，遇酉停息凝照，亦約略二十四息。待至亥時終，送歸中宮，用五息四分之一封固，爲一周天。然後仍凝神氣穴，以候陽生。如是行工，除升降失度、採取違法不算外，必要仍滿一周天之數，方得眞氣充盈，精道緊閉，而可爲止火之候。但自始至終，必須如無似有，只以正覺爲用，切莫播弄識神，以至藥物不眞，神離氣散，不得結丹而空費工夫也。

第四章

欲行周天，須明關竅。自尾閭，而夾脊，而大椎，爲後三關；自泥丸，而絳宮，而丹田，爲前三關。前三關主降，其勢順，開之尚易。後三關主升，其勢逆，開之甚難。起火採藥，若無法開此三關，必生阻滯。法以三關爲三車。尾閭爲羊車，行火至此，須虛着尾閭，如羊之負物，其尾亂摇；　夾脊爲鹿車，行火至此，須曲背用力，如鹿之過澗，攢身一跳；大椎爲牛車，行火至此，須狠力一拽，如牛之負犁，着力在肩。知此，則火力不至散漫而失度矣。然尤緊者，玉枕不開，泥丸難上，行火至此，又須低頭擺拽，如犀之照潭，其角倒豎，開此一關，則眞氣直達泥丸崑崙矣。總之，以眞意調定呼吸，運氣過關前，兼此羊、鹿、牛、犀之功以助之，而總不離眞意運用。昔人云「鐵鼓三三過，全憑一箭機」者，此也。

第五章

周天限數已足，自有止火景者，精盡成氣，不惟中宮電光灼閃，眉間亦有電光，爲陽光再現是也。此時卽宜默照中宮，一念不生，住火停息，收攝未定之氣，氣至大定，則藥已凝成，無復走洩，而陽道縮小如童子矣。然藥雖已凝，其陽尚嫩，必須藥到純陽之候，方可採得。法宜定慧兼行，如猫捕鼠，以待三陽開泰，忽然眉間電光又閃，口中津液甘而且暖，是爲採大藥之時至也。夫前次小周天之火，已爲採矣，此時何以又名採藥？　蓋前次所採之藥，爲眞精外藥；　此時所採之藥，則眞陽内藥也。眞精外藥，採而歸於鼎中，薰蒸煅煉，凝爲内藥，而内藥又必採而升之黄庭，化其未盡之陰，乃爲金丹。經云「乾坤交姤罷，一點落黄庭」，卽謂此也。其採之之法，亦必勿助勿忘，調定呼吸，内而一念不生，外而纖塵不染，惟以雙目內視中出，日夜不息，數日之間，忽然六根震動，玄珠呈象，然後運動眞意，將此大藥由尾閭而泥丸，過關服食，落至黃庭，以爲神胎。

第六章

大藥已生，以眞意運轉黃庭。其間關竅，前採大藥時已有動機矣，此時只須眞意照顧，聽其自然上升，不必更用羊、鹿、牛、犀之功，以阻生趣。所慮者，六根震動時，眞意不能自主，則大藥卽頃刻奔騰耳。法宜仍用煉己之功，不管天翻地覆，牢栓意馬，不令少動，則六根無漏，大藥自然飛昇。但飛昇之時，亦有二險：其一爲下鵲橋，其一爲上鵲橋。下鵲橋者，尾閭是也。尾閭之地，與穀道近。穀道虛而且通，大藥衝關，恐從此洩，必須以左足跟抵住其道，用眞意輕輕引上。上鵲橋者，印堂是也。印堂之地，與鼻孔近。鼻孔虛而且通，大藥衝關，亦易洩出，必須以兩木墜塞住其孔，雙目內視，用意輕輕引下。如此，斯爲慮險有具，大藥可以降下重樓，而落於黃庭中矣。是爲刀圭入口，片晌結胎。

第七章

大藥落入黃庭之中，則已爲金丹服食，脫離生死矣。然己之元神，必須與之相湊，寂照不離，方能結胎。不然，神光失照，藥已旋傾，仍不免生死之路。惟是神與藥交，藥與神會，藥因神以爲歸依，神因藥以爲點化，久之，神卽是藥，藥卽是神，混合元陽，方爲得法。然後行大周天之火，温養澆培，而證圓明。大周天火者，沐浴之火也。藥既落入黄庭，先天氣、元陽精依舊而生，而此身已如蓬壺，全無阻礙，不惟不用羊、鹿、牛、犀之功，卽眞意運引，亦絕不用着也。此時但須蟄神藏炁，將黄庭與中宫混爲虛境，使先天氣、元陽精勤勤發生，培養其胎，而我只如龍抱珠，如雞抱卵，不離此虛境之地。如是十月，自然先天氣、元陽精亦俱斷絕，而食味已盡，百脈俱停，圓陀陀，光閃閃，本性通明，不生不滅，而嬰兒成形矣。

第八章

十月養胎，自大藥入黄庭之日爲始，到得十月滿足日辰，可以調神出殼矣。然工夫有純雜，故時日亦有增減。若不知亂出，則前功盡棄矣。蓋出神自有當出之景，必須自己陰氣淨盡，大定之後，絕無一毫昏毛，而又見空中天花亂舞，斯爲眞正時節，可以調神出殼。其出之之時，預須同志數人，寂靜看守，然後凝神端坐，目視泥丸，心思放出。忽然霹靂一聲，神自丹田湧上，從泥丸升至天門。此時最宜把握得定，全以心君照顧，不須着一點知識運用，待至自身有金光一輪升於空中，急存正念，將光收入神內，然後仍以心思爲主，將神收入泥丸，漸漸乳哺，漸漸縱放。待至三年，嬰兒長大，則達地通天，神通廣大矣。然此猶是神仙事業，未到天仙地步。必須九年面壁，煉此陽神，還於虛空，乃爲了當。

第九章

三年之後，陽神煉已純熟，聚則成形，散則成氣，無復再防魔障矣。然有身有累，未能形神俱妙、與道合眞，必須將心入於無象，如一燈熒然，全不閃灼，方與太虛同體。此時無所謂眞息，也無所謂眞意。謂有則有，謂無則無，有有無無，絕慮冥心。九年如是，十百千萬年亦復如是。然後天地劫終，吾神獨存，遍夫宇宙之間，游於六合之外，不亦妙乎？若能由此重安爐鼎，再立乾坤，則百尺竿頭，逾進逾上，正所謂不可思議功德矣。至仙職品基，全以功行爲主。功行大則仙職亦大，功行小則仙職亦小。功行圓滿，天詔來宣，是在修行者之自爲造就也。

致一子許信良　受

龍門祖師玉液還丹秘訣

煉性賦 性定而後神凝。

欲煉還丹兮，先須煉性。克己功純兮，事始由心。勝人有力兮，自勝强志。神性昏濁兮，難煉眞精。陰靈情慾兮，占吾神氣。首斷衰機兮，助我元神。神旺得氣兮，百邪匿跡。虛靈覺照兮，萬慮潛行。澄澄茫茫兮，心平氣服。靈臺無物兮，保養羣精。動心思欲兮，神游氣散。將馳日用兮，耗費眞精。眼耳鼻舌兮，如有所好。意根思想兮，刻刻無寧。須將眞照兮，應時消滅。勿使流連兮，添漏金銀。意不妄動兮，用置由己。始可合丹兮，取氣安神。心無雜念兮，善惡休想。乃至浮游兮，一物捐停。襟懷皓月兮，和風披拂。朗朗常虛兮，寂寂無心。欲取先天兮，貴以無事。及其有事兮，不足以成。無爲有益兮，眞心至妙。有爲無益兮，世道中情。養氣忘形兮，心死神活。探珠宜靜兮，浪動難尋。此名下手兮，初功煉性。性眞堪用兮，大道有生。行火採藥兮，無中生有。凡俗粗心兮，豈各能行。神不妄動兮，精氣不洩。意思安定兮，用處通靈。旣伏人心兮，道心自現。一派天眞兮，待煉仙根。

種藥賦神凝而後藥生。

煉性純和兮，陽春有信。春日時明兮，種藥良辰。後天神氣兮，皆藥之子。無消無散兮，盛旺生神。晨興而旦兮，時方及卯。精旺神生兮，沐浴清心。回光返照兮，精氣交媾。神光充豫兮，心地清明。時辰已過兮，隨心緩步。氣息綿綿兮，見息之根。日當正午兮，神足氣化。神氣相交兮，玄關之門。靜觀物化兮，乾坤之蒂。陽極陰萌兮，精氣之源。氣機敷足兮，形骸悦澤。精足藥產兮，地潤苗生。中時既度兮，安然如故。日没月出兮，正酉之辰。氣化精血兮，定機伊始。百物芸芸兮，各歸其根。神氣歸根兮，心亦凝聚。澄澄寂寂兮，杳杳靈靈。精神氣血兮，源深流遠。至於將臥兮，安定元神。呼吸綿綿兮，配居中位。清虚恬淡兮，勿太昏沉。機靈藥聖兮，只因工巧。夜半子時兮，陰内陽生。後天衆精兮，無非陰類。氣轉時靈兮，英華内萌。陰極而陽兮，精從血化。血精交媾兮，内產靈根。天精地髓兮，可補元氣。兩儀一合兮，中自成神。此名眞藥兮，由於善植。採之烹煉兮，月缺重盈。

小周天煉精化氣賦 小藥生而後採，百日築基。

靜極而動兮，一陽來復。藥產神知兮，妙訣通靈。微物初生兮，嫩而不採。藥物堅實兮，十五光盈。時當急採兮，莫教錯過。久而望遠兮，採之無成。氣馳於外兮，神亦馳外。神返於根兮，氣亦迴根。氣迴將盡兮，採封候足。子時起火兮，須要分明。如何是火兮，後天呼吸。如何用火兮，呼降吸升。用火玄妙兮，如無似有。行火鼎内兮，息微眞人。火須有候兮，數息出入。名爲刻漏兮，用定時辰。自子至巳兮，六陽用九。三十六息兮，採取進升。自午至亥兮，六陰用六。二十四息兮，退降煉烹。卯陽沐浴兮，陽火宜熄。酉陰沐浴兮，陰符宜停。不降不升兮，沐浴景象。較之大周兮，略有微形。周天三百兮，除卯酉數。三百六十兮，連卯酉名。更加五度兮，四分之一。以象閏餘兮，周天一巡。復歸於靜兮，依然沐浴。凝神氣穴兮，再候陽生。行之既久兮，精返爲氣。迴風宜止兮，百日功靈。六根震動兮，七日口訣。大周功起兮，再問迷津。如斯秘法兮，不可妄洩。若傳匪人兮，延禍非輕。

採大藥賦 大藥採而後生，七日口訣。

百日氣足兮，止火景到。待之三至兮，急採元精。眞土擒鉛兮，歸於本穴。龍從東至兮，氣足神凝。神住坤宫兮，氣神相合。七日天機兮，火候無心。忘形忘象兮，眞意不散。道在無爲兮，問之無云。諸精百脈兮，歸元復本。外屏内除兮，太極完眞。六根滅識兮，六種震動。眼吐金光兮，腦後鷲鳴。兩腎湯煎兮，丹田火熾。身湧鼻搐兮，耳後風生。靜合二候兮，七日來復。月圓魄足兮，大藥通靈。陽池癸生兮，火珠之象。上朝離位兮，復降坤元。下馳小腹兮，轉衝尾閭。此皆藥力兮，天機自然。尾閭三穴兮，精髓充實。鵲橋須渡兮，要問眞仙。

得大藥賦 大藥過關服食，五龍捧聖。

尾閭在下兮，子辰之位。二十四椎兮，脊骨之初。沃焦九孔兮，三岔之路。正中一竅兮，行精氣神。後天血脈兮，貫行其下。此中塡實兮，不透眞精。欲渡陰關兮，須知玄蒂。投身入壑兮，五龍効靈。捧其聖體兮，冉冉而上。息和眞意兮，自致升騰。六門外閉兮，一氣内轉。三關九竅兮，歷歷分明。陽精上返兮，北關之上。點運玄珠兮，滚過崑崙。背負青天兮，更圖南下。伸而復屈兮，法天循環。至於明堂兮，須防危險。急捉聖丹兮，安上丹田。由斯而下兮，自流玄府。微微仰面兮，舌抵而迎。藥貫舌端兮，重樓而降。名爲服食兮，階梯漸行。絳宮相見兮，水火既濟。返乎帝宮兮，得一歸宗。精神合運兮，氣居中内。始名得丹兮，神胎基成。眞還胎息兮，皆有景驗。精神合中兮，永證長生。超脱精境兮，證眞無漏。更不化精兮，中氣天辰。斯成神質兮，天光所發。大周由起兮，煉氣化神。

大周天煉氣化神賦 十月温養，脱胎神化。

煉精化氣兮，從無入有。小周天火兮，欲數易行。至大周天兮，無爲爲主。眞意若散兮，火冷胎冰。或着凡意兮，念生火燥。任彼天機兮，妙用精行。眞神如車兮，眞意如馬。終日御之兮，以輔天循。初二三月兮，凡火似有。煉喘化息兮，氣歸乎根。後天呼吸兮，直來直往。百日功靈兮，便返胎眞。迴旋中極兮，息歸於氣。聲源風雷兮，太和光明。乾離成象兮，名爲丹結。再煉紅丸兮，終成玉精。眞氣既全兮，氣收絕食。工夫作證兮，首關之憑。取象兩間兮，如花結蒂。天風既姤兮，神氣成形。情歸性内兮，不須威奕。丹元漸成兮，内光斯清。

斂神化息賦

巽風落蔕兮，紅丸丹結。凡人以喉兮，眞人以根。從此眞凡兮，兩邊分立。不食煙火兮，爭不飛昇。更煉眞息兮，化爲宗氣。如旦清明兮，先天之精。神氣合一兮，性命未判。身心混融兮，打成一片。隨機默運兮，妙火欲化。先存後忘兮，漸次歸眞。初因氣伏兮，丹從中結。既因胎結兮，氣息無形。象若中孚兮，風歸澤内。損之又損兮，天曜同清。息化先天兮，此時神足。神無洩耗兮，夜不思昏。火候成功兮，如無若有。花開果結兮，玄關先成。

煉神還元賦

先天一氣兮，生機清體。丹結已完兮，萬物眞精。時逢酉候兮，眞氣方足。火庫於戌兮，火候忘形。靜養大丹兮，嬰兒漸就。太極初還兮，無極之眞。至陽精聚兮，似乎陰體。明夷於地兮，陽化乎形。故陰魔起兮，相惑相恐。爭戰乎乾兮，相奪相凌。如斯景現兮，花果將熟。魔退神加兮，氣絕定成。神性凝聚兮，不散爲氣。胎圓神結兮，百陰潛蹤。煉得紅丸兮，化玉酥氣。十月霜飛兮，太虛同眞。聖胎將脱兮，風雷乍吼。靜極内動兮，地底雷升。五雲含蓄兮，嬰兒内坐。金光照内兮，擁護仙靈。亘古寂照兮，一靈特耀。眞命無分兮，天地同傾。隨念收回兮，泥丸乳哺。超脱氣境兮，不漏氣精。璞散爲氣兮，大制不割。以定乳哺兮，完聚眞靈。至於三歲兮，已在妙體。隨意可行兮，千百分身。

天仙正理三乘秘密口訣

初乘小周天秘訣

回光返照下丹田，聚氣凝神晝夜眠。靜極陽生須急採，採歸爐裏息烹煎。呼吸自然神氣戀，陽生起火火方全。周天子午分朝暮，爻象陰陽六九連。築基百日是程期，煉煅眞精化氣奇。運火功勤丹自結，已成無漏要遷移。

初乘小周天築基者，煉精化氣。閉關趺坐，每遇活子時，一陽發動，淨清止念，垂簾塞兑，收視返聽，回光照於下田，以神馭氣，而神入氣穴，氣亦隨之而歸於根，然後行身中之妙，運以呼吸之氣，而留戀神氣，方得神氣不離，則行小周天之氣候。但氣有起止，起於虛危穴，卽坎宮子位，亦止於是。氣行有數，忌其太多；氣行有時，忌其太久。不單播弄後天氣者，恐以滯其先天氣之生機。後天氣用之不已，而先天氣不旺，此修仙至緊至秘之功，故周天三百六十限之。子時起陽火，至卯沐浴，辰時行火候，至午退陰符，酉時沐浴，戌時又行，至亥仍歸坎宮。以卯酉停息行沐浴以養之，每四揲成爻以煉之，運此周天，積累動氣，以充先天純陽眞氣。凡遇一動則一煉而周，使氣之動而復動者，則煉而復煉，周而復周。積之百日，則精不漏而返氣矣。古云「百日築基，煉精化氣」，乃大概言之。或有五六十日或七八十日得氣足者，如年衰老，則二三百日未可定也。功勤不差者易得，年少壯者易得。此時精已化氣，則無復有精，眞精已在臍之境矣，已得長生之基而爲人仙也。故陽關一閉，箇箇長生，身已不死，而丹必可成也。是氣因靜定之久，不復動而化精。如有精，則未及證於盡返氣也。眞無漏者，則陰縮如小童子、絕無舉動爲驗，便有止火之候，陽光三現之景。此時眞氣亦不得死守於臍，須脱胎過關，名爲金丹大藥，用以服食飛昇。故有三遷之法。卽以七日口授天機，採其大藥，以五龍捧聖之秘，度過三關，以行中乘大周天之氣候。三遷者，神在上田，氣在中田，精在下田，自下而遷中，自中而遷上，自上而遷出。

七日口授天機五龍捧聖秘訣

秘密天機採藥收，蒲團七日火珠流。五龍捧聖上泥丸，運轉眞金神室留。

七日是採大藥七日之功，此萬古不洩之仙機。築基百日，雖曰採眞陽之精，精絕無形，又名眞陽之氣。氣本無相，古聖只云虛無之氣，其所發生，生則無形之形，附於下部外腎則有形。遍内外皆此氣之流行，所曰採，採則無採之採。借外腎火動爲採，不見有藥形跡，惟知有火而已。古語云「夾脊尾閭空寄信」是也。此言百日之採也。精氣生動也是杳冥，還返於靜也是杳冥。火氣薰蒸百日之久，故眞氣因之忽然自有形跡可見；故止後天氣之火，惟單採先天氣之藥；故另有七日之功，採於七日之内：因此時眞氣盡歸於命根臍腹間矣。雖有動，猶不離於動處，只在内，不馳於外，則用無火之火，無候之候，此爲異也。取得下田先天眞氣，名曰金丹。因前採取之久，火候之足，精還補氣之盛，謂之外丹成。其氣發生，始有法成之妙相，而純陽之氣根始動。此時靜坐蒲團，用七日之功，則五六日之間，自有六般震動之景。忽然丹田如火珠直馳上心，卽回下馳，向外腎邊，無竅可出，卽轉馳向尾閭間衝關。此皆眞氣自家妙用，非由人力所致。但到關邊，必用口授天機，方纔過得關去。乘其眞氣自然衝關向上之機，加以五龍捧聖之法。龍卽意土，土數五，以意輕輕運動，則捧眞陽大藥，使透尾閭、夾脊、玉枕三關，以過九竅。蓋每一關有中、左、右三竅，三關則有九竅，直貫頂門，夾鼻牽牛過鵲橋牛性主於鼻，防牛之妄走，因有危險，故夾鼻便出於當行之路，下重樓乃喉之十二重樓，而入中丹田神室之中。坎實已點化離陰，卽乾坤交媾也。從此以行大周天之火候。火原是在下之物，合下田而行者，雖合下而用，時時充滿虛空，卽有升降，而眞我不動之元性，猶在合下之內，古言「心下腎上處，肝西肺左中」。世人須疑臍之上有一穴，如此則無根可歸，殆非也。

中乘大周天秘訣

精勤十月大周天，煉氣化神晝夜連。定力足時却世味，箇中遲速證胎仙。

中乘大周天氣候，煉氣化神，以周十月之天。用功無間，卽古云「工夫常不間，定息號靈胎」，又曰「晝夜晨昏看火候」，又曰「不在吹噓並數息，一任神化自天然」。蓋言無間、無時、無數，此煉氣化神必然之候，爲大周天之妙用也。初時一瞬一息爲一周天，至一刻爲一瞬息周一天，至一時爲瞬息周一天，至一日、十日、一月、十月爲瞬息周一天，元氣隨呼吸氣而俱住俱無，不似小周天之一時周於天者之可易行也。懷胎煉氣、化神入定者之候，其中有三月定力而能不食世味者，有四月五月而或多月始能不食者（端陽曰：以馬陰藏爲止火之明徵，以絕世味爲得定之確證，不可不知也。）工夫怠者，得證果遲。惟絕食之證速，則得定出定亦速。食爲陰，有一分陰在，則用一分食。絕食遲者，則得定出定亦遲。所以然者，由定而太和元氣充於中，則不得有饑，何用食？又必定心堅確，故得定易。若定心散亂，故得定難，則有十月之外及不可計數之月而始得定者，即「歇氣多時，火冷丹力遲」之說也。

萬般景象屢除魔，正念空空魔自瘥。呼吸無時神已定，魔消福長性靈和。

正念除魔者，因神胎將完未完之時，第八九箇月、十箇月之時，外景頗多。有一分陰即有一分魔，或見奇異而喜悅，貪見則着魔矣。見而不見，則不着魔。或聞奇異，或有可喜事物，或有可懼事物，或有可信事物，或有心生妄念。或有奉上帝高真眾聖法旨來試道行，試過不着者，諸天保舉。或妖邪來盜真氣端陽曰：煉魔之法，提起正念，放大光明，以雙睛左右轉之，自然魔去。凡此一切，不論心妄見魔，果邪果試，一切不着，俱以正念掃去。靜中或見仙佛鬼神、樓臺光彩，一切境界現前，一心不動，萬邪自退，只用正念以煉氣化神，自然得至呼吸絕而陰盡陽純，自無魔矣。然魔來當過一次，則心愈靈一次。如得呼吸無，則氣不漏而氣返神純，則無復有氣與氣矣，是其氣服食已盡，氣已大定，神全，只存一虛無之神在焉，乃煉氣化神之事始畢矣。

上乘度法超脫口訣

十月神全莫久留，由中遷上出重樓端陽曰：遷神向上，此去須知有危險，有法有訣，修士不可不知。

依師度脱調神訣，三載功成證果修。

運用通神法妙圓，去留自己總隨緣。修成又有還虛理，面壁功深上界仙。

九年還虛口訣

上乘者，神已純全，胎已滿足，必不可久留。如局於形中而不超脱者，其氣之滅盡定者，猶可離定而爲動，動則同於尸解之小果而已。當用還法，以神之由中田而遷於上田泥丸宮，既成純神，則謂之見性。加以三年乳哺端陽曰：三年乳哺，何欲住世佐時？行三千功，行八百大善，自然上帝詔昇賜丹而白日飛昇矣，乃養神之喻也。當此遷上之時，非只拘神在軀殼之上，須用調神出殼，而爲身外之身。調神出殼，是一至要之機，有大危險之際。初調其出而卽入，不令出久，一步而卽入，二步而卽入，亦不令見聞於遠境。調之久，出可漸久而復入，亦可漸見聞於遠近而復入。不調者，恐驟出外馳，迷失本性。至於老成，必三年而後已。凡初出者，必調。依師法度出神，自上田出，念於身外，自身外收念於上田，一出一收，漸出漸熟，漸哺漸足，如是謂之乳哺。三年而可神圓，可以千變萬化，可以達天通地、報國濟民、超昇先祖。可舉念者，無不是神通妙用。欲少留則且止而佐時，欲昇騰則凌霄而輕舉，謂之神仙。如不欲住世，可用面壁之理，九年大定，煉神而還虛，可與上上乘仙佛齊眉矣。

端陽曰：行大周時，全在無火之火，無候之候。其功用在常常打坐，久久默運，不可着相，不可勉强，時時以神馭氣，刻刻以心依息。如丹光不明，用氣添入丹中，明時仍提開又照。時而照之，時而寂之，寂而又照，照而又寂，寂照雙修，寂照雙忘。如此行持，自然合度。十月養胎，亦有分别。一二三四月中，初禪習定。五六月内，定定相續，息息歸無。七八月中，息住脈停，時時入定。功勤者三四月内可得此景象，功怠者八九月内可得入定。其入定之證，爲絶食之驗。九十月内入大定，絶食，如大死一場。此時要人扶持，顛危要人叫唤。入大定時，叫而不應，唤而不回，用仙傳秘法唤回，方免危險。不然，恐有投胎等等四果，修士不可不知。

平時用香一爐，以取清氣而去濁昏之氣。用古鏡一面，懸之桌上，如妖即能現形，山神來只是人形，鬼來鏡中黑昏，再用陳茶留之，以待火發。

總之，胎從伏氣中結，氣從有胎中息。伏氣胎自結，沖和氣養神，調息陽能復，絶食定方眞。行大周天時，至十月九月，如功勤者，自有胎完氣足景象。其室中時有異香可嗅，其身中時有金光發現，隱隱可見，此景之可見可嗅者。十月以外，上遷泥丸，如見有天花亂墜，卽出神景到，修士須當依法調神出殼，此景之自見自知者。

陽神將出時，其顖門痛不可忍，如霹靂一聲，顖門自開。勿認爲病，是將出神之景也。須忍耐之，不可失驚。

陽神已出，不可多走，不可多見多聞，不可言語，不可招呼天神及一切仙官。如有此景，只作不知不見，亦不可卽收神回。如卽收回，將來神見本身，如同糞草一般，將必棄之他去，而爲肉身之屍。此出神時之危險。

陽神出後，用意定住不動，靜候空中一輪金光發現，將神射入光中，其光縮小，用法吸入陽神身中。有此金光内入，日後可以藉此化形。凡肉身菩薩而不能白日飛昇者，總因少此一般工夫，修士不可不知。

陽神出後，自有定法。定中忽然見天上神聖及天宫一切美景，及普天之内一切飛潛動植，及地獄陰司，無一不見，此天眼通、天耳通、神境通、他心通、宿命通、漏盡通，名爲六通天仙，惟陽神能之。又能飲食，聚則成形，散則成氣。

古聖人窮通塞之端，得造化之源，忘形以養氣，忘氣以養神，忘神以養虚，虚實相通，是謂大同。故莊子謂元精用之謂萬靈，含之謂太乙，放之謂太清，是以坎離消長於一身，風雲發洩於七竅，眞氣薰蒸，純陽流注，是謂神化之道。

純陽祖師入火鏡

人之一身，三百六十骨節，八萬四千毛竅。後有三關，尾閭、夾脊、玉枕是也。尾閭在夾脊之下，盡頭之處，可通内腎之竅。從此竅有一條髓路，號曰曹溪，又名黄河口，乃爲陽升之路。直至兩腎對處爲夾脊，又上至腦爲玉枕。此三關是也。前有三田，泥丸、土釜、玉池也。泥丸爲上丹田，方圓一寸二分，虚開一竅，乃藏神之所。眉心入内正中之處爲三天門，又入内一寸爲明堂，再入一寸爲洞房，再入一寸爲泥丸。兩眉之中又爲鼻柱，又名雷霆府、金橋。下至口中，有兩竅：喉謂之鵲橋，即是頸骨，乃内外之氣所由出入也；後有嗽喉，謂之咽，乃進飲食通門，下即胃也。其喉有十二節，名重樓，直下肺竅，以至於心。心有骨，名爲鳩尾。心下有穴，名曰絳宮，乃龍虎交會之處。直下三寸六分，名土釜，乃黄庭是也，即中丹田。左有明堂，右有洞房，此明堂、洞房在腹也。無英居左，白元居右，肺也。亦空一寸二分，乃藏氣之所，煉氣之鼎。直下至臍，亦三寸六分。故曰：天上三十六，地下三十六，自天至地八萬四千。自心至腎八寸四分，天心三寸六分，地腎三寸六分，中有丹田一寸二分，非八寸四分而何？臍門號曰生門，有七竅，通於外腎，乃精神漏泄之竅，名曰偃月爐，即在臍下九竅，即地獄酆都是也，又名曰氣海。稍下一寸三分，曰玉池，即下丹田，乃藏精之所、採藥之處。左明堂，右洞房，亦空一穴，方圓一寸二分。此處有二竅，通於內腎之中，有竅通於尾閭，又通兩腎堂，以至膝下三里穴，再下至湧泉穴。此人身相通關竅。人身比天地，天有九宮，地有九州，人之下丹田有九竅，象地之九州；泥丸竅有九穴，以按天之九宮。腦骨八片，以應八方，一名彌羅天，又名玉帝宮，又名純陽天。宮中空一穴，名玄穹主，又名元神宮。內有舌，舌內有金鎖關與舌相對，又名鵲橋。鼻下人中穴與金鎖關相對，其有督脈，乃是人生之根本，一名性根。口名玉泉，又號華池。舌下有四竅，二竅通心爲液，二竅通腎爲津，實我神室。泥丸九竅乃天皇宮，中間一穴，形如雞子，狀似蓬壺，崑崙是也。周身之竅備矣。修士不可不知。詩曰：「大道不須天外尋，修仙何用入山林；問君那是神仙路，遠在天邊近在身。」

陽文火，陰武火；　得知者，成道果。

夫陽文火者，爲無爲之火。靜中安神，調息綿綿，眞氣薰蒸，百脈和暢，此沖和之陽火，呼吸自然而然。陰武火者，爲有爲之火。念動情生，陽壯之極，運動周天，鼓起巽風，透過三關，復歸海底，此還元之道、補髓之機也。得知者，身中得此消息，非常人可爲，乃丹道之作用。成道果者，水火消長，金木歸併，勤行莫怠，功完期滿，體化純陽而仙矣。詩曰：「陽火無爲合自然，陰火有爲運周天。得此玄中眞消息，道果功成定作仙。」

文火文，不用水；　武火武，加壬癸。

夫文火文者，靜中陽也，陽中復靜也。不用水者，故無陰氣之昧也。武火武者，念動欲亂，氣散神游，常人不能爲主宰，須加武火煅煉情欲之來用武火煅之。其法用三昧眞火焚燒四肢，散去邪火，復生元陽也，除欲却念，消盡陰魔，一靈復靜，此武火也。加壬癸者，壬者陽水也，有氣無質，屬陽；癸者陰水也，形質之兆，屬陰也。陰陽相合，一定浮沉，此「加壬癸」之說也。詩曰：「文火安靜靜安神，陰水消盡魔不侵；武火煅煉情欲散，壬癸水內定浮沉。」

水多濫，火多飛；　二氣平，勿令虧。

夫水多濫者，陰氣騰也。眞氣昏迷，被陰魔所縛，故水多濫藥來武火招攝，不可誤施也。火多飛者，妄運虛火，傾亂心神，自招禍患，故火多燥。二氣平者，陰陽相合，水火均平也。勿令虧者，丹藥不致消耗，故元陽不虧也。詩曰：「水多陰魔神不清，火多燥煩禍來侵；　二氣均平陰陽配，丹藥不虧半毫分。」

不知水，則知火；　傷害目，難成果。

夫不知水者，不固精氣也。失丹本，難保命。則知火者，妄運虛火，反傷神目精氣不固，無眞種子，空運周天，必傷目，自招其咎，豈能成功？故言難成道果。詩曰：「不知水火養丹元，搬運虛火徒枉然；　沖氣努力傷神目，道果難成豈作仙？」

不知火，則知水；　丹藥消，夜夢鬼。

夫不知火者，如何顛倒發散？則知水者，縱保精氣，有藥而無火，焉能煉丹？故材耗丹田空，夜夢陰鬼，情擾意亂，惶懼驚怖，難保命也。詩曰：「不知火候運周天，縱保精氣也徒然；　陰精雖固難消散，夜夢鬼交洩丹田。」

水火全，陰陽明；　勤用功，道自成。

夫水火全者，神氣得用。陰陽明者，得其配合。勤用功者，火候不失其時。道自成者，返陰復陽，久而成丹，自然保命延生。詩曰：「火候兩全性命堅，陰陽明道合自然；　功勤莫要失時候，自然有藥養丹田。」

順則人，逆則丹；　得此理，便成仙。

夫順則人者，常人精氣順行，惟知配合夫婦，生男生女，此乃人倫之道。逆則丹者，陰陽顚倒，水火逆行，爲道之體，逆則成丹。詩曰：「順則成人逆則丹，造化爐內寶自乾；　能得其中消息妙，成仙作佛也無難。」

求陽火，退陰魔；　水火交，鉛汞合。

夫求陽火者，靜中陽生之火也。退陰魔者，陰盡得純陽也。水火交者，神氣合。鉛汞合者，情歸性也。此小周天之道體。詩曰：「靜則眞火養先天，陰魔消盡道自全；水火交會接子午，情來歸性配汞鉛。」

月在心，日在腎；　得知者，法最近。

夫月在心者，坎中之陽火，補離中之虛，故言心空月光自現。日在腎者，丹田眞陽發生，腎中一陽之氣壯熱，故言日魂藏於海底，蟾光透乎崑崙。得此造化者，非凡夫也。此小周天之道用。詩曰：「日藏玉兔月藏烏，顛倒水火煉汞初；得來造化歸掌上，無憂自然樂清虛。」

得眞火，萬病消；　久得持，最顯高。

夫得眞火者，虛無自然之眞火。此火能薰蒸四肢，百脈和暢，返陰復陽，道妙通玄。既能如此，病消丹成。此下手之要功。水火能知顛倒之用，則近道矣。詩曰：「自然眞火養沖和，萬病消除更無魔；功久丹成移竅外，高明遠揚出網羅。」

火要發，水要加；　二儀停，恐毫髮。

夫火要發者，元神不離也。水要加者，元氣不散也。二儀停者，神凝氣聚也。恐毫髮者，無念頭也。念起則氣散神游丹不成。詩曰：「眞水眞火不可言，氣聚神凝莫問玄；一掌打破通天竅，立見鴻濛未判先。」

用火功，休開口；　鉛怕飛，汞怕走。

夫用火功者，閉目冥心，垂簾塞兑，神凝氣交，自然火候均平也。鉛怕飛者，氣散精耗也。汞怕走者，元神外游也。清靜無爲，神凝氣聚，丹成道就。詩曰：「用功火候不勞人，開口神馳丹不靈；但知靜養忘塵慮，顯出先天舊主翁。」

上有九，下有九；知九九，好下手。

夫上下有九者，上下二弦之氣，擒捉之功，降龍伏虎之妙。好下手者，陽生用功，不失其時也。詩曰：「九陽九陰配兩弦，擒龍捉虎鎖丹田；二物煉成無價寶，一體同觀萬壽年。」

明上九，煉泥丸；知下九，鎖赤猿。

明上九者，精滿於腦，光透泥丸也。知下九者，補丹田，無動念耗洩也。鎖赤猿者，心不動，欲念不生也。詩曰：「精滿於腦補神光，丹田不漏鎖元陽；先天精滿知返本，煉成一塊紫金霜。」

一知抽，二知添；心要鎖，意要拴。

抽者，抽鉛也。無中有先天眞陽之氣，而退陰氣也。添者，添汞於中黃，返純陽也。鎖者，心猿鎖於無影樹下，定意凝神，莫遣猿猴取次攀也。拴者，萬緣放下，絲毫不罣牽，謹守黃房玄一也。久而純熟，自然返於眞空。學道者，心意勿令縱放也。取鉛以意迎之始終總用意以成大道，意之取用大矣哉，收火入爐以意送之，烹煉沐浴以意守之，溫養脱化以意成之，入藥鏡云「一日内，十二時；意所到，皆可爲」也。詩曰：「抽鉛添汞不等閒，意馬牢拴心鎖猿；其中自有些兒妙，獨守無爲洞裏仙。」

道要求，法要正；返陰魔，憑火鏡。

夫道要求者，訪明師，指出一身妙用也。法要正者，道法於天地，得功在無爲，返壺中之水火，煉鼎裏之大丹，乃純陽遍體，剝盡羣陰。惟憑火鏡當空，羣妖不敢臨而自無也。詩曰：「求道覓法訪明師，玄關說破更無疑；火鏡當空無塵垢，照破羣妖膽氣微。」

道是一，本無名；人得仙，鬼無形。

一者，先天一氣之妙。無名者，虛無之道。人修而成仙，鬼無形者，抱一氣而化形也。詩曰：「道生一氣本無名，人得成仙鬼無形；吾今說破其中妙，送與知音辨道人。」

火是鉛，水是汞；　得知者，果位正。

鉛是先天眞火，汞是眞一之水，得二物坎離正位，方可顚倒用也。詩曰：「水火正位在坎離，顚倒鉛汞配夫妻；　壺中得此玄中妙，那論金木與東西。」

知下手，無遲晚；　水居離，火居坎。

知下手，待時用功也時卽活子也；　遲晚則藥耗矣。無遲晚者，煉神之候也。水居離者，心藏神汞也。火居坎者，腎藏一陽之氣也。詩曰：「知時下手莫延遲，顚倒水火運坎離；　一訣剖露長生藥，我命不死與天齊。」

得眞理，莫心粗；　受持者，大丈夫。

得眞理者，心靈達妙。莫心粗者，不可怠懈也。受持者，長在乎道。大丈夫者，顯於四方高天下也。詩曰：「得來眞理莫心粗，玄中造化達元初；　時人能得其中意，返本還元大丈夫。」

太乙水天一眞水，坎中求腎中丹田；　顚倒用水在上，火在下，定相投配合一處。

太乙水者，先天眞一之氣，先天靈藥。坎中求者，向丹田中注意，水中求玄玄中妙。顚倒用者，取坎塡離。定相投者，離宮修定，神氣交會，自然之造化也。詩曰：「太乙眞水坎中求，顚倒陰陽作丹頭；　元氣神火知煅煉，無拘懶漢樂情幽。」

眞鉛白，眞汞黑；　剖鴻濛，神自得。

白者，精滿光明也。黑者，返照養氣也。剖鴻濛，靜中陽生，是先天造化也。神自得者，丹元之妙，固意存神，紫府至靈，無所不通，此天道返元也。詩曰：「眞鉛眞汞兩相投，剖開鴻濛見丹頭；　歸神紫府通玄妙，大道分明不用修。」

一是道，道是一；　識得一，萬事畢。

一者，天性也。天性寂然，至道皈一。識得一者，天地之根，陰陽之祖，一身之主，百骸之妙。既得一，萬事畢。詩曰：「天性自然水歸一，一者返元萬事畢；　吾今說破消息妙，卽是無極生太極。」

前有三，後有三； 捉住一，萬總關。

前三者，上中下丹田也。後三者，尾閭、夾脊、玉枕也。捉住一者，玄關之要妙，一身之主宰，百脈之總領。明此一竅，萬法皆通，從此何煩擾之有？參開上下關捩路，那得再染世間塵。詩曰：「後升前降兩三三，上下相通運玄關； 君若識破玄關竅，打碎泥團不用三。」

求赤帝，斬魔軍； 陰見陽，陽伏陰。

求赤帝者，止靜定神。斬魔軍者，神清意靜，魔魅自然殄滅也。陰見陽者，陰盡純陽也。陽伏陰者，殺陰返陽，純眞之妙道也。詩曰：「赤帝原是主人翁，慧劍魔降在掌中； 陰氣剥盡純陽體，一顆神丹鎭日紅。」

道要持，心要了； 除愛慾，却煩惱。

道要持者，持心守道，須臾不可離也。心要了者，萬事不貪。除愛慾者，父母取恩，妻妾取愛，兒女取形，因有恩愛，方有煩惱，生死輪迴，無有休息。故言除愛慾則却煩惱。詩曰：「持道了心養眞常，愛慾不染道無傷； 洩破其中些兒妙，煩惱無憂樂虛皇。」

用眞火，合眞性；　一處合，求相併。

眞火者，神息火定也。合眞性者，不動不搖。一處合者，神凝氣聚也。求相併者，神來歸性也。詩曰：「眞火養性合自然，金木歸併道方圓；這段陰陽調一處，打成一片樂無邊。」

至理簡，不用多；　聞正法，出苦窩。

至理簡者，靜中求眞也。不用多者，不去外覓也。聞正法者，目前悟一乘之機也，釋氏謂得正法眼藏也。出苦窩者，脱樊籠也。詩曰：「至理簡易靜安神，正法眼藏悟無生；　識破些兒玄妙處，何必滔滔問他人。」

三魂長，七魄伏；　返本源，丹已熟。

三魂長者，靜裏陽生也。七魄伏者，陰氣消滅也。返本源者，返本還源，心空達妙也。丹熟者，神完氣定，光透簾幃也。詩曰：「三魂陽長七魄消，返本還源志氣高；　丹熟神靈止煅煉，樂道無拘任逍遥。」

行火足，蟾光照；　妙中玄，玄中妙。

行火足者，凝神養靜也止火景到，不運周天。動火神驚氣散也。蟾光照者，靜裏光生也。妙中玄者，神變無方。玄中妙者，鬼神不能測也。詩曰：「住火休心養神光，靈臺無染性難量；　神氣沖和歸土釜，結成一片紫金霜。」

男子身，内是陽；　若是陰，豈成眞？

内是陽，常守靜也。若先清靜，靜中一動陽來復，身得眞火也。詩曰：「男子身中有陰陽，神交氣感配柔剛；　若無静中求造化，何處眞一結靈光。」

男是男，女是女；　休採戰，不可許。

男女者，陰陽之謂。内裏配合，身中夫妻，坎中眞陽，去配離中眞陰，水火顛倒，心腎交合，非外男女也。若人認爲三峯九淺一深採戰之術，傷爐壞鼎，惹禍遭殃。犯淫失落長生寶，得者須憑道力人。言皆不可許也。詩曰：「不會身中配陰陽，胡爲採戰惹禍殃；　可歎精氣俱洩漏，不久一命見閻王。」

男共女，道不分；　心清靜，都成眞。

大道不分男女，惟心清靜，自成眞人也。詩曰：「大道那分男共女，但心清靜意自安；　一朝透開玄關鎖，生死了去不相干。」

陰陽倒，五行顚；　天養人，人內天。

陰陽倒、五行顚者，在造化逆行、返本還源之意。天養人者，在人心清靜。人內天者，性靈朗耀，無邊無際也。詩曰：「陰陽顚倒五行逆，天地周流運玄虛；　靈臺無物天性靈，當空顯出夜明珠。」

鉛爲龍，汞爲虎；　顚倒行，得竅妙。

鉛爲龍，性也，火也。汞爲虎，情也，水也。水火顚倒，金木相併，情來歸性，自然百脈沖和也。詩曰：「鉛龍汞虎兩相爭，捉來一處共相親；　兩戰會和歸眞土，道高自然不死生。」

夫在下，婦在上；　產箇兒，似我樣。

夫在下者，坎中之嬰兒也。婦在上者，離中之姹女也。似我樣者，玄關出之妙也。詩曰：「離坎相交說與誰，嬰兒姹女自家知；　自己精血自交媾，產箇嬰兒種紫芝。」

水是婦，火是夫；　勤往來，聖胎速。

水是婦者，老陰中之陽也。火是夫者，老陽中之陰也。乃顛倒陰陽之妙也。勤往來者，火降火升，水火既濟，聖胎卽凝也。詩曰：「有爲之後至無爲，養就靈胎入聖基；　莫笑世間稀有事，男子却會倒生兒。」

火無形，剛似刀；　功行滿，魔自消。

火無形者，眞火本無時候，大藥不計斤兩，其火無形，水中之火也，因震木而發之，歸於離火。水火之煉，金液之質也。剛似刀者，其硬似剛，其軟似綿，其緊似弦，其急似箭，其利似水，其快似風。功勤而行之，魔自消滅也。詩曰：「眞火無形剛似刀，斬去三尸魔自消；　功成道備丹已熟，一顆明珠照九霄。」

聽仙音，飲甘露；　外雖貧，内眞富。

聽仙音者，空懸聲音也。夫修士靜空之際，每聽無弦之琴，其音清楚，夫唱婦隨，爲伴爲侶，吾神不移，潛於太虛，美在其中，綜理五氣，混合百神，方得「白雲朝頂上，甘露灑須彌」也。神水長滿華池，頻頻嚥歸丹田土釜，結成至寶，外雖貧，内眞富也。詩曰：「大藏黍米有餘糧，自然甘露飲瓊漿；　我今造下長生酒，不遇知音不許嘗。」

知三氣，明三要；　貫古今，通玄妙。

三氣者，上乘煉神，中乘煉氣，下乘煉精也。下元煉精化氣，中元煉氣化神，上元煉神化虛，此爲三要三還也。詩曰：「煉精化氣氣化神，三氣調和母子親；　愈煉愈堅丹自熟，一回提起一回新。」

入火鏡，開玄鎖；　法不正，天譴我。

入火鏡乃純陽眞人所作也。歷代丹經言藥而不言火，隱秘火候，不著於文，幸蒙眞人著明火候，直洩天機。後世得遇此書，如魚得水。開玄鎖者，鑿開混沌，劈破鴻濛，採先天眞一之精，抱先天虛無之氣，行傾刻之工夫，獲無爲之造化，奚啻耳提面命，口口相傳。「法不正，天譴我」者，又恐後人疑惑，用發誓願，取人信也。詩曰：

「丹書萬卷指玄篇，句句火候洩天詮；眞能火力參得透，那家門户不朝天？」

存眞書齋仙道經典文庫 已出、即出書目

李涵虛仙道集 蒲團子 編訂
太上十三經註解（純陽宮版，最完整本）等

女子道學小叢書 陳攖寧 訂 蒲團子 輯
附：旁門小術錄 陳攖寧佛學論著拾遺

通一齋四種 方內散人 著 蒲團子 編訂

稀見丹經初編 蒲團子 編訂
修身正印 玉符直指 地仙玄門秘訣等

因是子靜坐法四種 因是子 著 蒲團子 輯
因是子靜坐法及續編 靜坐衛生實驗談等四種

抱一子陳顯微道書二種 陳抱一 著
文始眞經言外經旨 周易參同契解

上陽子仙道集 陳致虛 著 蒲團子 輯
金丹大要 周易參同契分章註 悟真篇三註
太上洞玄靈寶無量度人上品妙經 附仙佛同源

參悟集註 知幾子 集註 蒲團子 編訂
參同契集註 悟眞篇集註

參悟闡幽 朱元育 註 蒲團子 編訂
參同契闡幽 悟眞篇闡幽

稀見丹經續編 蒲團子 編訂
業餘講稿（陳攖寧） 天仙眞源直指秘錄
復興道教計劃書（陳攖寧） 三一音符（陳攖寧）
月窟天根詩解 金丹贅言 三乘秘密口訣
楞嚴耳根圓通法門淺釋（陳攖寧） 純陽入火鏡